Heiner Spalink (Hrsg.)
Werkzeuge für das Change-Management

Heiner Spalink (Hrsg.)

# Werkzeuge für das Change-Management

Prozesse erfolgreich optimieren
und implementieren

EDITION
**BLICKBUCH**
WIRTSCHAFT

Die Deutsche Bibliothek – CIP-Einheitsaufnahme

**Werkzeuge für das Change-Management :** Prozesse
erfolgreich optimieren und implementieren /
Heiner Spalink (Hrsg.). – Frankfurt/Main : Frankfurter Allgemeine
Zeitung, Verl.-Bereich Wirtschaftsbücher 1998
    ISBN 3-929368-86-2


Frankfurter Allgemeine Zeitung
Verlagsbereich Wirtschaftsbücher

Gestaltung F.A.Z.-Grafik
© Frankfurter Allgemeine Zeitung GmbH
60267 Frankfurt am Main
Alle Rechte, auch die des auszugsweisen Nachdrucks, vorbehalten
Druck: Druckwerkstätten Stollberg GmbH, Stollberg
Erste Auflage 1998

ISBN 3-929368-86-2

# Vorwort

Viele Unternehmen stellen fest, daß Umfang, Komplexität und Häufigkeit von organisatorischen Anpassungsprozessen in den vergangenen zehn Jahren dramatisch zugenommen haben. Alle Anzeichen deuten darauf hin, daß sich diese Entwicklung in Zukunft nicht verlangsamen wird. Kundenorientierte Strukturen stehen dabei im Vordergrund. Die Prozeßorganisation ermöglicht es hier, über Abteilungsgrenzen hinweg und funktionsübergreifend alles unter dem Blickwinkel »Kunde und Kundennutzen« auszurichten. In der Konsumgüterindustrie und im Handel wird aktuell das Konzept »Efficient Consumer Response« diskutiert, das noch weiter geht: Ziel ist, alle Geschäftsprozesse über die gesamte Wertschöpfungskette hinweg – vom Konsumenten über den Handel bis hin zum Hersteller – integriert und unternehmensübergreifend zu optimieren. Vom Konflikt zur Kooperation – das ist die Vision. Daß dieses Konzept noch erhebliche zusätzliche Anforderungen an die Implementierung stellt, als im Vergleich zur Prozeßoptimierung innerhalb eines Unternehmens, ist leicht nachvollziehbar.

Change-Management ist schon längere Zeit in aller Munde. Es werden dabei meist Konzepte angesprochen, die Veränderungen in »Denkweisen« fordern, mehr Flexibilität sei nötig und neue Einstellungen. Doch: wie sollen neue Prozesse, Strukturen oder Systeme konkret verändert werden? Wie kommen wir zum Beispiel von einer funktionalen zu einer prozeßorientierten Organisation? Wie läßt sich der Weg von »A nach B« managen? Und zwar schneller, mit weniger Reibungsverlusten und mehr Akzeptanz als in der Vergangenheit? Welche Planungs- und Controllinginstrumente lassen sich, spezifisch auf diese Transformationsphase angepaßt, einsetzen? Wie muß sich die Personalentwicklung darauf hin neu ausrichten?

Effizientes Management von Veränderungen – das wird in Zukunft mehr und mehr an Bedeutung gewinnen. So werden in Zukunft auch Wettbewerbsvorteile gestaltet.

Wir alle beschäftigen uns tagtäglich mit dem Management von Veränderungen, im Unternehmen und am eigenen Arbeitsplatz – und wir haben dabei unsere eigenen Erfahrungen mit vielerlei Teilaspekten gesammelt.

Im Buch »Optimierte Prozesse erfolgreich implementieren« werden diese Teilerfahrungen – die wir alle mehr oder weniger ausgeprägt alle schon gemacht haben – in einzelnen Schwerpunkten und mit unterschiedlichem Blickwinkel zusammmengefaßt.

Es werden »Denkmodelle« dargestellt, mit deren Hilfe sich Veränderungsprozesse beschreiben lassen: Wenn wir in der Lage sind, uns damit besser zu verständigen, dann sind wir auch in der Lage Veränderungsprozesse besser zu gestalten. Damit können dann Veränderungsprozesse zielorientiert und effizient gesteuert werden. Es werden »Werkzeuge« – Instrumente erläutert, die helfen sollen, konkrete Implementierungsprojekte zu planen und zu steuern. Vorschläge werden dargestellt, wie wir bei einer individuellen Betroffenheit von Veränderungen mit dieser Situation selbst umgehen können und was das Unternehmen dafür tun kann.

Implementierungsmanagement wird so mehr und mehr zu einem eigenständigen Managementinstrument.

*Teil 1 des Buches beschreibt die Denkmodelle »Werkzeuge«*

Dieser Teil soll den Leser in die Lage versetzen, bestimmte Phänomene, die immer wieder im Veränderungsmanagement auftauchen, zu verstehen. Wer diese Phänomene erkennt, kann darüber reden und kann mit Ihnen besser umgehen.

Christoph Rohe vertritt die These, daß die Veränderungsrate und die Veränderungsgeschwindigkeit in Zukunft noch zunehmen wird. Nicht eine fehlerhafte Strategie werde in Zukunft das größte Problem darstellen, sondern die Vernachlässigung ihrer Implementierung. Vier von zehn Unternehmen erreichen weniger als 60 Prozent der zu Projektbeginn geplanten Ziele – so eine Untersuchung des Internationalen Instituts für Lernende Organisation und Innovation. Damit wird die Bedeutung des Themas Implementierungsmanagement unterstrichen.

Daryl R. Conner und Ern Clements stellen erstmals in Deutschland das in den USA entwickelte Konzept »Managing Organizational Change« – MOC vor. Es beruht auf der Analyse erfolgreicher organisatorischer Veränderungen und über zwanzigjähriger Projekterfahrungen. Sie haben vier strategische und vier operative Risikofaktoren ausgemacht, die zugleich im Rahmen von Veränderungsprojekten die zentralen Gestaltungsfaktoren darstellen.

»Collaborative Organizational Design« – das ist ein ebenfalls in

Deutschland bisher nicht veröffentlichter Ansatz, der sich vor allem auf die Zusammenarbeit aller am Veränderungsprozeß Beteiligten konzentriert. Mary V. Gelinas, Roger James, Laurence Akiyoshi und Dr. Peter Wüst stellen die Vorgehensweise zur Entwicklung und Implementierung einer zu optimierenden Organisation im Detail dar, wobei das MOC – Konzept viele Grundlagen liefert.

Wie soll ein Unternehmen vorgehen, daß die Prozeßorganisation einführen will? – die Beantwortung dieser Frage steht im nachfolgenden Beitrag von Heiner Spalink im Mittelpunkt. Er fokussiert ausschließlich auf die Kernaufgaben eines erfolgreichen Implementierungsmanagements: der Vorbereitung der Implementierung, der Entwicklung der Implementierungsarchitektur und des Implementierungscontrolling.

Den individuellen Umgang mit Veränderungsprozessen und die zukünftigen Anforderungen an die Personalentwicklung dies beschreibt der nachfolgende Beitrag. »Um Veränderungen erfolgreich zu integrieren, muß ich mich selbst auf die Veränderung einlassen« – das ist der Rat, den Dr. Bernhard Cevey und Dr. Peter Prange zur individuellen Verarbeitung von Veränderungsprozessen geben. Das A und O jedes Veränderungsprozesses ist die Verankerung der Maßnahmen durch die Einstellungen und Werte. Sie ergänzen mit ihren Ausführungen den eher technisch orientierten Beitrag über das Implementierungsmanagement um die Synchronisation von Personal- und Organisationsentwicklung.

Von der Zukunft lernen – das ist das Ziel, das Markus Stamm mit seinem Blickwinkel des Controlling zum Abschluß des ersten Teils des Buches verfolgt. Mit Controlling wird organisatorischer Wandel angestoßen und begleitet – das ist die Steuerungs- und Regelfunktion. Controlling soll Leadership im Wandel übernehmen und das Gleichgewicht zwischen internen und externen Veränderungen sichern. Controlling liefert Informationen für den Wandel und sorgt mit Planungen für Feedforward und Feedback im Veränderungsprozeß.

*Teil 2 des Buches beschreibt Beispiele und Einzelaspekte erfolgreicher Implementierungsprojekte*

Anhand von ausgewählten Unternehmensbeispielen wird dargestellt, wie die Implementierung von organisatorischen Veränderungen erfolgreich gestaltet wurde. Weiterhin werden einzelne Aspekte eines Imple-

mentierungsmanagements – zum Beispiel die Bedeutung der Führungs-
kultur oder der Kommunikation im Veränderungsprozeß – beschrieben.
    Das Change-Ziel höhere Kundenzufriedenheit und die Maßnahmen
zur »Konzentration« von ESPRIT beschreibt Thomas Grote. Jürgen
Stein schildert die Bedeutung der Unternehmenskultur von »Jacobi Al-
lied Domecq« bei der Ausrichtung des Unternehmens auf Efficient
Consumer Response.
    Die Konsequenzen der prozeßorientierten Neuausrichtung eines
Buchverlages für die Organisations- und Führungskultur beleuchtet
Thomas Baumann. Die wichtigsten Aspekte des Managements der Im-
plementierung von Projektmanagement in der Landesentwicklungs-
gesellschaft des Landes Nordrhein – Westfalen, LEG, erläutert Barbara
Clemens. Am Beispiel Marks & Spencer wird das Controlling als
Managementinstrument für die serviceorientierte Ausrichtung des Un-
ternehmens von Marc Bauwens dagestellt. Zum Abschluß erklärt Dr.
Kurt Neundörfer aus der Sicht eines Verbandes wie dort Akzeptanzsicherung in Veränderungsprozessen durchgeführt wird.

Zielgruppe für dieses Buch sind Führungskräfte in Industrie und Handel, die sich immer mehr der Aufgabe eines effizienten Managements
von organisatorischen Veränderungen stellen wollen. Aber auch Projektmanager erhalten hier kompakt und pragmatisch viele Hinweise,
wie Veränderungen in Unternehmen erfolgreich umgesetzt werden können.
    Schließlich ist das Buch für jeden gedacht, der sich zunehmend mit
Veränderungen im eigenen Unternehmen konfrontiert sieht, und sich
fragt, wie diese Veränderungen besser durchgeführt werden können, als
in der Vergangenheit.
    Ich möchte an dieser Stelle allen Mitautorinnen und Mitautoren für
Ihre Unterstützung danken und vor allem für Ihre Geduld und das Verständnis bei den vielen Diskussionen um die Beiträge. Alle haben mit-
geholfen, diese schwierige Thematik verständlich zu bearbeiten.

Heiner Spalink

# Inhalt

Teil 2
Die Beispiele

# Teil 1
# Die Werkzeuge

# Risiko- und Erfolgsfaktor Nr. 1: Implementierung

*Christoph Rohe*

## 1.  Wandel: im Grundsatz nichts Neues

Der Wandel als organisatorisches, wirtschaftliches wie auch sozialpolitisches Thema erfreut sich zur Zeit einer Aufmerksamkeit in einem – wie es scheint – bisher nicht gekannten Umfang. Die »Treiber« des Wandels wie der technische Fortschritt und die Globalisierung des Wettbewerbs, aber auch und insbesondere die zunehmend zu beobachtenden Widerstände gegen den Wandel und die daraus resultierenden Quoten des Scheiterns bei der Implementierung von Veränderungskonzepten bieten genügend Stoff für Managementliteratur und politische Debatten.

Was ist das Neue an dem Wandel, das ihn in den Mittelpunkt der aktuellen Diskussion rückt?

Zunächst im Grundsatz nichts Neues, ganz im Gegenteil: Seit Menschengedenken ist der Wandel Begleiter des Menschen, ja sogar sein Ursprung. Der Wandel der äußeren Lebensumstände und die daraus erwachsenen Herausforderungen bildeten die Voraussetzungen für die Evolution des Menschen.

Außerdem ist der Wandel Lebensgrundlage des Menschen. Zielsetzung und Zielerfüllung durch Wandel bestimmen den Lebensinhalt des

Menschen. Es gibt, so George Bernard Shaw, im Leben zwei elementare Tragödien: die Nichterfüllung eines Herzenswunsches und – seine Erfüllung. Der Mensch braucht Ziele; hat er sie erfüllt, braucht er neue. Oder: »Der Weg ist das Ziel«.

Der Wandel gehört zu den frühesten Objekten philosophischer Diskurse. Bereits die frühen Philosophen, allen voran Heraklit (ca. 544– 484 v. Chr.), haben sich mit dem Wandel auseinandergesetzt.

Das Werden, der »Prozeß«, der Wandel ist für Heraklit ein Teil des Wesens der Welt: »Immer ist alles im Flusse« (Panta rhei) und »Man kann nicht zweimal in denselben Fluß steigen. »Dieses Werden geschieht im Zusammenspiel gegensätzlicher Kräfte: »Gott ist Tag und Nacht, Winter und Sommer, Krieg und Frieden, Überfluß und Hunger«. Und im Kampf zwischen diesen Gegensätzen gestaltet sich die harmonische Ganzheit. Der Kampf ist demgemäß »aller Dinge Vater«.

Mit dem Ende schöpferischer Spannungen würde totaler Stillstand, letztlich Tod, eintreten. Es darf daher für den Menschen nicht erstrebenswert sein, an das Ziel aller seiner Wünsche zu gelangen. Denn erst an der Erfahrung des Schlechten kann das Gute gemessen werden, an der Krankheit die Gesundheit, am Hunger die Sättigung. Schopenhauer greift später diesen Gedanken auf, indem er sagt: »Sich zu mühen und mit dem Widerstande zu kämpfen, ist dem Menschen Bedürfnis, wie dem Maulwurf das Graben. Der Stillstand, den die Allgenügsamkeit eines bleibenden Genusses herbeiführte, wäre ihm unerträglich. Hindernisse überwinden ist der Vollgenuß seines Daseins«. Und Kant bestätigt: »Das Ausfüllen der Zeit durch planmäßig fortschreitende Beschäftigungen, die einen großen beabsichtigten Zweck zur Folge haben, ist das einzige sichere Mittel, seines Lebens froh und dabei doch auch lebenssatt zu werden«.

## 2.  Das Neue: die Veränderungsrate und die Bedeutung des Faktors Mensch

Der Wandel ist also nicht nur nicht neu, er ist immer und überall zugegen, er ist elementar, für den Menschen sogar essentiell. Es ist nicht der Wandel aus der philosophischen Sicht, der ihn zum aktuellen Thema macht – auch wenn diese Sicht, würde sie häufiger angewendet, den Umgang mit ihm erheblich erleichterte. Es ist die Geschwindigkeit, mit der der Wandel voranschreitet und die die Diskussion bestimmt. Es ist die durch die zunehmende Veränderungsrate bedingte Abnahme der Fähigkeit des Menschen, den Wandel und seine Auswirkungen zu prognostizieren. Und dies führt zu Unsicherheit, die in den sozialstaatlichen Wohlstandsnationen besonders ausgeprägt ist.

Wichtigster Motor des Wandels ist die rasante Entwicklung der Kommunikationstechnologie. Sie induziert zusammen mit der Abnahme der Transportkosten die dramatisch steigende weltweite Arbeitsteilung – sowohl in der Produktion als auch in der Produktentwicklung. Aufgrund der intensiveren Arbeitsteilung hat sich das weltweite Handelsvolumen in den letzten vier Jahrzehnten um das fünfzehnfache vergrößert, während die Weltproduktion nur um das sechsfache zunahm. Die Entwicklungsländer, die vor zehn Jahren erst einen Anteil von 20 Prozent am Welthandel hatten, erzielen heute bereits 25 Prozent.

Neben der weltweiten Arbeitsteilung hat die Kommunikationstechnologie dramatischen Einfluß auf die Arbeitsinhalte und -prozesse am einzelnen Arbeitsplatz sowie auf die Organisationsstrukturen. Das führt dazu, daß durch Online-Techniken ganze Hierarchiestufen durchbrochen und damit überflüssig werden.

Was den Wandel heute neben der Geschwindigkeit auszeichnet und das Management des Wandels vor neue Aufgaben stellt, ist die gestiegene Bedeutung des Faktors Mensch. Während der Preis für Technologie, beispielsweise für EDV, kontinuierlich fällt, steigt parallel dazu der Bedarf an hochqualifizierten und teuren Mitarbeitern, die es verstehen, mit den neuen Technologien umzugehen und Vorteile aus ihrem Einsatz zu ziehen.

Es wird schwieriger werden, diese hochqualifizierten Mitarbeiter zu organisieren und zu kontrollieren. Mit dem Einsatz Höherqualifizierter wird ein höherer Anspruch der Mitarbeiter an die Arbeitsumgebung, an individuelle und Team-Autonomie sowie an Selbstorganisation einhergehen. Management per Anweisung und Kontrolle muß zunehmend ersetzt werden durch Vermittlung von Visionen und Identifikation mit den Zielen des Veränderungsprozesses. Die Mitarbeiter müssen für die Veränderungsziele und ihre Umsetzung »gewonnen« werden.

## 3.  Das Risiko Implementierung

Der Wandel als ständiger Begleiter, als Lebenselixier des Menschen: Glaubt man den Philosophen, müßte der Mensch den Wandel als stets willkommene Herausforderung, als Quelle neuer Zielsetzung begreifen und begrüßen. Neue organisatorische und politische Konzepte zu entwickeln und zu implementieren, müßte für ihn die Glückseligkeit auf Erden sein. Die Wirklichkeit sieht anders aus.

Organisatorischen Wandel herbeizuführen – sei es als Reaktion auf Einflüsse aufgrund äußerer Veränderungen oder als ihre Antizipation – scheitert, wie Untersuchungen in unterschiedlichen Bereichen zeigen, oft – zu oft.

Die Untersuchungen zeigen, daß der Erfolg in etwa 90 Prozent der Fälle nicht an dem Veränderungskonzept, sondern an dessen Umsetzung scheitert. Nicht die fehlerhafte Strategie, sondern die Vernachlässigung ihrer Implementierung ist das Problem.

Eine empirische Untersuchung des Internationalen Instituts für Lernende Organisation und Innovation kommt zu dem Ergebnis, daß bei der Umsetzung von Restrukturierungsmaßnahmen vier von zehn Unternehmen weniger als 60 Prozent der zu Projektbeginn geplanten Ziele erreichten. Zu den Zielen gehörten kürzere Durchlaufzeiten, effizientere Geschäftsprozesse, Kostensenkungen, Qualitätsverbesserungen oder bessere Markt- und Kundennähe. Untersuchungen aus dem Merger & Acquisition-Sektor belegen, daß bei mehr als 50 Prozent der durchgeführten Zusammenschlüsse die erhofften Synergien nicht realisiert werden konnten.

Die Folge ist fehlender oder unzureichender Return on Investment bei großen Investitionen, beispielsweise bei umfangreichen EDV-Einführungen oder – meist noch gravierender – bei Unternehmenszusammenschlüssen, nicht selten verbunden mit der Existenzgefährdung des betroffenen Unternehmens.

## 4.  Der Erfolgsfaktor Implementierung

Wenn also das Risiko des Scheiterns in der Implementierung am höchsten ist, so liegt genau hier das größte Erfolgspotential für den Wandel. Es gilt demnach, die Ursachen für das Scheitern in der Implementie-

rungsphase zu identifizieren und präventiv zu agieren. Die Ursachen-
forschung ergibt ein sehr einheitliches Bild, folgende Ursachen werden
immer wieder identifiziert:

- Den Betroffenen fehlt die ausreichende Motivation, die Veränderungen aktiv mitzugestalten, da sie die Gründe der Veränderungen nicht
  kennen oder nicht verstehen.
- Die Mitarbeiter leisten aktiven oder passiven Widerstand, da sie
  durch die Veränderungen mehr Nachteile für ihre eigene Position erwarten als Vorteile.
- Die Betroffenen werden nicht im nötigen Umfang in die Veränderungsprozesse einbezogen.
- Die Mitarbeiter verfügen nicht über das notwendige Wissen und
  Können, um die Veränderungen zu unterstützen.

Auf einen Nenner gebracht: Hauptursache für das Scheitern des organisatorischen Wandels liegt in der Vernachlässigung des Faktors Mensch.
Der oben bereits festgestellten höheren Bedeutung des Faktors Mensch
wird bisher nicht in ausreichendem Maße Rechnung getragen. Das
heißt Vernachlässigung des Umgangs mit den Betroffenen, mit ihren
Gefühlen, Ängsten und Reaktionen. Die Strukturen und Prozesse, die
eingesetzten Systeme und Techniken stehen zu sehr im Vordergrund der
Veränderungen, die Menschen werden demgegenüber zu wenig berücksichtigt.

Die Defizite sind letztlich darauf zurückzuführen, daß die Denkmu-
ster der Führungskräfte, die die Veränderungen verantworten, zu sehr
von dem alten deterministischen Paradigma geprägt sind, das Organisationen ausschließlich als rational erfaßbare und mechanistisch beein-
flußbare Systeme begreift. Dabei wird übersehen, daß dieses auf das
menschliche Verhalten nicht oder nur sehr eingeschränkt anwendbar ist.
»Mentale Zentralverriegelung« ist die Folge, die sich in der ganzen
Bandbreite von Gleichgültigkeit, Unlust und unkreativer Anpassung bis
zu Widerständen und Sabotage äußert.

## 5.  Die Hebel im Veränderungsmanagement: Angstabbau und Motivation

Dem natürlichen Streben des Menschen nach Wandel steht die Angst vor den ungewissen Folgen des Wandels gegenüber. Für die daraus resultierenden Widerstände, die der Mensch gegen Veränderungen einsetzt, ist seine psychische Struktur verantwortlich. Seine tief im Unterbewußtsein »verankerten« Schutzmechanismen treiben die Widerstände an.

Erfolgreiches Veränderungsmanagement setzt an beiden Punkten an: Abbau der Ängste vor den realen und vermeintlichen Folgen der Veränderungen sowie Motivation zum konstruktiven Teilhaben am Veränderungsprozeß. Der Widerspruch zwischen der natürlichen, dem Menschen innewohnenden Motivation zum Wandel und den Ängsten vor seinen Folgen muß aufgelöst werden. Zwei Schlüssel hierzu stehen im Mittelpunkt: Information und Integration. *Information* der Betroffenen über die Gründe und Ziele der geplanten Veränderungen sowie *Integration* der Mitarbeiter in den Veränderungsprozeß.

## 6.  Voraussetzung für den Erfolg: volles Engagement der Unternehmensführung

Das dritte wesentliche Element und die wichtigste Voraussetzung für den Erfolg der Reorganisation ist das uneingeschränkte Engagement der Unternehmensführung. Der Anstoß zur Veränderung, die Information der Mitarbeiter und ihre Integration in den Veränderungsprozeß führen nicht zum Erfolg, wenn nicht die Unternehmensführung den Prozeß während der gesamten Laufzeit unterstützt und dauerhaft »Flagge zeigt«. Dabei kommen ihr drei entscheidende Funktionen zu.

Zum einen ist sie der ständige Motor der Erneuerung. Im Laufe eines jeden Veränderungsprozesses entstehen Motivationstäler. Hier gilt es, an die Bedeutung der Aufgabe zu erinnern, erneut zu motivieren und den Prozeß zu revitalisieren.

Zum zweiten ist die Unternehmensleitung gefordert, die unweigerlich entstehenden Widerstände und Konflikte zu meistern.

Und außerdem ist es die Aufgabe der Unternehmensführung, die Ergebnisse der Reorganisation laufend auf ihre Verträglichkeit mit der

Strategie und der Kultur des Unternehmens zu überprüfen. Strukturver-
änderungen und Leistungssteigerungen im Unternehmen machen nur
Sinn, wenn sie auf die langfristigen Unternehmensziele ausgerichtet
werden.

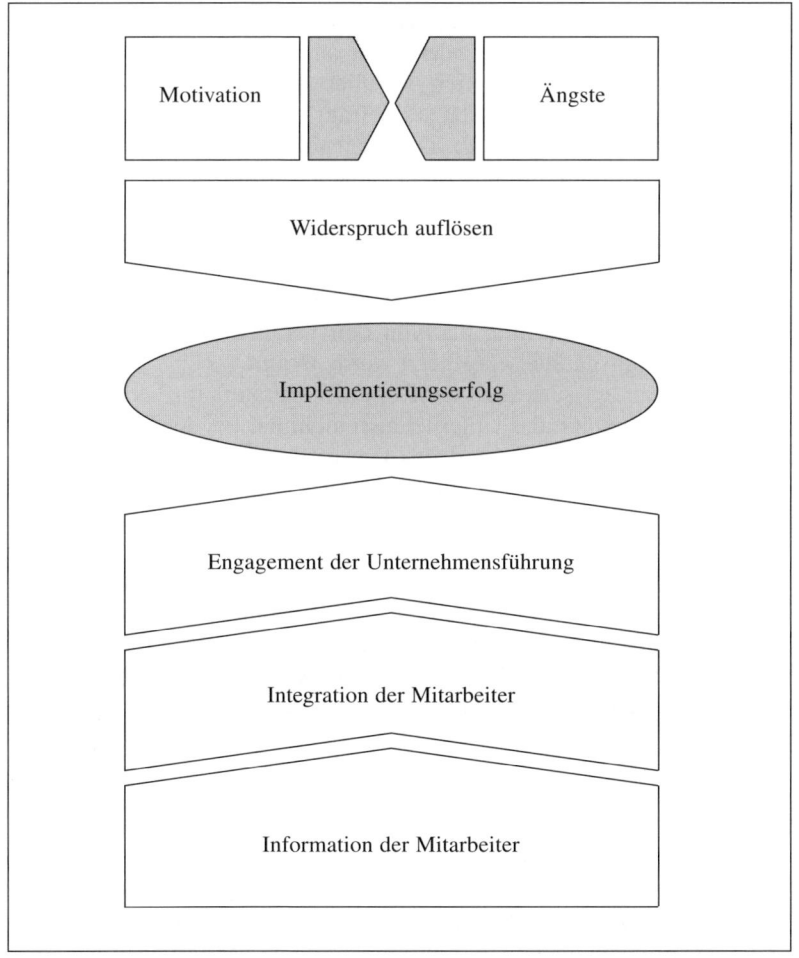

*Abbildung 1: Wesentliche Voraussetzungen für den Unternehmenserfolg*

## 7. Veränderungsmanagement als eigenständiges Instrumentarium

Erfolgreiche Implementierung von Veränderungen setzt mehr als das technisch-organisatorische Wissen, das Verständnis für menschliche Verhaltensweisen und die »Kunst«, damit umzugehen, voraus. Denn die neue Dimension der Anforderungen an das Veränderungsmanagement erhöht seine Komplexität um ein Vielfaches.

Uns begegnen vielerlei Forderungen an das Veränderungsmanagement. Doch meist wird lediglich postuliert, daß wir unsere Einstellungen ändern müßten, Flexibilität sei gefragt – neues Denken, neue Einstellungen der Führungskräfte. Demgegenüber fehlt jedoch ein systematisches und pragmatisches Managementkonzept für die Implementierung neuer Systeme, Strukturen und Prozesse.

Veränderungsmanagement ist als eigenständige Disziplin zu betrachten, wenn es in Zukunft erfolgreicher eingesetzt werden soll. Erfolgreiches Veränderungsmanagement braucht ein entsprechendes, hoch entwickeltes Instrumentarium, das von den verantwortlichen Führungskräften situationsgerecht eingesetzt werden kann.

Damit verändert sich auch die Rolle des Beraters im Veränderungsprozeß. Er unterstützt das Unternehmen nicht nur bei der Formulierung der Veränderungsstrategie und des Umsetzungskonzepts, sondern begleitet in zunehmendem Umfang die Umsetzung selbst. Er entwickelt das Instrumentarium des Veränderungsmanagements, paßt es unternehmensspezifisch an und setzt es in der Implementierung ein. Er wird so zum Katalysator des Implementierungserfolgs und wird damit in Zukunft, stärker als bisher, am Ergebnis der Implementierung gemessen.

Meine Co-Autoren haben es sich in den nachfolgenden Beiträgen zur Aufgabe gemacht, das Instrumentarium des Veränderungsmanagements darzustellen und seinen Einsatz an Praxisbeispielen zu illustrieren.

## 8. Veränderungsmanagement als Zukunftsaufgabe

Die Veränderungen – weltweit und regional, makroökonomisch wie mikroökonomisch – sind gewaltig. Die Auswirkungen auf Unternehmen wie auf jeden einzelnen, Führungskräfte wie Mitarbeiter, sind dramatisch.

Nur wenn es gelingt, sich auf den notwendigen Wandel einzustellen und ihn proaktiv für sich nutzbar zu machen, kann im Wettbewerbsspiel überleben. Notwendige Veränderungen müssen antizipiert, frühzeitig konzipiert und erfolgreich implementiert werden. Damit wird das Veränderungsmanagement zur zentralen Aufgabe der Unternehmensführung.

# Die strategischen und operativen Gestaltungsfaktoren für erfolgreiches Implementieren

*Daryl R. Conner und Ern Clements*

## 1. Einführung

Die internen und externen Kräfte, die auf eine Unternehmensorganisation einwirken, werden Tag für Tag zahlreicher und komplexer. Daraus resultiert, daß sich viele Führungskräfte mit der ständig schwieriger werdenden Aufgabe konfrontiert sehen, rasch aufeinander folgend neue Prozesse oder Strukturen zu implementieren. Häufig führen derartige Aufgaben zu einem Produktivitätsrückgang bei den einzelnen Mitarbeitern, den Führungskräften in den Abteilungen und dem Unternehmen als ganzem.

Dieser Beitrag basiert auf von ODR® Inc. durchgeführten wissenschaftlichen Untersuchungen und auf Beratungsaktivitäten, die einen Zeitraum von annähernd einem Vierteljahrhundert umfassen. Wir werfen zunächst einen Blick auf den nach unseren Erfahrungen grundlegenden Schlüssel zum Erfolg eines jeden Unternehmens, das sich in dem heutzutage unsteten Umfeld zurecht finden muß: die »Anpassungsgeschwindigkeit«.

Die »Anpassungsgeschwindigkeit« eines Unternehmens beschreibt den Zeitraum, in dem das Unternehmen sich von der Konzentration auf die Implementierungsarbeiten neuer Prozesse oder Strukturen wieder erholen und die damit verbundenen Begleiterscheinungen assimilieren kann. Wenn Mitarbeiter innerhalb eines Unternehmens mit ihrer optimalen Anpassungsgeschwindigkeit arbeiten, sind sie in der Lage, zahlreiche schnelle und komplexe Änderungen aufzunehmen, wobei sie nur ein minimales dysfunktionales[1] Verhalten zeigen. Der wichtigste Einzelfaktor, der für die Erhöhung der Anpassungsgeschwindigkeit eines Unternehmens erforderlich ist, läßt sich mit dem Flexibilitätsgrad der Mitarbeiter beschreiben.

Flexible Menschen:

- gewinnen rasch ihr Gleichgewicht wieder, nachdem Erwartungen erschüttert wurden,
- behalten einen hohen Produktivitätsgrad auch in unsicheren, mehrdeutigen Situationen bei,
- bleiben physisch und emotional gesund, wenn sie mit Unsicherheiten zu kämpfen haben,
- vermeiden dysfunktionale Verhaltensweisen, die den Erfolg eines Projektes beeinträchtigen könnten und
- gehen aus den durch die Veränderungen hervorgerufenen Anforderungen gestärkt hervor.

Menschen mit geringem Flexibilitätsvermögen reagieren dagegen typischerweise unvorbereitet auf vergleichbare Unsicherheiten. Sie tendieren dazu, sich ihrer selbst und anderer nicht mehr sicher zu sein. Da sie die typischen Reaktionen gegenüber Veränderungen nicht verstehen, fühlen sie sich oftmals in der Defensive. Dann werden zum Beispiel unterschiedliche Verteidigungsmechanismen eingesetzt:

- Ignorieren der Veränderung oder ihrer Auswirkungen: »Lassen wir die Dinge, wie sie immer waren.«

1 Unter dysfunktionalem Verhalten versteht man alle änderungsbedingten Handlungen oder Gefühle, durch die Ressourcen vom Erreichen von Produktivitäts- und Qualitätsstandards abgelenkt werden.

- Bewußte oder unbewußte Verzerrung der mit der Veränderung verbundenen Informationen: »Nun, die Daten erscheinen mir gar nicht so schlecht.«
- Anerkennung der Veränderung unter gleichzeitigem Bemühen, die eigene Ängstlichkeit zu überwinden, indem man sich selbst und andere überzeugt, daß diese den aktuellen Status nicht wirklich betrifft: »Dieses ganze Gerede über Umstrukturierung ist nichts als heiße Luft. Wir brauchen uns nicht zu beunruhigen – das wird unserer Abteilung niemals passieren.«

Das Verhalten von Menschen mit geringer Flexibilität ist naturgemäß reaktiv. Diese Menschen tendieren dazu, die Veränderungen so lange wie möglich zu ignorieren, so daß sie anschließend zu wenig Zeit zur Verfügung haben, um eine angemessene Reaktion zu entwickeln. Die Notwendigkeit von Veränderungen wird erst spät erkannt und akzeptiert.

Demgegenüber reagieren Menschen mit hohem Flexibilitätsvermögen völlig anders auf die Unsicherheiten, die mit größeren organisatorischen Veränderungen immer einhergehen. Sie weisen zunächst die gleichen Gefühle der Desorientierung auf, wie jene mit geringem Flexibilitätsgrad. Allerdings empfinden sie in weitaus geringerem Maße die Notwendigkeit, sich gegen ein solches Gefühl zu wehren. Wenn auch unerfreulich, werden die Veränderungen und die damit verbundenen Unannehmlichkeiten von diesen Menschen als notwendiger Bestandteil des Anpassungsprozesses empfunden, den jeder durchmacht, wenn er sich an diesen Situationen anpaßt. Zum Beispiel: Wenn Menschen mit einem hohen Flexibilitätsgrad eine Änderung einführen, werden eigene Belange und die Belange anderer beachtet und die damit einhergehenden psychologischen Prozesse akzeptiert. Ihre Aufmerksamkeit gegenüber den beteiligten Mitarbeitern sowie den technischen Aspekten eines sich verändernden Unternehmens erlaubt ihnen, diese Änderungen mit weniger Widerstand und größerer Unterstützung zu planen und zu implementieren als ihr weniger flexibles Pendant. Eine weitere, wichtige Eigenschaft der hoch-flexiblen Menschen besteht in ihrem Verständnis von Veränderungen als einem natürlichen Bestandteil des Lebens. Wenig flexible Menschen hingegen erwarten, daß in ihrem Leben nur selten Veränderungen stattfinden; aus diesem Grund leiden sie, wenn fest etablierte Realitäten sich plötzlich verschieben. Menschen mit ho-

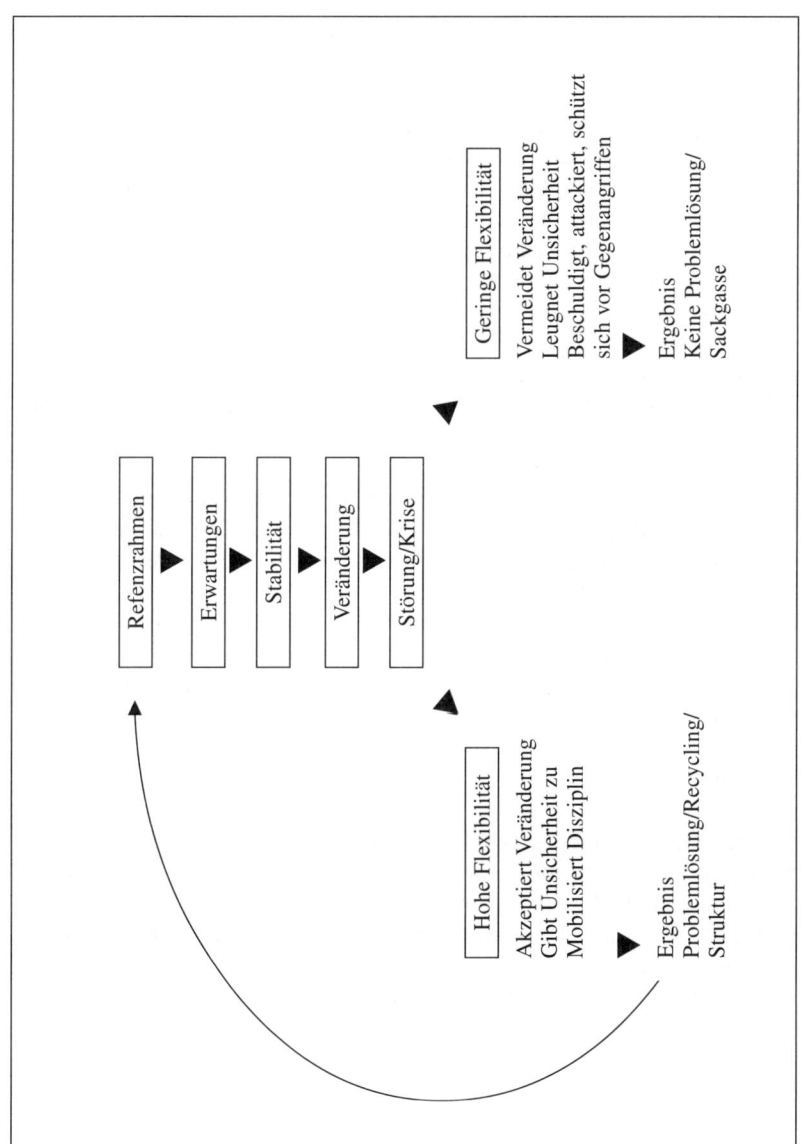

*Abbildung 1: Flexibilität und Veränderung*

hem Flexibilitätsgrad haben ihre Welt niemals als vorwiegend statisch betrachtet. Veränderungen werden als natürlicher Bestandteil des organisatorischen Alltags akzeptiert. Veränderungen stellen eine Herausforderung dar, denen sie sich stellen und ein Problem, das sie lösen und nicht umgehen wollen. Tatsächlich haben sie bewußt oder unbewußt das Wissen, die Disziplin und die Struktur erworben, die sie befähigen, größere Veränderungen, selbst unter den schwierigsten Umständen, zu implementieren (siehe Abbildung 1).

Die Frage ist nun natürlich, wie es im Rahmen der Implementierung neuer, optimierter Prozesse ermöglicht werden kann, die Dysfunktion von Menschen mit geringem Flexibilitätsvermögen zu verringern und die Stärke von Menschen mit hoher Flexibilität zu nutzen.

Das Ziel ist, die Implementierung rasch durchzuführen, das dysfunktionale Verhalten im Laufe des Anpassungsprozesses möglichst gering zu halten und eine hohe Akzeptanz der neuen Lösung zu erzielen.

Unsere Erfahrung ist, daß das Führen eines Unternehmens mit einer hohen Anpassunggeschwindigkeit die Förderung von Flexibilität sowohl auf strategischer als auch auf operativer Ebene erforderlich macht. Im folgenden werden acht Risikobereiche, die zugleich Gestaltungsbereiche darstellen, aufgezeigt, die für eine erfolgreiche Implementierung beachtet werden müssen.

Wir unterscheiden vier strategische Gestaltungsfaktoren, auf die man sich konzentrieren sollte, um die knappen, verfügbaren Ressourcen effizient für die erfolgreiche Assimilierung der Veränderung zu nutzen. Diese beinhalten:

- Stärkung der Einzel-, Team- und Unternehmensflexibilität.
- Entwicklung von praxisorientierten Kenntnissen hinsichtlich des Managements der Implementierung.
- Treffen von Entscheidungen unter Berücksichtigung der Assimilierungsfähigkeit.
- Verstehen der wichtigsten Einflußfaktoren, Instrumente und Methoden für den Implementierungsprozeß.

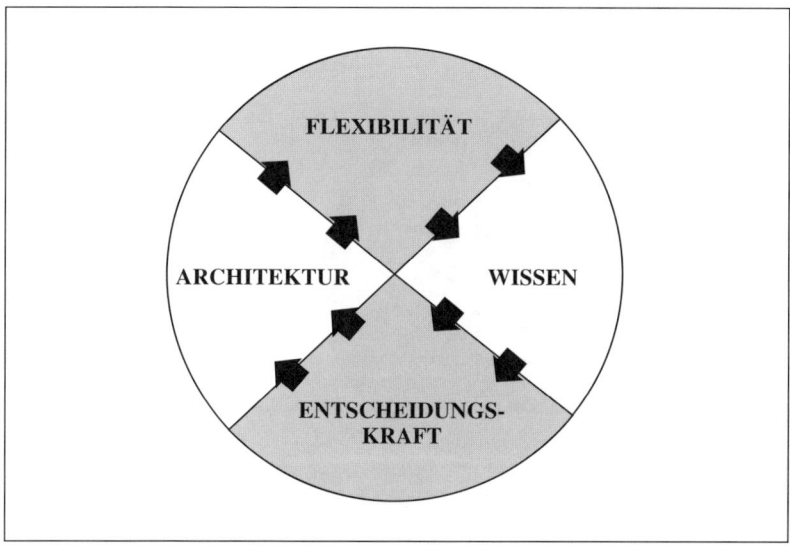

*Abbildung 2: Strategische Gestaltungsfaktoren*

## 2. Strategische Gestaltungsfaktoren

### 2.1 Flexibilität

Wie bereits beschrieben, ist der kritische Aspekt für die erfolgreiche Bewältigung von Implementierungsaufgaben die individuelle, die Team- und die organisatorische Flexibilität.

Wir haben damit begonnen, flexible Menschen zu beobachten (das heißt solche, die fähig sind, vor Veränderungen nicht einfach nur zurückzuweichen, sondern aus diesen gestärkt und mit gesteigerten Fähigkeiten hervorzugehen), um die Charakteristika zu bestimmen, die diese Menschen dazu befähigen, inmitten von Veränderungen erfolgreich zu arbeiten. Aus den Erkenntnissen, die wir aus der Analyse dieser persönlichen Flexibilität gewonnen haben, weiteten wir unsere Untersuchung auf die Ebene der Team- und Unternehmensflexibilität aus (siehe Abbildung 3).

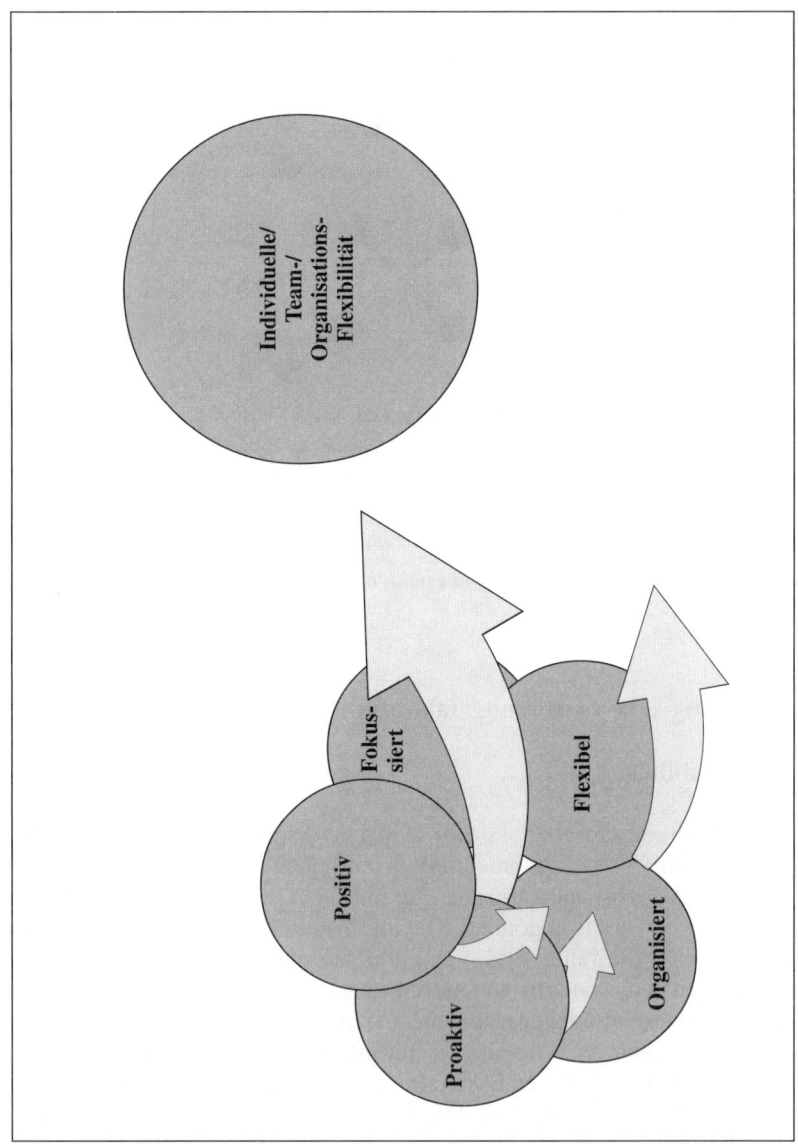

*Abbildung 3: Flexibilitätselemente*

*Persönliche Flexibilität*

Über mehrere Jahre hinweg verteilte ODR den *Personal Resilience®
Questionnaire*[2], ein Instrument, das entwickelt wurde, um das individu-
elle Niveau von spezifischen Charakteristika zu messen, die mit dem
Begriff Flexibilität verbunden sind. Eine Rückantwort wird in Form des
*Personal Resilience® Profile*[3] gegeben.

In dieser Untersuchung konnten die folgenden Charakteristika als
persönliche Attribute identifiziert werden, die die Einzelflexibilität im
Falle einer Veränderung beeinflussen:

• Positivum: Welt und Selbst – Es zeigt sich ein Gefühl von Sicherheit
  und Selbstbewußtsein, das auf der eigenen Sicht beruht, daß das Leben komplex, jedoch mit Möglichkeiten angefüllt ist.
• Konzentrationsfähigkeit – Es besteht eine eindeutige Vision hinsichtlich der zu erreichenden Ziele.
• Flexibilität: Gedanken und Soziale – Es wird eine spezielle Flexibilität[4] im Denken und Arbeiten mit anderen gezeigt, wenn auf Änderungen reagiert wird.
• Organisationsfähigkeit – Es werden bestimmte strukturierte Annäherungen für die Bewältigung der Veränderung entwickelt.
• Proaktiv – Annahme der Veränderung, statt sich dieser zu widersetzen.

*Positivum: die Welt*

Die meisten Situationen weisen positive und negative Aspekte auf. Unsere Untersuchungen zeigen, daß Menschen sich in ihrer Neigung unterscheiden, sich auf die positiven oder negativen Elemente zu konzentrieren. Diejenigen, die dazu tendieren, sich auf die positiven Aspekte
zu konzentrieren, betrachten ihr Umfeld als komplex und anspruchs-
voll. Sie sind fähig, Gelegenheiten und Möglichkeiten in Situationen
wahrzunehmen, die auf den ersten Blick problematisch erscheinen.
Diejenigen, die sich primär auf negative Aspekte konzentrieren, können
in einen Teufelskreis aus Ängstlichkeit und Depression geraten, der sie

2 Fragebogen über die persönliche oder Einzelflexibilität.
3 Einzelflexibilitätsprofil.
4 Pliability bedeutet eigentlich: Biegsamkeit, Geschmeidigkeit.

daran hindert, den Wert und die Möglichkeiten zu erkennen, die ihnen die Umstände bieten. Eine grundsätzlich optimistische Anschauung ist wichtig, da sie es uns ermöglicht, Wege zu finden, um negative Situationen umzukehren. Überdies sind Menschen mit einer positiven Einstellung besser geeignet, positive Situationen zu schaffen.

*Positivum: das Selbst*

Der Glaube an sich selbst als wertvolle, fähige Persönlichkeit kann extrem stark sein. Wir benötigen eine starke Grundlage, von der aus wir uns den Unsicherheiten und dem Streß in dieser Welt stellen können. Diese Grundlage kann durch die realistische Beurteilung der eigenen Fähigkeiten und durch das Erlangen von Selbstbewußtsein während des Prozesses des Lernens und Entwickelns erreicht werden. Wenn eine Person sich fähig fühlt, ihr Ziel zu erreichen, so ist diese Person auch in der Lage, zuversichtlich zu handeln und eventuelles Scheitern ohne den Verlust des Selbstwertgefühls hinzunehmen. Mit dieser positiven Sicht seiner selbst ist der Glaube verbunden, daß man das Umfeld und die Ereignisse, die im eigenen Leben auftreten, beeinflussen kann anstatt daran zu glauben, daß äußere Kräfte das eigene Schicksal bestimmen.

*Konzentrationsfähigkeit*

Da eine Veränderung sich allgemein durch Ambiguität und Unsicherheit auszeichnet, verwundert es nicht, daß das Vorhandensein eines starken Bewußtseins für das Erreichen von Zielen und das Setzen von Prioritäten für die Flexibilität von Bedeutung ist. Wenn Ziele und Prioritäten eindeutig sind, ist es leichter, im Anschluß an größere Erschütterungen auf den eigenen Weg zurückzukehren. Unsere Untersuchungen haben gezeigt, daß Menschen, die sich selbst als ihren Zielen verpflichtet beschreiben oder die einen Sinn oder einen Zweck in ihrem Leben sehen, besser geeignet sind, unsichere Situationen zu meistern: Sie selektieren die wesentlichen Punkte, beurteilen den relativen Wert von Alternativen und setzen daher ihre persönlichen Energien effizienter ein. Ohne Zielstrebigkeit und einen Sinn für das Setzen von Prioritäten, ist es wahrscheinlich, daß die Ressourcen ineffizient eingesetzt werden, da jede neue Situation von dieser Person verlangt, im Vorfeld zu definieren, was wichtig ist, bevor sie handelt.

*Flexible Gedanken*

Die Fähigkeit, sich mit der Ambiguität auseinanderzusetzen, die durch die Veränderung hervorgerufen wird, ist ein bedeutender Punkt zur Bewertung der Flexibilität. Ein wichtiger Aspekt dieser Art ist das Geschick und die Bereitschaft einer Person, eine Situation von verschiedenen Standpunkten aus zu betrachten, ein Urteil zurückzuhalten, solange alternative Perspektiven berücksichtigt werden, sowie Paradoxa und Widersprüche als Bestandteile des Lebens zu akzeptieren und mit ihnen zu leben. Eine Person, die aufgeschlossen und vorurteilslos verschiedene Wege zur Betrachtung einer Situation findet, besitzt oftmals ein größeres Verständnis des Problems und ist daher in der Lage, kreativere und effektivere Lösungen zu entwickeln. Flexible Gedanken erhöhen die Wahrscheinlichkeit, diese kreativen und effizienten Wege zu finden, um die gesteckten Ziele zu erreichen. Im Gegensatz dazu, kann es geschehen, daß Menschen, die sofortige, unkomplizierte Lösungen bevorzugen, ihre Schlüsse so rasch ziehen, daß ihnen hilfreiche Informationen entgehen.

*Flexibel – Sozial*

Die Fähigkeit, die Ressourcen anderer zu nutzen, trägt ebenfalls zur persönlichen Flexibilität bei. Unsere Untersuchungsergebnisse zeigen, daß sehr flexible Personen die gegenseitige Abhängigkeit von anderen erkennen. Sie zeichnen sich durch starke soziale Bindungen aus, auf die sie sich in schwierigen Zeiten verlassen können. Sie sind in der Lage, enge Beziehungen einzugehen und zu erhalten, sie sind gewillt, sich für den Ausgleich von Geben und Nehmen der beidseitigen, unterstützenden Freundschaften einzusetzen, und können Möglichkeiten erkennen, mit den Fähigkeiten anderer ihre eigenen zu vervollständigen. Wenn diese Art Unterstützung entweder nicht verfügbar oder nicht gesucht wird, so verringert sich die Fähigkeit einer solchen Person, mit Streßsituationen oder Unsicherheiten umzugehen.

*Organisationsfähigkeit*

Ein weiteres wichtiges Element ist die Fähigkeit, organisieren zu können. Organisation ermöglicht das Auffinden von Ordnung inmitten des

Chaos, von Struktur innerhalb der Ambiguität und das Umsetzen von Gedanken in Handlung. Die erforderliche Disziplin, um die verfügbaren Informationen zu bewerten, eine Richtung einzuschlagen, in der man vorangehen will und die einzelnen, notwendigen Schritte zu planen, um vorwärts zu gehen, ist wichtig. Hier ist es von Bedeutung, daß die Informationen beiseite geschoben werden, die momentan nicht wesentlich sind, daß man sich auf die entscheidenden Elemente konzentriert, diese logisch strukturiert und sie in einen durchführbaren, detaillierten Plan umwandelt. Mangelt es an dieser Fähigkeit, ist es wahrscheinlich, daß viele Ressourcen bei dem Versuch, eine Lösung nach der anderen zu realisieren, verschwendet werden, ohne einen wirklichen Fortschritt erzielt zu haben.

*Proaktiv*

Die letzte, mit der Flexibilität verbundene Eigenschaft ist die Bereitschaft, entschieden in unsicheren Situationen zu handeln, anstatt einfach auf äußere Umstände zu reagieren. Um proaktiv zu sein, muß man gewillt sein, Risiken einzugehen und Unannehmlichkeiten hinzunehmen, im Bewußtsein und im Glauben daran, daß das Ergebnis positiv sein wird. Proaktive Menschen suchen Herausforderungen anstatt sie zu meiden und reagieren auf Erschütterungen, indem sie ihre Energie für die Problemlösung einsetzen, statt sich zurückzuziehen. Im Gegensatz dazu, ist es möglich, daß Menschen, die Aspekten wie Sicherheit und Stabilität eine extreme Bedeutung beimessen, wertvolle Gelegenheiten verpassen, während sie noch auf die »todsichere« Lösung warten.

*Teamflexibilität*

Die Flexibilität eines Teams besteht in der Fähigkeit, einen hohen Veränderungsgrad zu gestalten und während der Transformationsphase nur ein geringfügig dysfunktionales Verhalten zu zeigen. Mit anderen Worten, ein flexibles Team nutzt die ihm zur Verfügung stehende Energie oder die Assimilierungsressourcen in optimaler Weise. Wir haben verschiedene Charakteristika identifiziert, die ein flexibles Team beschreiben. Diese spiegeln natürlich die persönlichen Flexibilitätskriterien wider, und zwar:

- Positivum: In einem flexiblen Team leistet jedes einzelne Teammitglied Beiträge zur Zielerreichung. Auch das Team als Ganzes hat die Fähigkeit, die Entwicklung des Unternehmens während des Änderungsprozesses zu beeinflussen.
- Konzentrationsfähigkeit – Ein flexibles Team zeichnet sich dadurch aus, daß die individuellen Energien sich während eines Anpassungsprozesses auf die dem Team gemeinsamen Ziele konzentrieren, anstatt sich von der eigentlichen Aufgabe abweichenden Aktivitäten zu verlieren.
- Flexibilität, Ideen: Ein flexibles Team ist in der Lage, eine umfassende Perspektivenpalette in ihre Annäherung an die Veränderung zu integrieren – sowohl die Ideen, die von verschiedenen Teammitgliedern eingebracht werden, als auch solche, die von außen kommen, werden als verschiedene Impulse betrachtet, die zu einer effektiven Lösung beitragen.
- Flexibilität, Interpersonell: Ein flexibles Team kann die Teammitglieder zu einer offenen Teilnahme bewegen. Jeder einzelne erkennt, daß er oder sie die Teamaufgaben nicht allein bewältigen kann, sondern von den Stärken der anderen profitiert.
- Organisationsfähigkeit – Ein flexibles Team ist fähig, die Verwirrung, die typischerweise im Zusammenhang mit einer Veränderung auftritt, in Informationen umzusetzen, indem es Relevanzen bewertet und Prioritäten setzt. Dadurch wird der Gruppe ermöglicht, durchführbare Lösungen zur Bewältigung der Veränderung zu erkennen.
- Proaktiv – Ein flexibles Team handelt angesichts der Ambiguität, anstatt auf Stabilität zu warten, selbst wenn damit Risiken verbunden sind. Da die Teammitglieder bemüht sind, aus Erfahrungen zu lernen und nicht damit beschäftigt sind, Fehler um jeden Preis zu vermeiden, kann das Team seine Pläne ändern, wenn diese nicht effektiv sind.

*Unternehmensflexibilität*

Wir definieren die Unternehmensflexibilität als die Fähigkeit eines *Unternehmens*, ein hohes Leistungsniveau mit einem Minimum an Dysfunktionalität während der mit der Implementierung neuer Prozesse oder Strukturen stattfindenden Veränderung zu erreichen. Um die Flexibilität eines Unternehmens zu verstehen, ist es wichtig, sich auf die Prozesse zu konzentrieren, mit denen Unternehmen Änderungen gegenübertreten und sich an diese anpassen. Für die Konzentration auf diese Prozesse müssen wir die Unternehmen als Systeme betrachten.

*Unternehmen als Systeme*

Entwickelt von den Naturwissenschaften wird ein System als eine Reihe von Komponenten definiert, die voneinander abhängig sind. Eine Änderung einer beliebigen Komponente des Systems wirkt sich auf alle anderen Bestandteile aus. Jede Komponente, wie auch das Gesamtsystem, weist ein Grundbedürfnis auf zu überleben, sich anzupassen und zu erhalten. Will man diese Definition auf Unternehmen anwenden, bezieht sich ein System auf ein Netzwerk von Mechanismen, die voneinander abhängig sind, welches die Führung und das Funktionieren eines Unternehmens stärkt.

Würden das Umfeld und das Unternehmen niemals einer Änderung unterworfen, könnte ein gut strukturiertes System reibungslos arbeiten. Wenn andererseits Veränderungen stattfinden, die auch nur einen Aspekt des Unternehmens modifizieren, so bedeutet dies eine Herausforderung an die Systemeffizienz.

*Transformationale Elemente von Unternehmenssystemen*

Die Unternehmenstheoretiker Burke und Litwin[5] haben drei Systemelemente identifiziert, die sie als wesentlich für einen Transformationsprozeß erachten. Diese Elemente sind die Führung, die Strategie und die Kultur. Interpretiert man dies im Zusammenhang mit den von uns durchgeführten Studien und den gesammelten Erfahrungen, können diese drei Variablen folgendermaßen charakterisiert werden:

- Führung: Das Führungsverhalten ist für das Unternehmen richtungsweisend, es dient als Modell für andere und lenkt die Handlungen des Unternehmens und dessen Mitglieder während einer Veränderung.
- Die Strategie eines Unternehmens – das, was die Führung und die Mitarbeiter als den zentralen Zweck des Unternehmens betrachten.

5 Burke W.W. und G. H. Litwin (1992), A Causal Model of Organization Performance and Change. Journal of Management, 19 (3) 523–545.

• Kultur: Die geteilten Voraussetzungen, Verhaltensweisen und Überzeugungen, die über die Zeit hinweg von den Mitarbeitern eines Unternehmens angenommen werden.

Jedes dieser drei Elemente spielt eine Rolle in der Implementierung
optimierter Prozesse.

Jedes von ihnen muß in einer Weise arbeiten, die die Notwendigkeit
der Veränderung erkennt. Und jedes kann schnell Maßnahmen treffen,
um, bei Einsatz eines Minimums von Ressourcen, den Fluß von Input,
Output und Abläufen des Systems neu zu formieren. Um zu begreifen,
wie dieser Vorgang funktioniert, haben wir eine Parallele zwischen den
Schlüsselkomponenten der persönlichen Flexibilität und den Charakteristika gezogen, die die Unternehmenseffizienz während einer solchen
Erschütterung wahrscheinlich formen (Unternehmensflexibilität). Wir
betrachten Individuen als Systeme, die Ressourcen effizient nutzen
müssen, um angesichts einer Erschütterung erfolgreich zu bleiben, und
wir sind der Meinung, daß die Arbeitsweise von Unternehmenssystemen vielen dieser Muster folgt.

Wenn Individuen und Gruppen mit einer Veränderung konfrontiert
werden und sofern sie positiv eingestellt, konzentrationsfähig, flexibel,
organisationsfähig und proaktiv sind, so arbeiten sie höchst effektiv und
nutzen ihre Ressourcen in effizienter Weise. Weitet man diese Logik
aus, dann kommen wir zu dem Schluß, daß diese Charakteristika auf
Unternehmensebene eine ähnliche Rolle spielen.

Hier bieten wir unser Verständnis hinsichtlich der Flexibilität auf
Unternehmensebene wie folgt an:

• Führung – Führungskräfte, als Individuen und als Gruppe, sind in der
Lage, das Unternehmen in einer Änderungsperiode höchst effektiv zu
lenken, wenn sie folgende Eigenschaften aufweisen:
  – Sie sind positiv gegenüber Möglichkeiten eingestellt, die sich in-
    nerhalb und außerhalb des Unternehmens anbieten.
  – Sie konzentrieren sich auf ihre Bemühungen und Leistungen.
  – Sie sind flexibel gegenüber der Vielzahl von Informationen und
    den sich dadurch ergebenden Möglichkeiten, die sie berücksichti-
    gen.
  – In Bezug auf die Informationsinterpretation und die Fähigkeit, Plä-
    ne aus ihren neuen Ideen zu entwickeln, arbeiten sie organisiert.

– Sie sind proaktiv in ihrer Bereitschaft, neue Annäherungen zu testen.

• Strategie – Der von den Führungskräften hergestellte Kontext oder
das Umfeld muß diese Elemente ebenfalls verkörpern. In Zeiten von
häufigen oder kontinuierlichen Veränderungen müssen die Leitmo-
delle des Unternehmens die Menschen darauf vorbereiten, die Abläufe prompt zu modifizieren, um den wechselnden Anforderungen ent-
sprechen zu können. Es ist daher von Bedeutung, daß die Richtungs-
und Zweckaussagen, die den gemeinsamen Bezugsrahmen ausmachen, bestimmte Themen hervorheben, wie:
  – Es existieren Möglichkeiten, die wahrgenommen werden können
  (positiv).
  – Eine Richtung wurde festgelegt (Konzentrationsfähigkeit).
  – Die Möglichkeiten, die sich durch das Sammeln von Informationen und das Kreieren von neuen Ansätzen anbieten, sind essentiell
  (Flexibilität).
  – Hohe Ambiguitätsniveaus können durch vernünftige Anwendung
  der Strukturen erzielt werden (Organisationsfähigkeit).
  – Handeln angesichts von unsicheren Situationen ist entscheidend
  (proaktiv).

• Kultur: Schließlich sollten die gemeinsamen, grundlegenden Voraussetzungen, Überzeugungen und Verhaltensweisen der Mitarbeiter eines Unternehmens die fünf Flexibilitätskriterien stärken. Die Menschen müssen es erwarten und für wünschenswert erachten, sich so
zu verhalten, daß Veränderungen innerhalb des Unternehmens möglich werden:
  – Ausschau nach und Diskussion über Gelegenheiten, Möglichkeiten und Stärken, anstelle der primären Konzentration auf Probleme und Schwächen.
  – Einsatz von konzentrierten Prioritäten als Mittel der Differenzie-
  rung und zur vorrangigen Behandlung von Maßnahmen.
  – Selektierung und Einbeziehung neuer Perspektiven in die Arbeit.
  – Kreieren von strukturierten Annäherungen an die zu bewältigende
  Ambiguität.
  – Eingehen von tragbaren Risiken bei dem Versuch, neue Wege zu
  finden, die Dinge zu erledigen.

Wir sind der Auffassung, daß ein Unternehmen, bei dem jedes dieser Elemente sich an seinem richtigen Platz befindet, eine kraftvolle Anpassungsdynamik entwickelt hat. Es ist in der Lage, eine Erschütterung frühzeitig zu erkennen, seine Anpassungsbemühungen in den kritischen Bereichen zu planen und effektive Lösungen zu kreieren.

## 2.2 Kenntnisse

Schlüsselindikatoren für die Qualität der Bewältigung von Übergangszeiten sind das Wissen um die Struktur der Veränderung und die Fähigkeiten aller Beteiligten, mit der grundlegenden Dynamik von organisatorischen Übergangszeiten umzugehen. Das Wissen um diese Strukturen erleichtert es uns, rasch und effektiv zu reagieren, während die Veränderungsinitiativen implementiert werden. So wie ein hohes Niveau an persönlicher, Team- und Unternehmensflexibilität die Fähigkeit von Unternehmen zur Assimilierung der Veränderung steigert, so vergrößern die Kenntnisse über die Veränderung zusätzlich die persönliche Flexibilität, indem sie geeignete Konzepte und Methoden zur Verfügung stellen.

Wenn wir die Flexibilität weiterhin als Kernelement in den Mittelpunkt stellen, dann können sieben Unterstützungsfaktoren die Entwicklung des Kernelementes beeinflussen (siehe Abbildung 4).

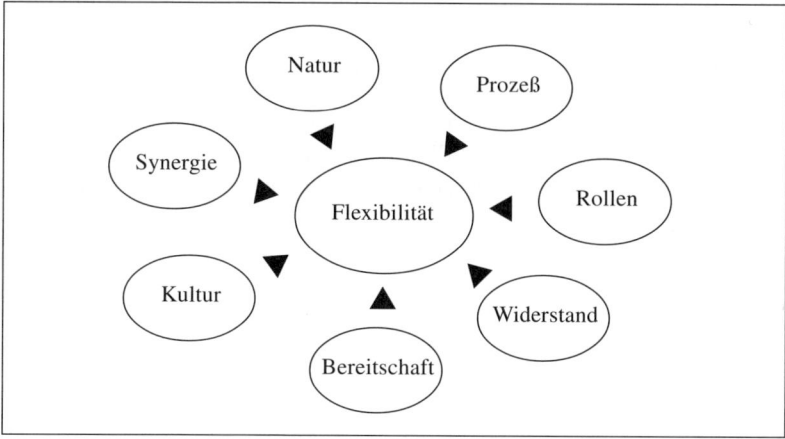

*Abbildung 4: Unterstützungsfaktoren der Flexibilität*

*Die Natur der Veränderung*

Die Flexibilität von Personen wird gefördert, sobald diese erkennen, daß sie Berechenbarkeit in ihrem Leben suchen. Sie sind in der Lage, die Flexibilität dann zu steigern, wenn sie die Gelegenheit bekommen, in einem gewissen Maß direkt oder indirekt die Implementierungsprozesse beeinflussen zu können.

*Der Veränderungsprozeß*

Implementierungsprozesse sind immer teuer, und die Unternehmen werden immer für die Veränderungsprozesse »bezahlen müssen« oder für den Verlust von Wettbewerbsvorteilen, wenn sie sich nicht anpassen. Die »Unannehmlichkeiten« der Transformation sind eine natürliche Reaktion auf den Veränderungsprozeß, und wenn die Veränderung erfolgreich ist, so ist sie bei weitem weniger teuer als der Preis, der zu zahlen wäre, würde man alles beim aktuellen Status quo belassen (siehe Abbildung 5).

Menschen und Unternehmen entwickeln eine hohe Bereitschaft für eine Veränderung, wenn sie erkennen, daß die Veränderung tatsächlich ein »Muß« darstellt. In solchen Situationen besteht die Aufgabe nicht darin herauszufinden, ob der nötige Mitteleinsatz sinnvoll ist, sondern wann dies geschieht, das heißt das Timing für die Implementierung neuer Prozesse steht im Mittelpunkt.

»Leidensdruck« und »Problemlösungen« sind zwei Vorbedingungen für eine erfolgreiche Veränderung des Unternehmens. »Leidensdruck« stellt die entscheidende Ansammlung von unangenehmen, beunruhigenden Informationen hinsichtlich des Verbleibens im Status quo dar, die das »Leiden« in der Übergangsphase rechtfertigt. »Problemlösun-

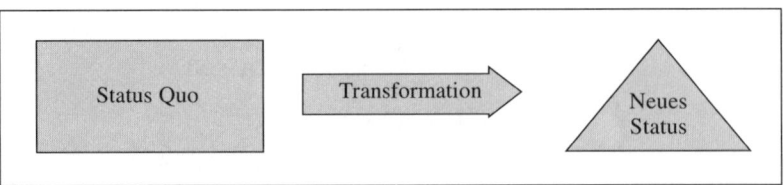

*Abbildung 5: Elemente des Veränderungsprozesses*

gen« können jene optimierten Prozesse sein, die rechtzeitig und im Rahmen des Budgets implementiert werden sollen.

*Die Rollen der Veränderung*

Ein weiterer Unterstützungsfaktor, der dazu beiträgt, die Realisierung zu fördern, besteht in den verschiedenen Rollen, die im Laufe eines Implementierungsprozesses gespielt werden müssen. Vier Rollen lassen sich dabei unterscheiden:

• Der »Sponsor« stellt das Individuum oder die Gruppe dar, die die Macht hat, die Veränderung zu legitimieren. Sie kreieren ein Umfeld, in dem es möglich ist, diese Veränderungen rechtzeitig und innerhalb des Budgets durchzuführen.
• Die »Change-Agents« sind die Individuem oder die Gruppe, die für die aktuelle Durchführung der Veränderung verantwortlich sind. Der Erfolg der »Agenten« hängt von der Fähigkeit ab, potentielle Probleme zu beurteilen, einen Plan zu entwickeln, um die Aufgaben zu bewältigen und die Veränderung effektiv durchzuführen.
• »Zielgruppe«/»Betroffene« oder besser »Beteiligte« – Das sind die Individuen oder die Gruppe, die von der Veränderung betroffen sind. Diese müssen informiert werden, um die Veränderungen zu verstehen. Es wird von ihnen erwartet, daß sie sich darauf einstellen.
• Die »Experten« sind schließlich Individuen oder eine Gruppe, die eine Veränderung herbeiführen wollen, allerdings nicht über die Kompetenzen verfügen, diese zu legitimieren.

*Widerstand gegenüber der Veränderung*

Widerstand ist ein natürlicher Bestandteil eines Implementierungsprozesses. Es handelt sich um die Kraft, die sich jeder bedeutenden Verschiebung des Status quo entgegen stellt.

Obwohl Widerstand im Zuge einer größeren Veränderung unvermeidlich ist, kann doch dessen Ausdrucksform erheblich variieren. Es kann die Form des offenkundigen oder des verdeckten Widerstandes annehmen. Hier kommt es nicht darauf an, ob die Veränderung ursprünglich als gut oder schlecht angesehen wird; sobald die Erwartungen der Menschen erschüttert werden, ist das Resultat der Widerstand.

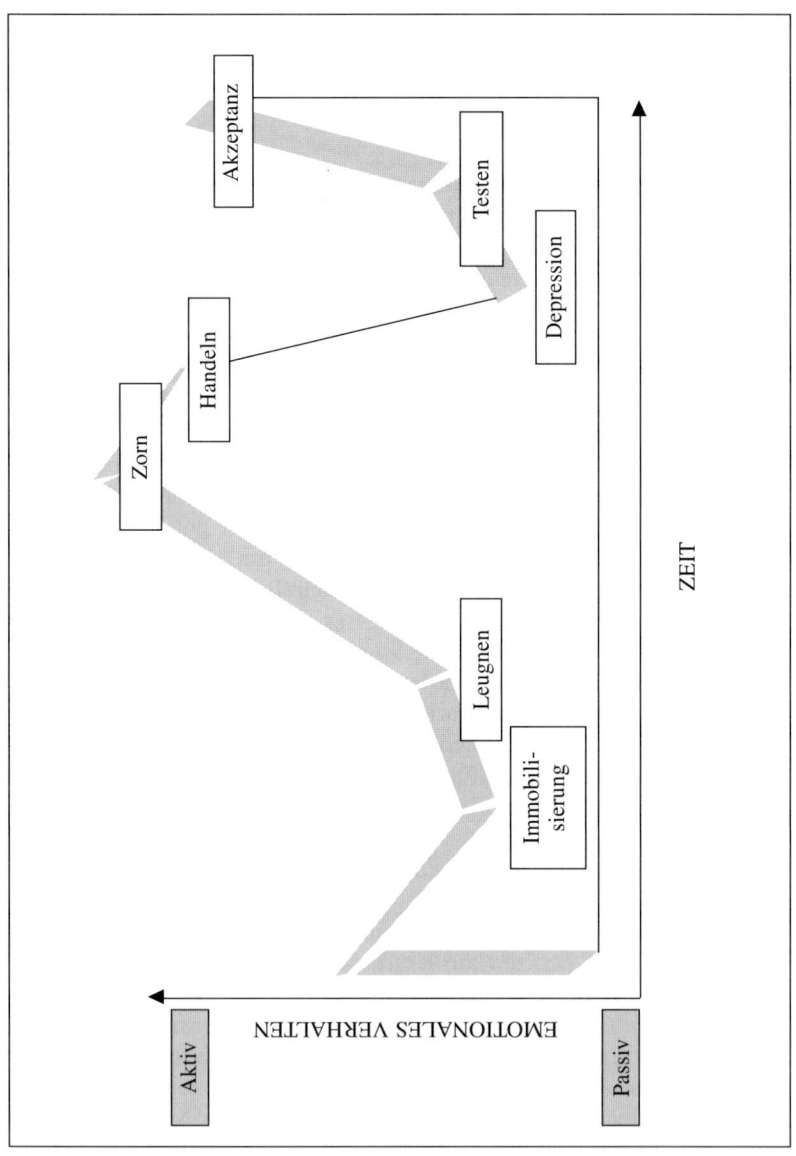

*Abbildung 6: Reaktion auf negative Veränderungen*

Wir können feststellen, daß die von organisatorischen Veränderungen betroffenen Menschen positiv oder negativ dazu eingestellt sind.

Es gibt sieben Hauptstufen, die die Menschen durchlaufen, sobald sie wahrnehmen, daß eine Veränderung negativ ist (eine Veränderung, die sie nicht wollen und die sie nicht aufhalten können) (siehe Abbildung 6).

1. Immobilisierung ist die erste Reaktion auf eine negativ aufgenommene Veränderung (gewöhnlich Schock).
2. Ablehnung zeichnet sich durch die Unfähigkeit aus, neue Informationen in den bestehenden Bezugsrahmen zu assimilieren; diese Informationen werden oftmals zurückgewiesen.
3. Die Wutphase zieht Frustration gegenüber der Veränderung nach.
4. Anschließend gehen die Betroffenen zu Verhandlungen über, um negative Auswirkungen der Veränderung zu vermeiden.
5. Depression ist eine normale Reaktion auf eine größere, negativ empfundene Veränderung.
6. Versuche helfen, wieder ein Kontrollgefühl herzustellen und sich selbst von Opfergefühlen und Depressionen zu befreien.
7. Die Akzeptanzphase bringt eine positive Wahrnehmung der Veränderung mit sich, allerdings ist dies nicht gleichbedeutend damit, daß diese auch gern angenommen wird.

Eine Reaktion auf positiv wahrgenommene Veränderungen beinhaltet die folgenden fünf Stufen (siehe Abbildung 7).

1. Uninformierter Optimismus zeichnet sich durch die erste große Begeisterung zum Beispiel für das Optimierungskonzept aus.
2. Im Laufe der Implementierungsarbeiten stellen wir zum Beispiel oft fest, daß vieles von dem, was wir uns konzeptionell vorgenommen haben, nicht oder nicht in dem geplanten Ausmaß realisiert werden kann. Oft stellt sich die Realisierung komplizierter und schwieriger dar, als ursprünglich erwartet. Diese Phase bezeichnen wir als »Informierter Pessimismus«. Wenn aus informiertem Pessimismus massiver Zweifel wird, dann besteht die Gefahr, daß sich einzelne Beteiligte wieder zurückziehen – »checking out«. Dies kann wiederum öffentlich geschehen – dann können wir darauf eingehen. Wenn es »nicht öffentlich« passiert, besteht die Gefahr des Scheiterns.
3. Wenn die Phase des Informierten Pessimismus adäquat gestaltet

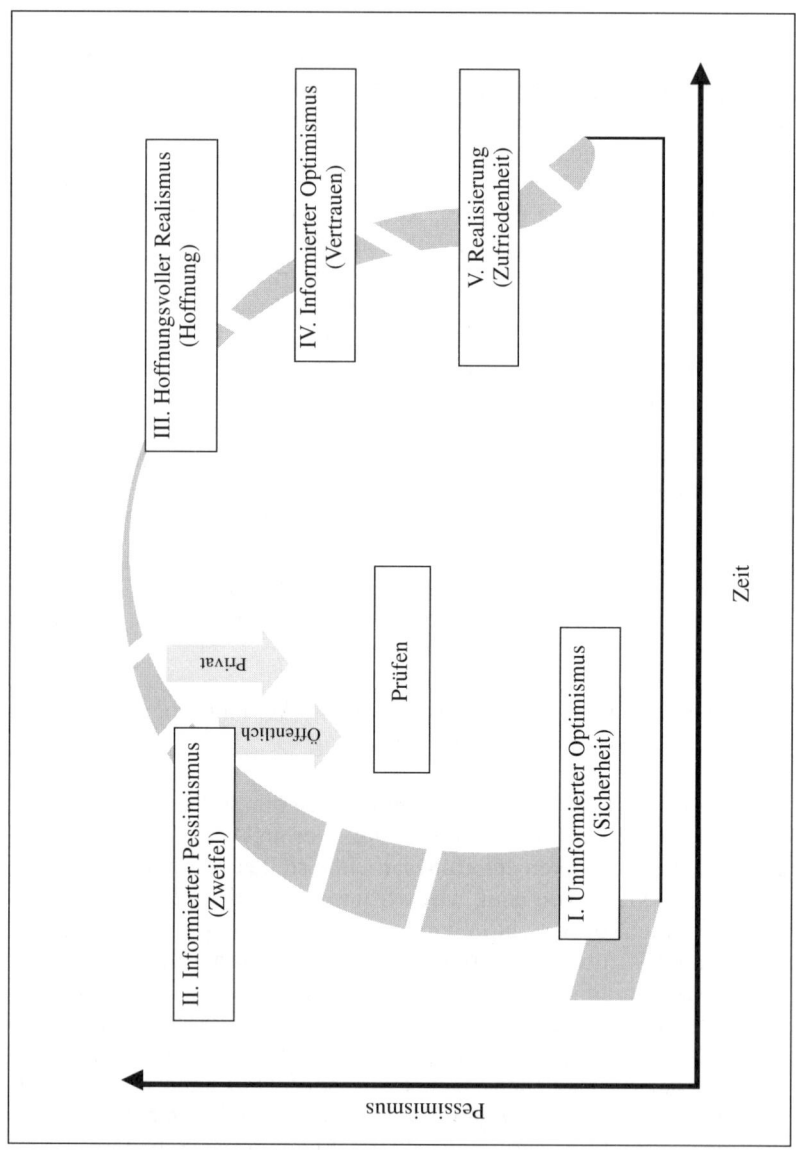

*Abbildung 7: Reaktion auf positive Veränderungen*

wird, dann können alle Beteiligten in die Phase des »Hoffnungsvollen Realismus« geleitet werden. Hier haben sie jetzt ein realistischeres Verständnis über das Optimierungskonzept und hoffen auf ein erfolgreiches Bestehen der Transformationsphase.

4. Sobald mehr und mehr Aufgaben gelöst werden, werden alle zusehends zuversichtlicher. Sie gehen in die Phase des Informierten Optimismus über.
5. In der letzten Phase kann nun das Optimierungskonzept erfolgreich vollendet werden.

*Engagement für die Veränderung*

Dieser Faktor bezieht sich auf die Entschlossenheit und Konsequenz, mit der Implementierungsprozesse gesteuert werden müssen. Viele Fehlschläge von Veränderungen sind auf den Mangel an Engagement zurückzuführen – sei es zum Beispiel bei den Sponsoren oder auch den Change-Agents. Engagement – oft auch als Commitment bezeichnet – läßt sich messen, zum Beispiel durch:

• den notwendigen Ressourceneinsatz (z.B. Zeit, Geld und Personal), um das gewünschte Resultat zu sichern,
• das konstante Weiterverfolgen der Ziele, auch wenn zum Beispiel Widerstände auftreten und von ursprünglichen Zeitplänen abgewichen werden muß,
• das Zurückweisen von Ideen oder Maßnahmenplänen, die kurzfristigen Nutzen versprechen, aber nicht mit der Gesamtstrategie in Einklang stehen,
• Konzentration auf die ursprünglich gesetzten Ziele auch bei Widrigkeiten in der Implementierungsphase,
• Kreativität, Findigkeit und Einfallsreichtum für die Lösung der Probleme oder Aufgaben, die andernfalls das Erreichen des Zieles blockieren könnten,
• Verstehen, daß flexible Unternehmen ein Engagement für die Veränderung nicht als gegeben voraussetzen, sondern diese als einen verständlichen und steuerbaren Prozeß ansehen.

Die Entwicklung von Commitment und Engagement für die Implementierung optimierter Prozesse – darüber sind wir uns zu oft nicht im Klaren – kostet Zeit und Geld. Wir können kein Commitment erwarten, wenn wir nicht dafür entsprechend investieren wollen.

Erwarten Sie kein Engagement oder Commitment ohne einen Maßnahmenplan. Pläne für den Aufbau von Commitment sollten das gesamte Unternehmen umfassen.

Bedenken Sie, daß das Entstehen von Engagement ein Entwicklungsprozeß ist. Die simple Ankündigung, daß die Implementierung eines optimierten Prozesses nun unmittelbar beginnen werde, könnte kurzfristig, aber keinesfalls nachhaltig funktionieren. Zusammengefaßt: Werden Sie langsamer, um die Fortschrittsgeschwindigkeit zu erhöhen.

*Unternehmenskultur*

Unter Unternehmenskultur verstehen wir die Vielzahl der formalen und informellen Grundregeln, die unsere Meinungen und unser Verhalten im Unternehmen steuern. Es scheint uns oft so, als ob Unternehmen glauben, die Unternehmenskultur sei rasch zu verändern. Tatsache ist: Unternehmenskultur ist ein wesentliches Element des Implementierungsmanagement, sie ist jedoch nicht »schnell« zu verändern.

Mit folgenden Eigenschaften läßt sich die Beziehung zwischen Kultur und Implementierung neuer Prozesse beschreiben:

- Kultur setzt sich aus drei Komponenten zusammen: die vorherrschenden Überzeugungen, Verhaltensweisen und Annahmen. Sie steuern die Zusammenarbeit unter den Mitarbeitern des gesamten Unternehmens.
- Kultur entwickelt sich im Laufe der Zeit. Die Unternehmenskultur ist das Produkt aus Überzeugungen, Verhaltensweisen und Annahmen, die in der Vergangenheit zum Erfolg geführt haben.
- Kultur entwickelt sich in einem sich selbst erfüllenden Kreislauf: Sie beeinflußt zum Beispiel strategische Entscheidungen, die wiederum zu Entscheidungen über die Implementierung führen. Diese lenken ihrerseits Aktivitäten und Handlungen in eine Richtung, die wiederum die bestehende Kultur unterstützen.

Kultur entspringt aus zwei Quellen: Sie entwickelt sich entweder evolutionär (reaktiv) oder schöpferisch (proaktiv). Ein Schlüsselelement für die Steigerung von Flexibilität und die Minimierung von dysfunktionalem Verhalten, ist die aktive Veränderung der Unternehmenskultur. Wann immer eine Diskrepanz zwischen der gegenwärtigen Kultur und den Zielen der Implementierung besteht, die Kultur wird stets gewinnen, so unsere Erfahrungen. Die Chancen einer erfolgreichen Implementierung nehmen zu, je näher die existierende Kultur bei den Überzeugungen, Verhaltensweisen und Voraussetzungen, die von den neuen Prozessen herbeigeführt werden sollen, liegt.

*Synergie und Veränderung*

Bevor versucht wird, neue Prozesse zu implementieren, sollten die Beziehungen der »Sponsoren«, »Zielgruppen« und »Change-Agents« des Projektes, wie bereits in diesem Kapitel beschrieben, untersucht werden. Diese Beziehungen lassen sich als autodestruktiv, statisch oder synergistisch beschreiben. Autodestruktive Beziehungen erfordern den Einsatz von mehr Energie, als sie freisetzen; sie sind gewöhnlich durch Fehlkommunikation, Abwehrhaltungen und Vorwürfe gekennzeichnet. Statische Beziehungen weisen eine ausgeglichene Mischung aus negativem Verhalten einerseits, und produktivem, team-orientiertem Verhalten andererseits auf. Menschen, die sich in einer solchen Situation befinden, sind gleichermaßen effektiv, ob sie nun in der Gruppe oder allein arbeiten. Eine synergistische Beziehung schafft jedoch eine Summe, die größer ist als ihre Bestandteile. Jede Person trägt bereitwillig einen Teil der eigenen Erfahrung bei, die von den anderen benötigt wird. Dies unterstützt eine zügige Implementierung, wobei die Produktivität des Teams weit über das Maß hinausgeht, das jeder für sich allein erreicht hätte.

## 2.3 Assimilierungsressourcen

Die Unternehmensflexibilität und die daraus resultierende gesteigerte Fähigkeit, Veränderungen zu assimilieren, sollten im Rahmen von Implementierungsaufgaben wie alle anderen Ressourcen (z. B. Kapital und Technologie) behandelt werden.

Das bedeutet, daß alle wesentlichen Entscheidungen im Zusammenhang mit der Implementierung immer im Zusammenhang mit den verfügbaren Assimilierungskapazitäten betrachtet werden sollten. Wenn der aufgrund der Implementierung entstehende Bedarf an Assimilierungskapazität das vorhandene Angebot eines Unternehmens übersteigt, so ist es möglich, daß die Implementierung zwar »technisch« realisiert, dies allerdings höchstwahrscheinlich mit kostspieligem dysfunktionalem Verhalten erkauft wird.

Wenn die Assilimilierungsfähigkeit des Unternehmens für die Realisierungsvorhaben nicht ausreicht, so sind folgende Maßnahmen zu empfehlen:

(a) Reduktion der Zielsetzungen oder der Anzahl der Projekte.
(b) Erhöhung der Assimilierungsfähigkeit des Unternehmens, um den zusätzlichen Bedarf bewältigen zu können.
(c) Eine Kombination aus A und B.

Die Kapazität eines Unternehmens, größere Implementierungsprojekte aufzunehmen, stellt eine der strategischen Ressourcen im zukünftigen Marktumfeld dar. Unsere Untersuchungen zeigen, wenn ein Unternehmen mehr organisatorischen Veränderungen ausgesetzt ist, als es adäquat bewältigen kann, so verhalten sich dessen Mitarbeiter zusehends dysfunktional. Ein hohes Maß an dysfunktionalem Verhalten führt u. a. zu Motivationsproblemen und bringt lediglich eine kurzfristige, oberflächliche Veränderung mit sich oder führt zu einem Scheitern des gesamten Projektes.

## 2.4 Aufbau der Implementierungsarchitektur

Alle Implementierungsprojekte lassen sich mehr oder weniger in sieben Aufgabenbereiche strukturieren, die in diesem Abschnitt kurz erläutert werden sollen. Darüber hinaus verweisen wir auf den Beitrag von Heiner Spalink »Das Management der Implementierung« (S. 95 ff.), in dem umfassend auf die Vorgehensweise, die Planung und Steuerung der Implementierung eingegangen wird.

*Aufgabenbereich 1 – Klärung des Projektes:*
Das Ziel des ersten Aufgabenbereiches ist es, den Veränderungsumfang und das für den Erfolg erforderlichen Maß an Commitment festzustellen. Es geht insgesamt darum, daß die »Sponsoren« einen eindeutigen und klaren Eindruck über Art und Umfang des Implementierungsprojektes erhalten, so daß das entsprechende Engagement aufgebaut und angemessene Ressourcen bereitgestellt werden können.

*Aufgabenbereich 2 – Ankündigung des Projektes:*
Im Mittelpunkt dieses Aufgabenbereiches steht die Entwicklung eines maßgeschneiderten Plans zur Ankündigung der Implementierung der optimierten Prozesskonzepte. Das Ziel des »Kommunikationsplans« ist die Bekanntgabe der betreffenden Informationen an alle Beteiligten. Hier geht es zum ersten Mal darum, Akzeptanz für der Notwendigkeit der Veränderung vorzubereiten.

*Aufgabenbereich 3 – Analyse:*
Das Ziel der Phase drei besteht darin, Barrieren zu analysieren, die den Erfolg der Implementierung beeinträchtigen könnten.

*Aufgabenbereich 4 – Entwicklung eines Implementierungsplans:*
Dieser Aufgabenkomplex beinhaltet die Spezifizierung aller notwendigen Maßnahmen unter Einhaltung des geplanten Budgets. Die Absicht des Implementierungsplans ist die Klärung der Strategien, der Aufgaben, der Verantwortlichkeiten und der Zeitpläne, die der Reduzierung jener Barrieren dienen, die im Aufgabenbereich 3 identifiziert wurden.

*Aufgabenbereich 5 – Durchführung:*
Die Durchführung des Implementierungsplans soll zur Realisierung der Projektziele führen, indem er für die Verringerung des Widerstands und zur Steigerung des Engagements für das Projekt genutzt wird.

*Aufgabenbereich 6 – Steuerung des Implementierungsprozesses und Problemlösungen:*
Im Zusammenhang mit diesem Aufgabenbereich empfehlen wir regelmäßige Zwischenberichte über den Status des Veränderungsprojektes. Solche Berichte legen den »Sponsoren« systematisch und objektiv gesammelte Daten vor, so daß diese ständig über den Fortschritt und die aufgetretenen Probleme unterrichtet sind.

*Aufgabenbereich 7 – Abschlußbericht:*
Zum Abschluß sollte ein Bericht erstellt werden, aus dem hervorgeht, in welchem Ausmaß das Realisierungsprojekt derzeit die genannten Zielsetzungen innerhalb des vorgeschriebenen Zeit- und Budgetrahmens verwirklichen konnte. Es geht darum, die »Sponsoren« systematisch

und objektiv über die Zielerreichung zu informieren. Der Bericht sollte sich insbesondere auf zukünftige potentiellen Problemfelder konzentrieren.

## 3. Operative Gestaltungsfaktoren

Die folgenden vier operativen Gestaltungsfaktoren oder auch Risikobereiche stehen in engem Zusammenhang mit dem vierten strategischen Gestaltungsfaktor – der Implementierungsarchitektur. Sie beinhalten den Aufbau und den Erhalt von Engagement der »Sponsoren«, die Übereinstimmung von Kultur und Zielsetzungen der Implementierung, die Vorbereitung und effektive Nutzung der Fähigkeiten der »Change-Agents« und die Steuerung des unvermeidlichen Widerstandes der »Zielgruppen« (siehe Abbildung 8).

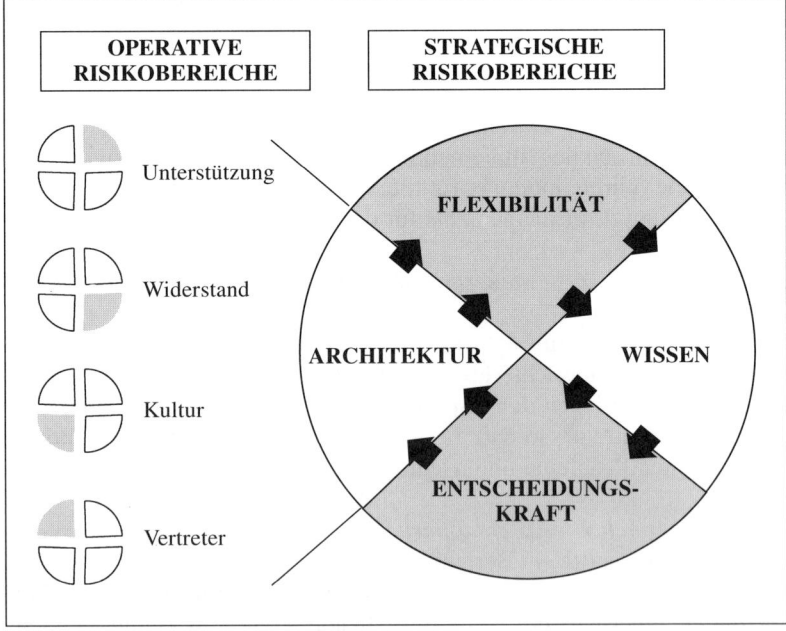

*Abbildung 8: Operative Gestaltungsfaktoren*

- »Sponsor«-Engagement – Fehlen einer initiierenden und einer nachhaltigen Unterstützung der Implementierungsarbeiten.
- Widerstand der »Zielgruppen« – Konfrontation mit ungewöhnlich starkem Widerstand oder mangelhafte Auseinandersetzung mit dem Widerstand, wenn dieser auftritt.
- Kulturelle Übereinstimmung – Einführung optimierter Prozesse, die mit der bestehenden Kultur nicht vereinbar sind.
- »Change-Agents« – Die »Change-Agents« versagen im Verlauf des Veränderungsprozesses bei der Diagnose von Übergangsproblemen, bei dem Aufbau der Implementierungsarchitektur und bei der gegenseitigen Unterstützung.

## 3.1 Engagement der »Sponsoren«

Wenn die »Sponsoren« die Auswirkungen eines Projektes nicht vollständig verstehen, bzw. wenn sie nicht gewillt oder in der Lage sind, die notwendigen Maßnahmen zu ergreifen, müssen sie entweder von der Bedeutung der Veränderung überzeugt, oder sie müssen durch andere ersetzt werden, die die gewünschte Unterstützung zusagen, oder man muß sich auf ein Scheitern des Projektes vorbereiten.

Ohne die entsprechende Aufmerksamkeit und den notwendigen Ressourceneinsatz der »Sponsoren« wird eine größere Implementierung nach ihrer Ankündigung im Unternehmen sozusagen »versickern«. Wenn ein »Sponsor« jedoch davon überzeugt ist, daß die Veränderung einen Imperativ darstellt, wird er oder sie sich wahrscheinlich stark dafür einsetzen. Wenn der »Sponsor« das Ausmaß der von der Implementierung hervorgerufenen Veränderungen versteht – wobei hier sowohl die kurz- als auch die langfristigen Konsequenzen gemeint sind –, und wenn er ferner über Einfühlungsvermögen im Hinblick auf die Erfahrungen der »Zielgruppen« verfügt, wird er oder sie das Projekt wahrscheinlich unterstützen.

Ein engagierter »Sponsor« kann die Konsequenzen eines Veränderungsprojektes für die Ressourcen des Unternehmens abschätzen. Und er wird diese Ressourcen auch öffentlich übergeben und sich persönlich mit Schlüsselindividuen und -gruppen treffen, um der Implementierung zum Erfolg zu verhelfen. Ein solcher »Sponsor« wird Incentives für diejenigen aussetzen, die die Implementierung unterstützen und Konsequenzen für diejenigen ankündigen, die versuchen, diese zu untergraben.

Darüber hinaus wird er Verfahren einführen, die zur Überwachung des Fortschritts und der Probleme des Implemenierungsprojektes dienen. Ein starker »Sponsor« ist sich absolut bewußt, daß eine größere Veränderung stets mit personellen, politischen und organisatorischen Kosten verbunden ist, und er ist bereit, diesen Preis zu zahlen. Der engagierte »Sponsor« versteht, daß das Follow-Up ein wesentlicher und abschließender Schritt in jedem erfolgreichen Implementierungsprojekt ist. Ein »Sponsor« sollte in ausreichendem Maße zeigen:

– Autorität: Er muß die Veränderung gegenüber den »Zielgruppen« legitimieren.
– Gründe: Das Maß der Probleme im Status quo muß so groß sein, daß die Implementierung neuer Lösungen als notwendig anerkannt wird.
– Vision: Eine eindeutige Definition der mit der Veränderung verbundenen Konsequenzen.
– Ressourcenübersicht: Ein genaues Verständnis der Ressourcen des Unternehmens (z. B. Zeit, Geld und Personal) sowie die Fähigkeit und Bereitschaft, diese einzusetzen.
– Weitblick: Ein vollkommenes und gründliches Verständnis der Auswirkungen, die die Veränderung auf das Unternehmen haben wird.
– Einfühlungsvermögen: Die Fähigkeit, die Aufgaben, die eine größere Veränderung mit sich bringt, vollständig einzuschätzen und sich darin einzufühlen.
– Öffentliche Rolle: Die Fähigkeit und Bereitschaft, die notwendige öffentliche Unterstützung zu demonstrieren, um ein starkes Unternehmensengagement gegenüber der Veränderung zu fördern.
– Persönliche Rolle: Die Fähigkeit und Bereitschaft, sich persönlich mit Schlüsselindividuen und -gruppen zu treffen, um die starke persönliche Unterstützung der Veränderung zu fördern.
– Konsequenzen-Management: Er schafft ein Anreizsystem für diejenigen, die die Implementierung unterstützen.
– Controlling: Es muß sichergestellt werden, daß Controllingverfahren eingeführt werden, die sowohl die Transformationsphase als auch die damit verbundenen Probleme verfolgen.
– Hartnäckigkeit: Die Fähigkeit, eine kontinuierliche Unterstützung der Veränderung zu demonstrieren und alle kurzfristigen Aktionen abzulehnen, die nicht mit den langfristigen Zielen vereinbar sind.

Um ein erfolgreicher »Sponsor« zu sein, ist es selbstverständlich, daß nicht zu viele Projekte zur gleichen Zeit unterstützt werden. Einige schwache »Sponsoren« engagieren sich häufig in viel zu vielen Projekten, so daß sie ihre Zeit und Energie so weit verschwenden, daß sie nicht mehr in der Lage sind, ihre Aufgaben adäquat wahrzunehmen.

Die eigentliche Herausforderung besteht darin, die Richtung der Implementierung beizubehalten und sie nicht nur zu initiieren, sondern auch permanent zu fördern.

Voraussetzung dafür ist die Erkenntnis, daß die Kosten des Status quo bedeutend höher sind als die Kosten für die Veränderung.

Initiierende »Sponsoren« besitzen die Macht, den Status quo zu durchbrechen und ein bedeutendes Implementierungsprojekt zu legitimieren. Sie sind normalerweise in der Hierarchie höher angesiedelt als die unterstützenden »Sponsoren«. Unterstützende »Sponsoren« sind in der Regel Führungskräfte mit ausreichender Nähe zu den »Zielgruppen«, und sie sind somit in der Lage, deren Konzentration und Motivation für die Zielsetzungen der Implementierung nachhaltig zu sichern.

Wenn ein initiierender »Sponsor« annimmt, daß sich eine größere Implementierung in einem Unternehmen durchsetzt, ohne dessen kontinuierlicher Führung zu bedürfen, so ist diese Implementierung zum Scheitern verurteilt. Der initiierende »Sponsor« muß in der Lage sein, die unterstützenden »Sponsoren« durch das ganze Unternehmen hindurch zur Mitarbeit zu bewegen, andernfalls ist es sicher, daß das Projekt scheitern wird. Dafür sind sehr oft »schwarze Löcher« verantwortlich.

Der Ausdruck »Schwarzes Loch« ist dem Bereich der Astrophysik entlehnt. Ebenso wie das Schwarze Loch im All alles absorbiert, was sich in seiner Nähe aufhält, halten verschiedene Managementebenen zum Beispiel Informationen zurück oder verzerren sie, so daß diese dem übrigen Unternehmen nicht zugänglich gemacht werden. Ohne geeignete Informationen wird dann die Implementierung scheitern.

Schwarze Löcher entstehen überall dort, wo lokale oder unterstützende »Sponsoren« eine angekündigte Veränderung nicht adäquat fördern. Dies geschieht beispielsweise unbeabsichtigt aber auch als »verdeckte Sabotage«. Wenn die »Sponsoren« nicht das geforderte Engagement und Commitment gegenüber der Implementierung demonstrieren, werden die unter diesen arbeitenden »Zielgruppen« die Transformation nicht vollständig unterstützen (siehe Abbildung 9).

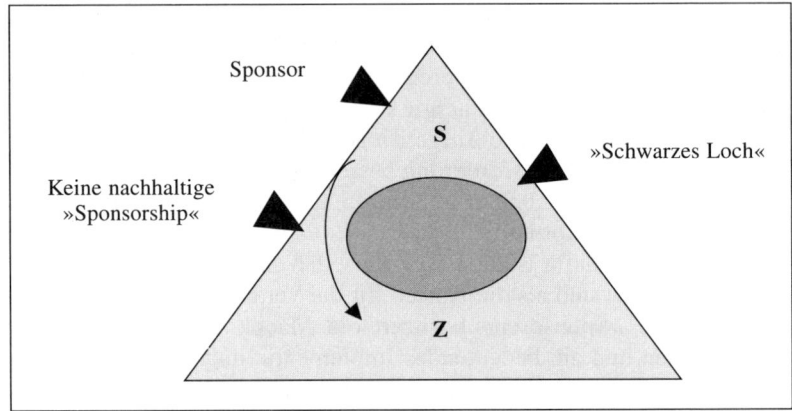

*Abbildung 9: Nachhaltige Sponsorship*

Eine Abhilfe gegen das Phänomen der Schwarzen Löcher besteht in der sogenannten mehrstufigen Patenschaft für eine Implementierung. Sie beginnt beim initiierenden »Sponsor« und endet bei den »Zielgruppen«. Ein Implementierungsprojekt kann ohne das Netzwerk einer unterstützenden Patenschaft, die die Bedeutung dieser Veränderung für das gesamte Unternehmen ständig stärkt, nicht funktionieren. Durch die mehrstufige Patenschaft können die initiierenden »Sponsoren« das Engagement der anderen Führungskräfte, die unter diesen arbeiten, gewinnen, damit sie die Veränderung im ganzen Unternehmen unterstützen. Diese Führungskräfte rufen ihrerseits ein ähnliches Verhalten bei ihren Mitarbeitern hervor.

Ein effektives Netzwerk einer mehrstufigen Patenschaft reduziert die logistischen, wirtschaftlichen und politischen Risiken, die zwischen den einzelnen Hierarchieebenen existieren, auf ein Minimum.

3.2 Widerstand der »Zielgruppen«

Wenn optimierte Prozesse erfolgreich implementiert werden sollen, erwarten wir mehr von den »Zielgruppen« als nur »Anpassung« an die neuen organisatorischen Regelungen. Entscheidend ist der Aufbau einer engagierten Haltung aller Beteiligten für die neuen Lösungen. Oftmals verstehen jedoch nur wenige »Sponsoren« und »Change-Agents«, wie sie dieses Engagement entwickeln sollen und wie leicht es wieder zerstört werden kann.

Nach vielen Jahren der Analyse von starkem Engagement gegenüber bestimmten Veränderungen sind wir in der Lage, drei spezifische Stufen innerhalb des Commitmentbildungsprozesses zu identifizieren: Vorbereitung, Akzeptanz und Engagement (siehe Abbildung 10).

Die vertikale Achse des Commitmentmodells zeigt den Grad der Unterstützung gegenüber der Implementierung; die horizontale Achse zeigt die Zeitspanne an, während der jemand der Implementierung ausgesetzt war. Jede einzelne der drei Phasen – Vorbereitung, Akzeptanz und Engagement – stellt eine entscheidende Verbindungsstelle im Commitmentbildungsprozeß dar. Das Modell zeigt, wie der Grad der Unterstützung gegenüber einer Veränderung im Laufe der Zeit fortschreiten oder rückläufig sein kann. Es ist möglich, den Prozeß des Aufbaus von Commitment anhand der Punkte zu verfolgen, an denen eine Veränderung bedroht ist (siehe abwärts gerichtete Linien) oder zur nächsthöheren Stufe vorangebracht wird.

*Die Vorbereitungsphase*

• Kontakt
Die Vorbereitungsphase des Commitmentmodells weist zwei Stufen auf: Kontakt und bewußte Kenntnisnahme.

Der erste Kontakt mit einem Implementierungsprojekt bringt nicht automatisch eine bewußte Kenntnisnahme mit sich. Es gibt zwei mögliche Ergebnisse in der Kontaktphase: Unbewußte oder bewußte Kenntnisnahme. Die unbewußte Kenntnisnahme reduziert die Chancen einer angemessenen Vorbereitung für das Engagement. Die bewußte Kenntnisnahme hingegen fördert den Vorbereitungsprozeß.

• Bewußte Kenntnisnahme
Die Mitarbeiter befinden sich in diesem Stadium des Commitmentprozesses, sobald sie feststellen, daß ihnen ihre Arbeit betreffende Veränderungen bevorstehen. Dessen ungeachtet bedeutet die bewußte Kenntnisnahme, ähnlich wie in der Kontaktstufe, keineswegs, daß die Beteiligten über ein vollständiges Verständnis der gesamten Auswirkungen der Veränderungen verfügen. In vielen Fällen wissen die »Zielgrup-

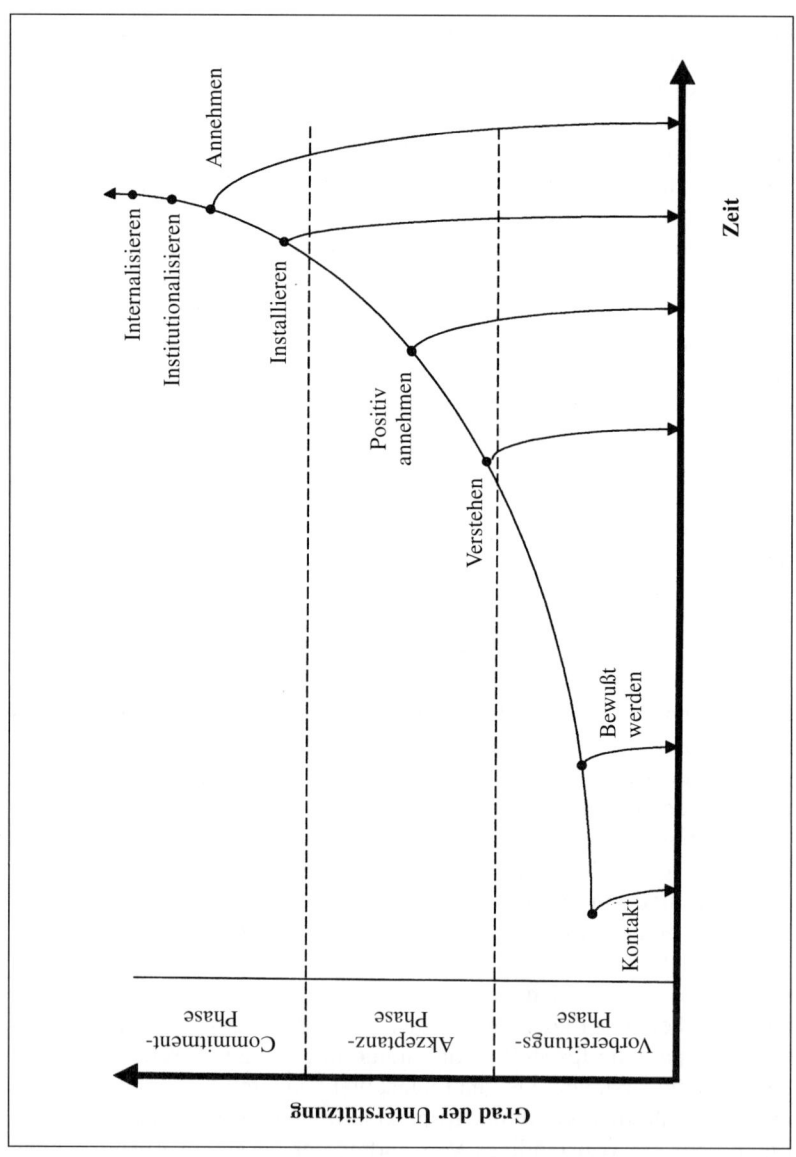

Abbildung 10: Commitmentmodell

pen«, daß eine Veränderung stattfinden wird, sind aber verunsichert bezüglich des Effektes, den diese Veränderungen auf sie haben könnte. Sie haben möglicherweise keine klare Vorstellung von Umfang, Beschaffenheit, Tiefe oder gar der logischen Grundlage dieser Implementierung.

Die beiden möglichen Ergebnisse der Stufe der bewußten Kenntnisnahme sind Verwirrung oder Verständnis. Die Verwirrung reduziert die Wahrscheinlichkeit einer adäquaten Vorbereitung, während ein Verständnis das Engagement in die zweite Phase des Prozesses führt – Akzeptanz.

*Die Akzeptanzphase*

• Verständnis
Das Verständnis hinsichtlich Beschaffenheit und Intention der Implementierung ist der erste Schritt zur Akzeptanz: Menschen, die sich einer Veränderung bewußt sind und diese verstehen, sind in der Lage, sie zu beurteilen. Allerdings beruht das Ergebnis dieser Beurteilung auf der individuellen Sicht der Realität einer jeden Person, die entsprechend der jeweiligen intellektuellen und emotionellen Standpunkte und Werte variiert.

Sobald die Beteiligten beginnen, hinsichtlich des Implementierungsprojektes auf bestimmte Weise zu denken und zu handeln, haben sie die »Dispositionsschwelle« überschritten.

Eine positive Wahrnehmung der Veränderung signalisiert einen Fortschritt in der Akzeptanzphase. Negative Wahrnehmungen zeigen einen Widerstand gegenüber der geplanten Veränderung an. Nichts ist ausschließlich schwarz oder weiß, so daß eine Veränderung mit einer gewissen Bedeutung immer sowohl positive als auch negative Reaktionen hervorrufen wird. Eine Veränderung kann einerseits als negativ empfunden werden und trotzdem, aufgrund einer stärkeren positiven Auswirkung, akzeptiert werden.

Die Entwicklung einer vorwiegend negativen Wahrnehmung in diesem Stadium bietet den »Zielgruppen« im Commitmentprozeß die erste Gelegenheit für einen wirklichen Widerstand. Das Scheitern in den ersten Stufen des hier beschriebenen Prozesses kann zu unbewußter Kenntnisnahme oder Irritationen, jedoch nicht zu Widerstand führen. Die »Zielgruppen« werden sich nur dann in Widerstandsaktionen engagieren (entweder offen oder verdeckt), wenn sie eine negative Meinung hinsichtlich der Veränderung entwickelt haben. »Sponsoren« und »Change-Agents« reagieren auf unbewußte Kenntnisnahme oder Verwirrung häufig, als ob dies Symptome eines Widerstandes der »Zielgruppen« wären. Sie sind nur dann Zeichen von Widerstand, wenn sie vorgetäuscht und somit Bestandteil einer Widerstandsstrategie sind. Wirklicher Widerstand entwickelt sich nur, wenn die entsprechende Person ein ausreichendes Verständnis zur Urteilsbildung besitzt.

Die möglichen Ergebnisse der Verständnisstufe sind eine negative Wahrnehmung oder eine positive Wahrnehmung. Eine negative Wahrnehmung verringert die Unterstützung und schafft den Boden für wirklichen Widerstand. Eine positive Wahrnehmung erhöht die Unterstützung und die Wahrscheinlichkeit, daß die Veränderung akzeptiert werden wird.

• Positive Wahrnehmung
Sobald die Menschen eine Veränderung positiv wahrnehmen, müssen sie entscheiden, ob sie diese unterstützen wollen oder nicht. Es ist eine Sache, ein neues Verfahren als positiv zu betrachten, und eine andere, sich zu entscheiden, die notwendige Zeit, Energie und andere Ressourcen dafür aufzuwenden, damit es funktionieren kann. Als »Sponsor« könnten Sie die Perspektive, die eine Veränderung bietet, als positiv und nützlich betrachten und dennoch vorziehen, sie nicht zu implementieren. In einem solchen Fall würde Ihre positive Wahrnehmung hinter dem Gefühl zurücktreten, daß der mögliche Ertrag, im Vergleich mit den hohen Implementierungskosten, zu gering ist.

Anders als die »Sponsoren«, fungieren die »Zielgruppen« nicht als Entscheidungsträger im Zusammenhang mit der Veränderung, allerdings entscheiden sie sehr wohl, in welchem Maß sie bereit sind, eine spezifische Veränderung persönlich zu unterstützen. Die meisten Unternehmen haben auf unangenehme Weise erfahren müssen, daß widerstrebende »Zielgruppen« einen Plan, den sie nicht gänzlich unterstützen, zum Scheitern bringen können. Entfremdung zwischen Führung und Mitarbeitern, verringerte Produktivität, verminderte Qualität und selbst offene Sabotage sind mögliche Symptome eines Widerstands der »Change-Agents« oder »Zielgruppen« gegenüber einer Veränderung.

Wenn die »Zielgruppen« eine Veränderung als positiv empfinden, sind sie bereit für die Engagementphase. In diesem Stadium unterstützen die »Zielgruppen« das Projekt und werden in die notwendigen Schritte zu dessen Realisierung einbezogen. Die beiden möglichen Resultate der Stufe der positiven Wahrnehmung sind entweder eine Entscheidung, die Implementierung nicht zu unterstützen, oder eine formelle Entscheidung, die Veränderung zu initiieren.

*Die Engagementphase*

• Einführung
Sobald die Mitarbeiter beschließen, eine Veränderung anzunehmen, befinden sie sich auf der fünften Stufe des Commitmentprozesses: der Einführung. Das Projekt ist nun in der Einsatzphase, und ein zweiter Meilenstein wurde überschritten – die »Engagementschwelle«. Die Einführungsstufe ist nicht nur eine Periode, in der die Veränderung zum ersten Mal getestet werden kann, sondern auch die erste Gelegenheit für eine wirkliche, engagierte Handlung. Diese Handlung erfordert Konsequenz, Ressourceneinsatz und die Unterordnung von kurzfristigen Zielen unter die langfristigen Zielsetzungen.

Aufgrund der Tatsache, daß es sich hier um eine Versuchsperiode für die Veränderung handelt, sind Probleme und ein gewisses Maß an Pessimismus unvermeidlich. In einem Arbeitsumfeld, in dem offen über solche Punkte diskutiert werden kann, werden solche Probleme gelöst und das Handlungsengagement aufgebaut. Sobald die Schwierigkeiten aus dem Weg geräumt sind, entwickelt sich eine realistischere Überzeugung hinsichtlich der Veränderung. Diese Überzeugung ermöglicht ein Engagement, das zur Annahmephase führt. Es gibt zwei mögliche Ergebnisse auf der Einführungsstufe. Entweder wird die Veränderung nach ihrer anfänglichen Implementierung annulliert, oder sie wird für einen Langzeittest angenommen.

• Annahme
Obwohl sich Einführungs- und Annahmedynamik sehr ähnlich sind, gibt es wichtige Unterschiede zwischen den beiden Stufen. Während es sich bei der Einführung um eine Art vorläufigen Test handelt, der sich auf den Anlauf des optimierten Prozesses konzentriert, untersucht die Annahmephase die erweiterten Auswirkungen der Veränderung. Sie konzentriert sich auf wesentliche, langfristige Belange. Ein beachtliches Maß an Engagement des Unternehmens ist für die Realisierung der

Annahmephase erforderlich. Allerdings unterliegt ein Veränderungsprojekt auf dieser Stufe immer noch einer Bewertung – es kann annulliert werden. Typische Gründe für die Ablehnung eines Projektes nach
der erweiterten Testphase können sein:
- Es wurden logistische, wirtschaftliche oder politische Probleme entdeckt, die erst nach einer bedeutenden Testperiode zutage getreten
  sind.
- Die Notwendigkeit, die als Antrieb für das anfängliche Engagement
  diente, existiert nicht mehr.
- Die umfassenden strategischen Ziele des Unternehmens haben sich
  verschoben und beinhalten nicht mehr die Ziele der Prozeßoptimierung.
- »Sponsoren« und »Agenten« in Schlüsselpositionen verlassen das
  Unternehmen oder arbeiten nicht mehr so aktiv an dem Projekt wie
  zuvor.

Es gibt zwei mögliche Ergebnisse auf der Annahmestufe. Der optimierte Prozeß wird nach einem ausgedehntem Einsatz beendet oder er wird
als Standardverfahren institutionalisiert.

• Institutionalisierung
Die Phasen Einführung und Annahme sind kurz- und langfristige Test-
phasen, in denen die Annullierung stets als Option noch vorhanden ist.
Der Schritt über die Testphase hinaus bedeutet, daß die Fragestellung
nicht mehr dahin zielt, *ob* der optimierte Prozeß implementiert wird,
sondern *wie*. Sobald das Projekt institutionalisiert ist, sehen die »Zielgruppen« die Veränderung nicht länger als versuchsweise an. Sie werden diese nunmehr routinemäßig einzusetzen. Es handelt sich jetzt um
eine Norm und nicht, wie in der Vergangenheit, um eine Abweichung
von derselben.
    Nach erfolgter Institutionalisierung ändert sich die Unternehmens-
struktur, um sich an die Veränderung anzugleichen. Das Projekt, das
ursprünglich einer substantiellen Stärkung durch die »Sponsoren« bedurfte, ist zu einem integrierten Bestandteil des operativen Systems geworden. Während die Verinnerlichung tatsächlich eine positive Entwicklung für viele Projekte bedeutet, kann sie doch auch häufig zu Problemen führen. Ein Thema, das in die Fasern eines Unternehmens ein-
gewoben wurde, kann nur mit extremen Schwierigkeiten entfernt

werden. Wenn eine Optimierung institutionalisiert wurde, werden sich die Mitarbeiter an die entsprechenden Verfahrensweisen halten.

Viele Projekte werden institutionalisiert, wenn den »Beteiligten« der Eindruck vermittelt wird, sie müßten sich entweder an die damit verbundenen Veränderungen anpassen oder ernste Konsequenzen in Kauf nehmen. Trotz ihrer eigenen Überzeugungen reagieren die »Beteiligten« aufgrund des »Drucks von oben« konform. Wenn sie jedoch bereits eine negative Haltung hatten, hat diese Strategie normalerweise nur geringe positive Auswirkungen. In solchen Situationen täuschen die »Beteiligten« lediglich ein akzeptierendes Verhalten vor.

Dennoch hängt der Erfolg einer Implementierung nicht immer von den Überzeugungen der »Beteiligten« ab. Einige Projekte machen es lediglich erforderlich, daß die neuen Prozesse physisch ausgeführt werden, ob mit oder ohne emotionale Unterstützung. Da sich die Geschwindigkeit von Veränderungen steigert, müssen größere organisatorische Veränderungen nicht notwendigerweise immer emotional unterstützt werden. Institutionalisierung ist wirkungsvoll, allerdings verändert sie lediglich das Verhalten der »Beteiligten« – sie kann nicht ihre wirklich empfundene Zustimmung gewinnen.

• Verinnerlichung

Wenn Mitarbeiter sich stark für eine Veränderung engagieren, die ihre persönlichen Interessen, Ziele oder Werte spiegelt, führt der höchste Grad des Engagements zur Verinnerlichung – es handelt sich hier um ein aus Überzeugung kommendes Engagement. Damit eine Veränderung die größtmögliche Unterstützung erfährt, müssen die Mitarbeiter von einer inneren Motivation angetrieben sein, die ihre eigenen Überzeugungen und Wünsche ebenso reflektiert wie diejenigen des Unternehmens. Das Unternehmen mag die Institutionalisierung durchsetzen, dennoch behalten die »Beteiligten« die Kontrolle über ihre eigene Verinnerlichung.

Wenn die »Zielgruppen« eine Veränderung verinnerlichen, dann »besitzen« sie sie. Sie treten für den Erfolg der Veränderung ein und übernehmen persönliche Verantwortung dafür. Keine Anordnung seitens der Unternehmensleitung könnte diese Art der individuellen Investition in eine Veränderung hervorrufen. Enthusiasmus und der hohe Einsatz von Energie und Ausdauer sind der Stoff, aus dem ein verinnerlichtes Engagement besteht. Normalerweise sind »Zielgruppen«, die eine Veränderung verinnerlicht haben, so begeistert von diesem Projekt, daß sie andere in ihre Bemühungen mit einbeziehen.

Der Aufbau von Engagement für eine Veränderung ist nicht einfach, und der Prozeß selbst ist eine Angelegenheit, auf die viele Menschen nicht vorbereitet sind. Flexible Unternehmen setzen Engagement für eine Veränderung nicht als gegeben voraus. Sie nähern sich der Entwicklung eines starken Engagements gegenüber neuen Initiativen in Form eines verständlichen und lenkbaren Prozesses an.

## 3.3 Kulturelle Übereinstimmung

Die Unternehmenskultur muß mit den Erfordernissen der optimierten Prozesse übereinstimmen, ansonsten besteht die Gefahr, daß sie nicht erfolgreich implementiert werden. Oftmals stellen wir jedoch erhebliche Unterschiede zwischen den existierenden und den erforderlichen Überzeugungen, Verhaltensweisen und Voraussetzungen fest (siehe Abbildung 11).

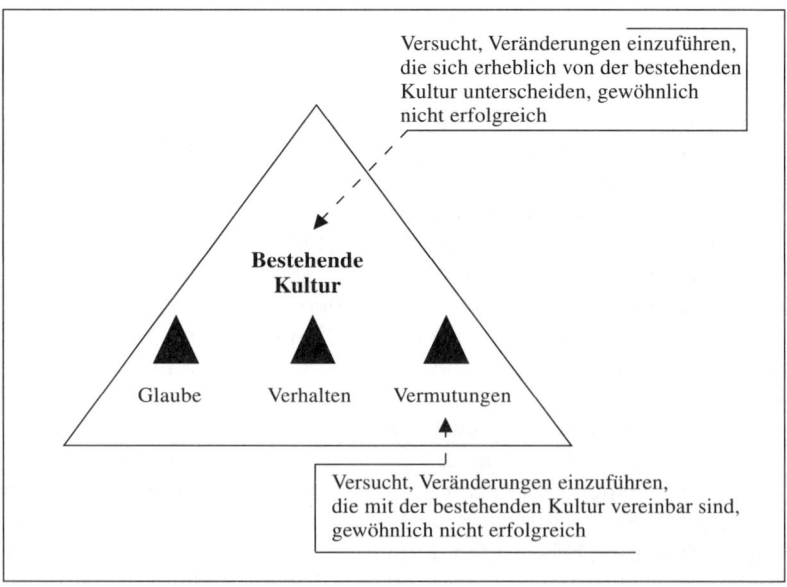

*Abbildung 11: Elemente der Unternehmenskultur*

Aufgrund der Tatsache, daß Kulturen gewöhnlich mit starkem Widerstand auf größere Veränderungen reagieren, ist die Investition von sehr viel Zeit und Ressourcen erforderlich, bevor diese erfolgreich geändert werden können. Wenn wir uns einer Unternehmenskultur gegenüber sehen, die die gewünschte Veränderung möglicherweise behindern könnte, haben wir folgende Optionen:

– Modifizieren der Veränderung, so daß sie eher mit den bestehenden Überzeugungen, Verhaltensweisen und Voraussetzungen der Unternehmenskultur übereinstimmt.
– Modifizieren der Überzeugungen, Verhaltensweisen und Voraussetzungen der gegenwärtigen Kultur, so daß sie der Veränderung positiver und unterstützend gegenübersteht.

Eine bestehende Kultur mit beispielsweise stark zentraler Führung wird sich gegen eine künftig dezentrale Entscheidungsfindung wehren, so daß wahrscheinlich ein Projekt zur Veränderung der Kultur mit in das Implementierungsprojekt einbezogen werden muß.

## 3.4 Fähigkeiten der »Change-Agents«

Die Rolle der »Change-Agents« ist nicht leicht. Häufig tritt der »Agent« als eine Art Vermittler zwischen »Sponsor« und »Zielgruppe« auf, der das Engagement des »Sponsors« kontrolliert, wichtige Informationen von der »Zielgruppe« an den »Sponsor« und umgekehrt weitergibt und stets Einfühlungsvermögen gegenüber der Entwicklung von Widerstand seitens der »Zielgruppe« zeigen muß. Die Schlüsselmerkmale eines effektiven »Agenten« beinhalten die folgenden Aspekte:

• Er arbeitet im Rahmen der durch den »Sponsor« festgesetzten Erwartungen. Der »Agent« ist verantwortlich für das Zustandekommen der Veränderung. Der »Sponsor« behält jedoch die Kontrolle über die Initiative. Es ist in diesem Zusammenhang unerläßlich, daß der »Agent« den von dem »Sponsor« gewünschten Aktionsverlauf eindeutig versteht.
• Er verfügt über ein tiefes Verständnis hinsichtlich der Reaktionen der Menschen und des Unternehmens auf den Veränderungsprozeß. Die »Change-Agents« müssen sich über die Auswirkungen der Verände-

rung auf Menschen und Unternehmen bewußt sein. Der »Change-Agent« sollte nach Zeichen von dysfunktionalem Verhalten innerhalb des Unternehmens Ausschau halten und auf subtile (oder offensichtliche) Veränderungen der Verhaltensweisen achten.

- Er muß den menschlichen wie den technischen Aspekt der Implementierung bewerten. Das Verständnis des Mechanismus einer Implementierung und deren Auswirkungen auf die »Beteiligten« ist für den »Change-Agent« entscheidend. Er muß darauf achten, daß jede Veränderung, unabhängig davon, ob sie als gut oder schlecht wahrgenommen wird, deutliche Auswirkungen auf die Gruppe haben wird, die direkt von dieser betroffen ist. Ohne dieses Einfühlungsvermögen, ist es wahrscheinlich, daß die Veränderung lediglich als eine Anordnung empfunden wird.

- Er erkennt die verschiedenen Standpunkte von »Sponsoren« und »Change-Agents«, bezieht sich auf diese und respektiert sie. »Change-Agents« sollten daran denken, daß je nach dem individuellen Bezugsrahmen, eine Veränderung entweder als gut oder als schlecht betrachtet werden kann. Offener Widerstand gegenüber einer Veränderung sollte nicht verhindert werden, sondern es sollte ein offener, konfrontativer und einfühlsamer Stil gepflegt werden, der eine synergistische Annäherung und Bewältigung der Veränderung unterstützt.

- Er sammelt Daten über die Art und Weise, in der Mitarbeiter sich einer Veränderung widersetzen und nutzt diese entsprechend. Es ist für die »Change-Agents« essentiell, kontinuierlich neue Informationen darüber zu ermitteln, wie die Beteiligten im Verlaufe einer Veränderung reagieren. Selbstverständlich ist die Aneignung dieses Wissens nur von geringem Wert, wenn es nicht entsprechend eingesetzt wird. Aus diesem Grund müssen die »Agenten« ihre Kenntnisse in die Praxis umsetzen, um sowohl alle »Beteiligten« als auch die »Sponsoren« zu beeinflussen.

- Er ist behilflich bei dem Aufbau und der Beibehaltung von Synergien unter den »Sponsoren«, »Change-Agents« und »Beteiligten«. Die Wahrscheinlichkeit, daß eine größere Veränderung unterstützt wird, kann positiv beeinflußt werden, wenn Synergien eine Schlüsselkomponente der Unternehmenskultur darstellen. Wenn alle Schlüsselspieler auf ein gemeinsames Ziel hinarbeiten, ist die Wahrscheinlichkeit, daß dieses Ziel erreicht wird, beträchtlich höher. Die »Change-

Agents« haben durch ihre strategische Verbindung den Einfluß, ein synergistisches Arbeitsumfeld zu fördern.

• Er hilft beim Aufbau eines angemessenen Engagements gegenüber der übergreifenden Implementierung und unterstützt dessen notwendige Beibehaltung bei den Schlüsselpersonen.

• Er nutzt seine Kraft/Macht und seinen Einfluß für die Verwirklichung der Ziele. Trotz der Tatsache, daß er nicht über die Befugnisse der »Sponsoren« verfügt, agiert er als Bindeglied zwischen »Sponsoren« und »Zielgruppen«. Er sorgt dafür, daß alle potentiellen Probleme behandelt werden und daß die »Zielgruppen« sich eindeutig an die an sie gestellten Erwartungen halten. Der »Change-Agent« muß dem Engagement des »Sponsors« über das gesamte Projekt hindurch besondere Aufmerksamkeit schenken, um festzustellen, ob die Initiative weiterhin eine zwingende Notwendigkeit in dessen Augen darstellt.

• »Change-Agents« sollten nicht stärkeres Commitment zeigen als ihre »Sponsoren«. Wenn ein »Change-Agent« in ein Projekt einbezogen wird, das insgesamt nicht nachhaltig »gesponsort« wird, so macht dieser »Change-Agent« ein »schlechtes Geschäft«. Ist dies der Fall und die Initiative scheitert (was passieren wird), wird der »Change-Agent« direkt für dieses Scheitern zur Verantwortung gezogen. Aus diesem Grund ist er gut beraten, wenn er sich versichert, daß jedes Veränderungsprojekt, in das er involviert ist oder an dem er beteiligt sein wird, sehr bald eine starke und nachhaltige Unterstützung erfahren wird. Es spielt keine Rolle, wie sehr er sich selbst für die Veränderung einsetzt und engagiert oder wie hart er daran arbeitet – er kann fehlende Unterstützung seitens eines »Sponsors« nicht ersetzen.

## 4. Zusammenfassung

Um optimierte Prozesse effizient zu implementieren, müssen Führungskräfte und alle Beteiligten verstehen, wie sie die mit der Implementierung einhergehenden Dysfunktionen auf ein Minimum reduzieren können und wie sie gleichzeitig die Flexibilität der gesamten Organisation steigern. Die von ODR Inc. durchgeführten Untersuchungen haben gezeigt, daß diese Flexibilität sowohl auf der strategischen als auch auf der operativen Ebene gefördert werden muß. Wir haben vier strategische und vier operative Felder identifiziert. Jedes einzelne stellt einen Bereich potentiellen Risikos, aber eben auch einen Gestaltungsfaktor dar.

Die vier strategischen Bereiche konzentrieren sich auf die effiziente Nutzung der folgenden knappen, verfügbaren Ressourcen für die erfolgreiche Assimilierung der Veränderung:

– Individuelle, Team- und organisatorische Flexibilität,
– Kenntnisse hinsichtlich der Veränderung,
– Entscheidungen über eine Veränderung, wobei die Assimilierungskapazität des Unternehmens berücksichtigt wird,
– Implementierungsarchitektur.

Die folgenden vier operativen Risikobereiche stehen mit dem vierten strategischen Bereich der Implementierungsarchitektur in Beziehung:

– Engagement der »Sponsoren«,
– Widerstand der »Zielgruppen«,
– Kulturelle Übereinstimmung,
– »Change-Agents«.

Die hier dargestellten strategischen und operativen Gestaltungsfaktoren stellen einen »Werkzeugkasten« dar, der es erlaubt, den Erfolgsfaktor Implementierung gezielt zu managen. Damit steht allen Führungskräften, aber auch allen an Implementierungsprojekten Beteiligten ein Rahmen zur Verfügung, der es ermöglicht, eine organisatorische Veränderung schneller und erfolgreicher zu bewältigen.

# Implementierungsqualität gestalten durch Collaborative Organizational Design

*Mary V. Gelinas, Roger G. James, Laurence F. Akiyoshi und Peter Wüst*

*Inhalt*

## 1. Was ist an der Implementierung von Veränderungen denn so schwierig?

Es klingt so einfach. Verbessern Sie Leistung und Ergebnis Ihrer Organisation, während sie sich gleichzeitig auf die Zukunft vorbereiten. Halten Sie Tuchfühlung mit den Kunden und ihren Märkten. Führen Sie ihre Organisation mit einer klaren Strategie in die Zukunft, und verfolgen Sie konsequent Ihre Ziele. Richten Sie jeden in der Organisation auf diese Ziele aus. Passen Sie die Geschäftsprozeße an. Verändern Sie die Kultur. Aber jeder, der einmal versucht hat, eine Organisation zu verändern, weiß, daß all dieses leichter gesagt als getan ist.

Dieses Kapitel beschreibt (1) die wesentlichen Herausforderungen des erfolgreichen Implementierens von Veränderung; (2) die Prinzipien, die helfen, jedes Veränderungsprojekt wirksamer und damit erfolgreicher zu machen; und (3) eine Methode (Collaborative Organizational Design – COD) um jene Probleme zu bewältigen und die obigen Prinzipien zu nutzen. Darüber hinaus wird die entscheidende Rolle der Unternehmensleitung in Veränderungsprozessen beschrieben.

## 2. Rahmenbedingungen erfolgreicher und qualitativ herausragender Implementierung

### 2.1 Die Herausforderung: Tiefgreifende und dauerhafte Veränderung

*Erstens: Mobilisieren und Aufrechterhalten eines gemeinsamen Interesses am kurzfristigen und vor allem auch langfristigen Erfolg der Organisation.* Aufmerksamkeit ist eine sehr begrenzte Ressource. Sowohl für jeden einzelnen von uns als auch für eine Gruppe von Individuen gibt es nur eine recht begrenzte Anzahl von Dingen, denen man an einem einzelnen Tag Aufmerksamkeit zollen kann. Deshalb ist es eine der entscheidenden Herausforderungen bei der Veränderung von Organisationen, die Aufmerksamkeit auf die folgenden drei Aktivitäten zu lenken und auch aufrechtzuerhalten: erstens, die aktuellen Bedürfnisse der Kunden zu befriedigen; zweitens, zu verbessern wie diese auch in der Zukunft befriedigt werden; und drittens, die Voraussetzungen zu schaffen, um derzeit noch nicht bekannte Bedürfnisse auch in fünf bis zehn Jahren befriedigen zu können. Die tägliche Arbeit jedes einzelnen beinhaltet drei wesentliche Bestandteile: heutigen Erfolg, morgigen Erfolg, und den Erfolg von übermorgen. Viele Organisationen haben bereits die Verbesserung ihrer Leistung für ›Morgen‹ in ihr Arbeitsprogramm aufgenommen. Nur wenige jedoch haben eine wirklich langfristige Perspektive in ihre Überlegungen einbezogen.

*Zweitens: Den Kunden dienen, während gleichzeitig die aktuelle Leistungserstellung verbessert und die Zukunft vorbereitet wird.* Dieses bedarf oftmals der Fähigkeiten eines Jongleurs. Kunden heute mit den Produkten und Dienstleistungen zu versorgen, die sie wollen, ist bereits eine anspruchsvolle Aufgabe. Fügen sie noch die Verbesserung der Qualität und die Verbesserung der Prozesse, mit deren Hilfe die Produkte und Dienste erstellt werden, hinzu. Dann ergänzen sie die dritte Aufgabe, nämlich die Antizipation der Produkte und Leistungen, die Kunden in fünf bis zehn Jahren wollen (schließlich sollte man vorbereitet sein, damit man reagieren kann, wenn es soweit ist). Diese drei Aufgaben gleichzeitig erfüllen zu können ist immer mehr als die notwendige Voraussetzung für das langfristige Überleben anzusehen.

*Drittens: Widerstehen Sie den Verlockungen der »Quick Fixes«.* Viele Organisationen durchlaufen heute eine Phase knapper Ressourcen und zunehmender Bedrohungen. Einfache Abhilfen sind sehr attraktiv, und sie können sogar wirksam sein – kurzfristig betrachtet. Die Herausforderung liegt jedoch in umfassenden Lösungen und nicht in bruchstückhaften Schnellschüssen. Alle Organisationsangehörigen müssen überzeugt werden, alle drei Aufgaben zu berücksichtigen: Den Kunden heute zu dienen, gleichzeitig die Leistungsfähigkeit für Morgen zu verbessern und die Vorbereitung auf Übermorgen zu beginnen.

*Viertens: Aufbau einer überzeugenden, griffigen Vision.* Visionen sind trendy. Immer mehr Organisationen geben sich immer grandiosere Visionen. Zum Beispiel will Shell das ›führende US-Unternehmen‹ werden. Motorola möchte die ›beste Gesellschaft der Welt‹ sein. Ein auf Werbung spezialisiertes Unternehmen in London, St. Luke's, will nicht nur die Produkte und Dienste ihrer Kunden bekannt machen, sie wollen ›ihre Verantwortung für die gesamte Gesellschaft‹ kommunizieren. Diese Art von Visionen ist nicht dazu geeignet, das Interesse und die Unterstützung der Mitarbeiter zu gewinnen. Veränderungsprojekte müssen eine zwingende Antwort auf die entscheidende Frage, »Warum müssen wir uns verändern?«, vorweisen können.

*Fünftens: Wägen Sie immer zwischen Teilnahme und Fortschritt ab.* Veränderungsprozesse brauchen viel Unterstützung und Mitarbeit. Wenn Veränderungsinitiativen zu wenige Personen einbeziehen, besteht die Gefahr, daß die wirklichen Probleme übersehen werden, daß unpassende Lösungen entwickelt werden und daß die Implementierung scheitert, weil die Mitarbeiter die vorgeschlagenen Veränderungen nicht verstehen und erst recht nicht unterstützen. Auf der anderen Seite wird die aktive Einbeziehung zu vieler Personen dazu führen, daß der Veränderungsprozeß sich auf Kriechgeschwindigkeit verlangsamt – während die Märkte sich weiterhin in atemberaubender Geschwindigkeit ändern. Die Herausforderung liegt somit darin, abzuwägen, mit wievielen Mitarbeitern man wirklich produktiv und zielführend arbeiten kann und wieviele Mitarbeiter man für die kritische Masse benötigt (das heißt Anzahl von Personen, die für die Unterstützung der Implementierung nötig sind). Genau das ist der Schlüssel zu erfolgreicher und dauerhafter Veränderung: Das Verständnis und die Unterstützung der kritischen Masse von Personen einer Organisation.

*Sechstens: Der Veränderungsprozeß braucht die Unterstützung, das Commitment und die Ressourcen der Unternehmensleitung.* Jeder Veränderungsprozeß benötigt einen oder mehrere herausragende Persönlichkeiten als »Kristallisationskern«. Ihre sichtbare, zum Prozeß passende und in sich konsistente Leitung und Unterstützung führt Veränderungsprozesse zum Erfolg oder läßt sie bei Abwesenheit scheitern. Es ist ihr Commitment, ihr offenes Auftreten als Sponsor, und ihre aktive Mitarbeit am Entwurf der Zukunft, das über den Erfolg oder den Mißerfolg vieler Projekte entscheidet. Zudem muß die Unternehmensleitung deutlich zeigen, daß die Verantwortung für die notwendigen Veränderungen auf den Schultern aller lastet (und das man im Falle des Scheiterns zur Rechenschaft gezogen wird). Die wesentliche Herausforderung für die Unternehmensleitung ist qualitativ dieselbe, die für alle anderen Personen in der Organisation gilt: Gleichzeitig auf die Gegenwart achten, die aktuelle Lage verbessern und die Zukunft vorbereiten. Genaugenommen ist die Herausforderung für die verantwortlichen Manager lediglich etwas größer. Jeder in der Organisation wird sie beobachten um ihr Commitment dem Projekt gegenüber zu erfahren. Außerdem versuchen Menschen in Veränderungssituationen aus dem Verhalten der Unternehmensleitung abzuleiten, was von ihnen erwartet wird und wie sie sich verhalten sollen.

*Siebtens: Suchen und bewerten Sie die geschriebenen oder ungeschriebenen »Gesetze« der Unternehmung.* Organisationen sind durchzogen von vielen ungeschriebenen oder auch in Schriftform vorliegenden Regeln und Vereinbarungen. Diese Übereinkommen können sich auf alle Facetten einer Organisation beziehen: beispielsweise auf ihre Mission (›Wir betreiben eine Fluggesellschaft‹) oder ihre Kunden (›Wir dienen der gesamten Gesellschaft‹) oder ihre Kultur (›Wir werden uns in Meetings nicht bekämpfen‹).

Diese Regeln können den Erfolg der Organisation fördern, sie können ihn aber auch verhindern. Ein Beispiel: Ein ungeschriebenes Gesetz in einem großen Automobilwerk war das Recht eines Vorstandsmitgliedes, in der Entwicklungsabteilung aufzutauchen, mit dem Finger auf einen Punkt des Prototypen zu zeigen (zum Beispiel auf die Form des Kühlergrilles), zu verlautbaren, daß er das nicht mag und wieder herauszumarschieren. Daraufhin begannen die Designer mit der Umgestaltung des Teiles, was den Produktionsplan im allgemeinen um mehrere

Wochen bis Monate zurückwarf. Weder wurde diskutiert noch bewertet. Es war sein – ungeschriebenes – Recht, diese Veränderung zu jedem Zeitpunkt zu verlangen. Diese Verzögerungen verursachten Kosten in Millionenhöhe durch Umarbeitung, Umrüstung und verspätete Markteinführung.

Die Implementierung von Veränderungsprozessen schließt die Prüfung des bewußten und unbewußten Regelwerks (»So läuft das halt bei uns«) sowie den Aufbau neuer Regeln bezüglich des »So möchten wir es aber haben« ein. Die Herausforderung liegt in den – sei es stillschweigend oder schriftlich festgehaltenen – Tabuthemen der Organisationen (den »Heiligen Kühen«), die offen daraufhin zu prüfen sind, ob sie dem Erreichen des Organisationszieles dienen oder es behindern.

Man denke zum Beispiel an den Erfolg der Arbeitssitzungen bei General Electric, die sich mit Kostensenkung, Reorganisation, Beseitigung unnötiger Arbeiten und in wenigen Fällen mit der Schaffung neuer Stellen beschäftigten. Diese Foren involvierten jeweils 40 bis 100 Personen aus den unterschiedlichsten Positionen und Funktionen. Der Zweck dieser Arbeitsforen lag darin, offen die Wahrheit über das, was funktioniert und das, was nicht richtig läuft, auszusprechen und erst dann wieder zu gehen, wenn Lösungen für die Probleme gefunden wurden.

Ein anderes Beispiel wurde vom Weltmarktführer für Soft-Drinks geliefert. Man hatte die Herausforderung angenommen, die zerstörerischsten der stillschweigenden Regeln zu prüfen. Dazu wurde ein Video entwickelt, in dem der Vorstandsvorsitzende die heiligen Kühe humorvoll entlarvte. Das Video wurde quer durch die Organisation gezeigt und löste eine Kaskade von Diskussionen über diese und weitere Regeln aus.

*Achtens: Verstehen und verändern Sie die Unternehmenskultur.* Organisationskulturen sind ein wichtiger Faktor für den Erfolg oder Mißerfolg von Organisationen. Die Kultur ist ebenfalls für die Veränderungsinitiativen, die von den Organisationen durchgeführt werden, wichtig. Bestimmte Kulturen hemmen Organisationen an der Anpassung an nötige Veränderungen. Obwohl Kulturen verändert werden können, liegt die Herausforderung in der Schwierigkeit des Änderns von Kultur: Es ist deshalb schwierig, weil die Kultur weitgehend unsichtbar für diejenigen ist, die in ihr leben und arbeiten und weil die Kultur im allgemeinen das bestehende Machtgefüge der Organisation unterstützt.

Die Herausforderung für die Unternehmensleitung liegt in ihrer Bereitschaft zur Prüfung der unausgesprochenen – und oft auch unbewußten – Überzeugungen, welche die Kultur bestimmen. Das Management muß damit auch seine eigene Rolle analysieren, das heißt, wie hat ihr Verhalten als Manager die Kultur des Unternehmens beeinflußt. Darüber hinaus müssen sie entscheiden, welche Aspekte der Kultur die Zielerreichung fördern und welche sie hemmen (bezogen auf die Leistungsfähigkeit und auf die Anpassungs- und Lernfähigkeit).

Zum Beispiel herrschte in einer PKW-Entwicklungsabteilung eine Kultur der »Hexenverfolgung« vor. Sobald Fehler gemacht worden waren, konzentrierte man sich auf das Finden und Strafen der Verantwortlichen, anstatt das Problem zu verstehen und dadurch eine Wiederholung zu verhindern. Diese von allen akzeptierte Praxis verhinderte Lernprozesse und machte es unmöglich, den Entwicklungsprozeß von PKWs zu verbessern. Erst als der Entwicklungsleiter eines Tages diese vorherrschende Kultur anprangerte und jeden, einschließlich sich selbst, aufrief, sein Verhalten zu überprüfen, kam ein Veränderungsprozeß in Gang. Bereits kurze Zeit später, nachdem die Prozesse analysiert waren und gemeinsam eine bessere Vorgehensweise festgelegt worden war, zeigten sich klare Verbesserungen im Hinblick auf Ressourcen und Erfolg.

Dieses sind einige der Herausforderungen, mit denen alle konfrontiert sind, die sich mit der Implementierung von Veränderungen in Organisationen beschäftigen. Die im folgenden beschriebene Methode »Collaborative Organizational Design« kann Unternehmensleitungen und Organisationen helfen, diesen Herausforderungen wirksam zu begegnen und damit erfolgreicher und mit höherer Qualität Veränderungen zu implementieren.

2.2  Warum »Collaborative Organizational Design«?

COD – Collaborative Organizational Design versetzt Menschen in die Lage, umfangreiche, zielführende und andauernde Veränderungen von Organisationen umzusetzen, indem die kritische Masse der Mitarbeiter innerhalb der Organisation die notwendigen Veränderungen versteht, unterstützt und mitträgt. Dabei wird die exakte Vorgehensweise zur Erzielung der erfolgreichen Veränderung in jeder Prozeßphase den konkreten Gegebenheiten angepaßt. Es beginnt mit den Vereinbarungen, die mit dem Leitungsgremium der Organisation am ersten Tag getroffen werden und wird während des gesamten Prozesses fortgesetzt. Erfolgreiche Veränderungsprojekte beginnen, indem die Organisation gleich von Beginn an auf eine erfolgreiche Implementierung am Ende vorbereitet wird.

*Collaborative Organizational Design verfolgt drei Ziele:*

1. Implementierung der Veränderungen, die gefordert sind, damit die Organisation nicht nur überlebt, sondern auch langfristig wächst.
2. Veränderung der Organisation, damit diese schneller und effizienter auf die Herausforderungen und Möglichkeiten des Marktes reagieren kann.
3. Aufbau von Verständnis und Commitment zum Veränderungsprozeß unter allen Mitgliedern der Organisation.

*Eigenschaften des Collaborative Organizational Design:*

Die folgenden Eigenschaften des COD bilden die Voraussetzungen zur Erreichung der obigen Ziele.

*Holistisch:* Bruchstückhafte Methoden führen kaum zu den umfangreichen Veränderungen, die von den meisten Organisationen gewollt werden. Collaborative Organizational Design ist ein komplexerer, umfangreicherer und holistischer Ansatz. COD berücksichtigt sowohl einzelne Elemente von Organisationen als auch die Abstimmung aller Elemente untereinander. Nur ein umfangreicher und ausführlicher methodischer Ansatz kann die Veränderungen erreichen, die heute notwendig sind. Die folgende Abbildung stellt unser Modell dar, das die gegenseitige Abhängigkeit der Elemente und die Bedeutung ihrer gegenseitigen Abstimmung verdeutlicht (siehe Abbildung 1).

Das Geschäftsumfeld schließt Kunden, Lieferanten, Konkurrenten, Markttrends, ökonomische Trends, Technologiefortschritte, Gesetze und Vorschriften sowie demographische Veränderungen ein. Ziele und Werte umfaßt, was die Organisation erreichen will und wofür sie steht. Unter Strategie ist zu verstehen, wie die Organisation einen einzigartigen Wert schafft und sich von ihren Konkurrenten positiv differenziert. Geschäftsprozesse sind die Aktivitäten, durch die Produkte und Dienste

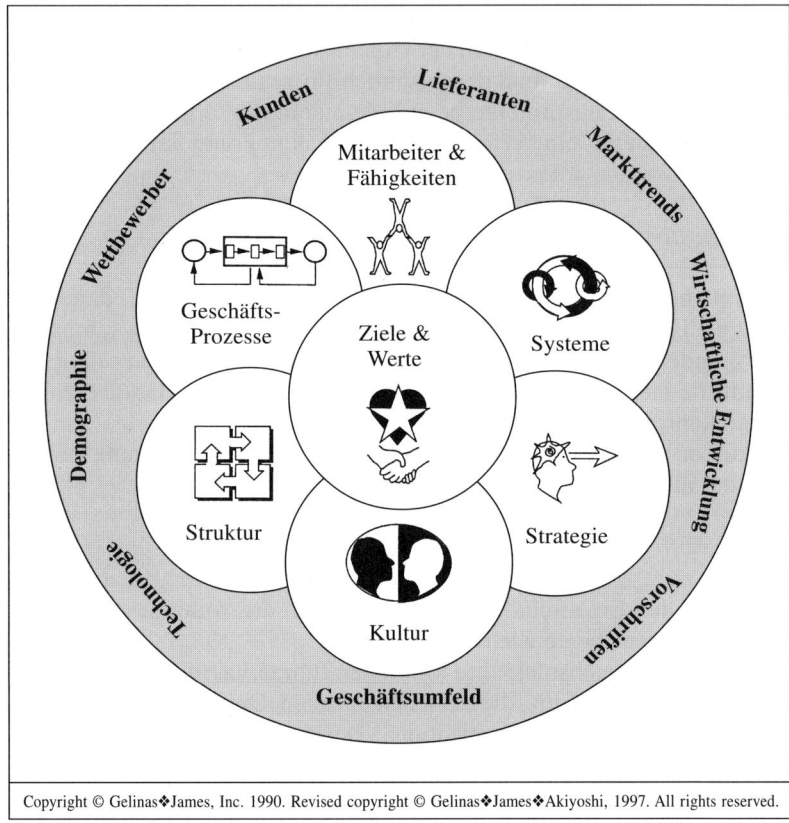

*Abbildung 1: Elemente von Organisationen*

erstellt und ausgeliefert werden. Die Struktur schließt ein, wie Mitarbeiter im Verhältnis zueinander und zu den Geschäftsprozessen organisiert sind. Die Systeme bestehen aus den Verfahren sowie der Hard- und Software, welche die Organisation arbeitsfähig halten. Dazu gehören auch Planung, Zielsetzung, Monitoring, Controlling, Information und Kommunikation und Verteilung der Ressourcen. Mitarbeiter und Fähigkeiten umfaßt die Kernkompetenzen, die Berufe, das Wissen und die Fähigkeiten der Mitarbeiter in der Organisation. Kultur sind die Normen der Organisation oder auch die Art »Wie wir Dinge hier tun«.

*Collaborative (zusammenarbeitend):* Veränderungsprozesse sind um so wirksamer, je mehr sie diejenigen mit einbeziehen, die am meisten von den Veränderungen betroffen sein werden. Je größer der Grad der Beteiligung ist, desto weniger Überzeugungsarbeit (Verkaufen der Veränderung) vor der Implementierung wird gebraucht. Es gibt keinen Ersatz für die Beteiligung der Mitarbeiter, wenn echte Akzeptanz und Commitment erzeugt werden soll, und es gibt auch keinen Ersatz für das Commitment. Es ist die Schlüsseleigenschaft für wirkliche und dauerhafte Veränderungen. Wenn die Veränderungen von denen verstanden werden, die sich ändern sollen (das heißt wie und warum sie sich verändern müssen), und wenn diese zugleich an der Erarbeitung der Veränderungen mitwirken, dann ist jede Veränderung bedeutend leichter durchführbar (vgl. weiter unten 2.3 Prinzipien einer erfolgreichen Implementierung).

Eine der ersten Entscheidungen im Rahmen des COD ist der Grad der Beteiligung der Mitarbeiter, der gewünscht oder erforderlich ist, um den Prozeß erfolgreich werden zu lassen (vgl. die weiterführende Diskussion hierzu im Abschnitt 3.1 Entwicklung des Fundaments).

*Management von Ergebnissen und Terminen:* In komplizierten Veränderungsinitiativen kann man leicht inmitten der Myriaden von Aktivitäten und zwischen den Bergen von Daten den Überblick und dadurch den Gesamtzweck des Projektes aus den Augen verlieren. Das kann man vermeiden, indem klare Ergebnisse des Veränderungsprozesses formuliert werden und der gesamte Prozeß in Teilschritte oder Phasen zerlegt wird. Für jede Phase sind ebenfalls klare Teilergebnisse und Zeitrahmen zu vereinbaren (die Phasen des Collaborative Organizational Design werden weiter unten beschrieben).

*Kundengeführtes Projekt:* Die Unternehmensleitung kann die Leitung einer Veränderungsinitiative nicht an Berater delegieren und gleichzeitig erwarten, das das Change-Projekt seinen Zweck erreicht. Die Leitung von Veränderungsinitiativen muß in den Händen der Unternehmensleitung und der anderen Sponsoren bleiben. Deshalb basiert die erste Phase des COD auf der Entwicklung von Vereinbarungen mit der Unternehmensleitung. Darin wird der Zweck der Initiative, die Methode der Veränderung sowie die Rolle der Unternehmensleitung innerhalb des Prozesses bestimmt und beschrieben.

*Klarer, offener Prozeß und Transfer des Veränderungs-Know-how:* Wenn der Prozeß verständlich, offen und anwenderfreundlich ist, dann sind die verantwortlichen Manager und alle weiteren Mitglieder der Organisation auch in der Lage, ihre Aufgaben gleichzeitig zu erfüllen: leiten, teilnehmen und lernen. Organisationen werden sich immer verändern (müssen). Deshalb ist es für Organisationen überlebensnotwendig, die Fähigkeit zu lernen und sich zu ändern, aufzubauen und zu pflegen. Darum wird der Prozeß des Collaborative Organizational Design in Ablaufplänen (siehe unten) abgebildet und in Handbüchern für Unternehmensleitung und Change-Teams beschrieben. Diese Handbücher beinhalten Konzepte, Werkzeuge und Arbeitsformulare, die eine schnelle und effiziente Arbeit fördern und zudem sicherstellen, daß kein wichtiger Schritt des Prozesses versäumt wird. Sie erfüllen auch das Lernziel und den Wunsch nach Know-how-Transfer, da die Handbücher als eine Art Change-Bibliothek funktionieren und in der Organisation verbleiben.

2.3  Prinzipien einer erfolgreichen Implementierung[1]

Die folgenden Prinzipien müssen von allen Veränderungsprojekten berücksichtigt werden.
*(1) Fangen Sie dort an, wo Sie enden wollen.* Der Prozeß mit dem Sie eine Organisation verändern wollen, bestimmt weitgehend die Art von Organisation, bei der Sie enden werden. Die gewünschten Ergebnisse und der Veränderungsprozeß selbst müssen zueinander passen und in sich konsistent sein. Wenn beispielsweise das Ziel des Managements eine offene und ehrliche Umgangsweise innerhalb der Organisation ist, dann muß auch das Management diese Offenheit und Ehrlichkeit während des Veränderungsprozesses vorleben und andere darin ermutigen.

*(2) Streben Sie nach maximaler, der Aufgabe angemessener sowie inhaltlicher Beteiligung der ›Stakeholder‹.* Es gibt zwei Konzepte von Veränderungsprojekten. Der eine ist ein stark bestimmender, leicht diktatorischer Ansatz, der andere ist eher partizipativer Natur. Viele Führungspersönlichkeiten denken, daß sie zwischen beiden wählen müssen. Die Wahrheit liegt jedoch in der Mitte. Veränderungsprojekte sind dann besonders erfolgreich, wenn beide Konzepte gemeinsam ge-

nutzt werden. Es ist eine Art von Balanceakt. Um Changeprojekte erfolgreich zu implementieren, werden klare Richtungsvorgaben und starke Leitungspersönlichkeiten benötigt. Starke Persönlichkeiten jedoch neigen dazu, nur ihren eigenen Ideen zu folgen. Die Implementierung wirklicher Veränderung basiert auf ehrlichem und überzeugtem Commitment der Teilnehmer gegenüber den Zielen des Projektes. Lippenbekenntnisse helfen nicht. Darüber hinaus erfordern Veränderungsprojekte die Teilnahme eines gewichtigen Anteils der Organisationsmitglieder, besonders die Teilnahme derjenigen Mitarbeiter, von denen erwartet wird, daß sie sich verändern. Dabei dreht es sich nicht nur um die bloße Teilnahme. Die Stakeholder müssen die Gelegenheit haben, ihre Sichtweisen und Vorstellungen einzubringen und die Ergebnisse des Prozesses zu beeinflussen. Stakeholder sind in diesem Falle alle Personen oder Gruppen, die von der Veränderung beeinflußt werden, die eine Veränderung blockieren oder fördern können, oder bei denen die letztendliche Entscheidungsgewalt liegt.

Ein weiteres Beispiel: Einer der weltweit größten Bekleidungshersteller wollte seine Far-East-Abteilung umgestalten. Das Management war sich einig, daß sie mindestens 50 Prozent (ungefähr 1.000 Personen) der betroffenen Mitarbeiter in aktiver Weise in den Prozeß einbeziehen wollten. Sie definierten »aktiv« als mindestens zwei bis drei Tage Teilnahme an der Analyse der aktuellen Situation und/oder an der Entwicklung von Ideen, wie die Organisation zu verbessern sei. Für die Unternehmung zahlte sich diese aufwendige Beteiligung vieler Mitarbeiter aus. Die Implementierung der Veränderungen wurde erfolgreich durchgeführt, und die Veränderungen selbst führten zu eindeutigen Verbesserungen.

*(3) Die wichtigen Entscheidungsträger müssen den Veränderungsprozeß aktiv sponsern und führen.* Dieses schließt die Teilnahme an wichtigen Entscheidungen, den Entwurf der erwarteten Veränderungen, und die Kommunikation des eindeutigen und zwingenden Grundes für die anstehenden Veränderungen ein. Für das Management ist das Projekt zudem als Möglichkeit anzusehen, seine Managementfähigkeiten zu verbessern.

Viele Veränderungsinitiativen sind gescheitert, weil Manager beim ersten Anzeichen von Widerstand oder Meinungsverschiedenheiten ins Schwanken gekommen sind. Es bedarf persönlicher Courage und Mut seitens der verantwortlichen Manager, voll hinter dem Prozeß zu stehen und ihn gegenüber ihren Mitarbeitern, Kollegen und Vorgesetzten zu befürworten und zu verteidigen.

Der Vorstandsvorsitzende eines Unternehmens, das elektrische Anlagen baute, verkündete während einer Tagung mit den obersten Führungsebenen (etwa 150 Manager) öffentlich seine vollste Unterstützung für das wichtige Veränderungsprojekt. Neun Monate später war das Projekt soweit, daß die Leiter der Geschäftseinheiten die konkrete Verbesserung der Arbeitsabläufe und der Leistung ihres Verantwortungsbereiches in Angriff nehmen sollen. Nun nutzen diese jedoch das Projekt als Entschuldigung für ihre schlechten Ergebnisse. Der Vorstandsvorsitzende schwankte in der Unterstützung des Projektes. Jeder in der Gesellschaft interpretierte das als Zeichen, daß das Projekt nicht länger erste Priorität war. Sie kehrten zur altbekannten Routine zurück. Die Veränderungsinitiative scheiterte letztendlich an der unzureichenden Unterstützung der Sponsoren.

Andere Initiativen scheiterten nicht etwa an der mangelnden Unterstützung der Unternehmensleitung, sondern weil die Manager selbst sich nicht verändern wollten (oder konnten). Häufig müssen Manager neue Fähigkeiten und Verhaltensweisen erlernen. Das Management von Veränderungsprozessen erfordert ganz bestimmte Kenntnisse und Fähigkeiten. Somit sind auch von den Managern – teilweise bedeutende – persönliche Veränderungen gefordert.

*(4) Wägen Sie die kurzfristigen Erfolge mit den langfristigen Innovationen ab.* Nur wenige Organisationen schaffen es, die Unterstützung und die Finanzierung von Veränderungsinitiativen aufrechtzuerhalten, wenn es Jahre dauert, um die Kosten wiedereinzuspielen und einen sichtbaren Erfolg zu erreichen. Deshalb ist es notwendig und kritisch, parallel zur langfristigen Zielerreichung, auch die kurzfristige Ergebnisverbesserung zu verfolgen. Diese kurzfristig realisierten Erfolge können helfen, die Initiative langfristig zu finanzieren und sie können auch den Schwung der Veränderung innerhalb der Organisation erhöhen. Zudem signalisieren diese kurzfristig erreichten Änderungen und Gewinne der Unternehmung, das Veränderung möglich ist und zudem erfolgreich sein kann. Diese frühen Projekterfolge geben ein weiteres, wichtiges Signal an die gesamte Organisation: »Unser Management meint tatsächlich, was es verkündet hat«. Und: »Es wird ernst mit der

Veränderung – auch ich sollte mich ändern«. So wurde zum Beispiel, gleich zu Beginn eines COD Projektes bei einem Hersteller elektrischer Anlagen, die Beschaffung als Quelle schneller Erfolge identifiziert. 85 Prozent der Kosten der Endprodukte bestanden aus zugekauften Teilen. Diese Kosten konnten innerhalb des ersten Jahres um 20 Prozentpunkte reduziert werden, indem die Lieferantenanzahl abgebaut und die Betriebskosten gesenkt wurden (weniger komplizierte Prozesse und Rückgang des Papier- und Verwaltungsvolumens der Einkaufsprozesse).

Bei aller Notwendigkeit des kurzfristigen Erfolges müssen immer die Ziele des Projektes im Auge behalten werden. Die Verbesserung von Effizienz und Effektivität darf nicht nur an einer kurzfristigen Ertragssteigerung orientiert sein. Mit anderen Worten, das langfristige Ziel des Veränderungsprojektes darf nicht deshalb aus den Augen verloren werden, um die »tiefhängenden Trauben« zu erreichen.

*(5) Warten Sie mit Vereinbarungen über Änderungen nicht bis zum Projektende.* Üblicherweise warten Veränderungsinitiativen bis zum Projektende und übergeben dann die Anforderungen, wie die Organisation sich zu verändern hat bzw. treffen dann die Vereinbarungen über Änderungen. Dieses ist viel zu spät. Wenn Mitarbeiter weder mit den Gründen für die Veränderungen noch mit den ermittelten Chancen und Risiken übereinstimmen, dann werden sie höchstwahrscheinlich auch nicht mit den Empfehlungen für bestimmte Veränderungen übereinstimmen. Deshalb sollten Übereinkommen und Vereinbarungen über notwendige Änderungen durchgängig während des ganzen Projektes getroffen werden. Durch diesen Ablauf erhöhen Sie die Wahrscheinlichkeit, daß die vorgeschlagenen Veränderungen dem Ziel folgen und daß diese Veränderungen auch implementiert werden und erfolgreich sind. Außerdem werden Sie am Ende des Projektes genug damit zu tun haben, die Empfehlungen denjenigen in der Organisation nahe zu bringen, die bisher von dem Projekt noch nicht betroffen waren. Diese »Verkaufsperiode« kann kostbare Zeit und Ressourcen binden und zum Verlust des Schwunges führen, der zur Veränderung nötig ist.

Diese permanenten Vereinbarungen schließen folgendes ein: den Hauptgrund für die Veränderungen; die Methode, wie die Änderungen erreicht werden soll; die wichtigsten aktuellen Chancen und Risiken; die existierende Vision und/oder Mission des Unternehmens; klare Formulierungen, was sich ändern muß; und die Methode der Implementierung (eine gute Übersicht über die nötigen Vereinbarungen geben die Abbildungen 3, 4 und 5).

*(6) Klären Sie den Entscheidungsprozeß.* Partizipatorische Prozesse können kompliziert sein. Wenn Menschen eingeladen werden, an solchen Prozessen teilzunehmen, setzen sie häufig voraus, daß sie damit auch am Entscheidungsprozeß beteiligt werden. Wenn dann die getroffenen Entscheidungen von ihren Empfehlungen abweichen, fühlen sie sich verraten und hinterfragen den gesamten Veränderungsprozeß und auch die Leitungspersönlichkeiten der Organisation. Deshalb ist von vornherein der Grad der Beteiligung und die Art des Entscheidungsprozesses zu klären und zu kommunizieren. Damit sind dann für alle Beteiligten die Spielregeln bekannt. Dadurch werden Durcheinander, Verärgerung und Mißtrauen verhindert, die ansonsten die Entscheidungen stören könnten.

Die verschiedenen Möglichkeiten der Einbeziehung in den Entscheidungsprozeß sind: Zustellung von Informationen über den Fortschritt, Kommentieren von Vorschlägen, Ideen für Vorschläge liefern, Vorschläge entwickeln, und Teilnahme an Entscheidungen.

Die Unternehmensleitung muß das gewünschte Niveau der Beteiligung – und damit den Einfluß – jeder Stakeholder-Gruppe für jede Phase des Projektes definieren. Beispielsweise könnte eine Beteiligungsentscheidung sein, daß jeder in der Organisation und alle Lieferanten über den Fortgang der Initiative regelmäßig informiert werden sollen. Ein bestimmter Prozentsatz der Mitarbeiter oder besonderer Stakeholder–Gruppen (wie Kunden, Verkauf, Entwicklung, Fabrikation etc.) könnte zur Analyse der aktuellen Situation und/oder Kommentierung der Empfehlungen aufgerufen werden. Ein anderer Teil der Organisation oder andere Stakeholder (zum Beispiel Lieferanten, Marketing, Qualitätskontrolle, Einkauf, Verbände) könnte für die Entwicklung der Empfehlungen vorgesehen werden. Und letztlich wird eine Kombination von Führungskräften und anderen wichtigen Stakeholdern die abschließenden Entscheidungen zu treffen haben.

*(7) Machen Sie den Prozeß klar, verständlich und benutzerfreundlich.* Wenn ein Prozeß partizipatorisch angelegt ist und Menschen den Prozeß verstehen, dann unterstützen sie auch die Ergebnisse mit höherer Wahrscheinlichkeit. Leider gilt auch der Umkehrschluss. Wenn Men-

schen den Prozeß nicht verstehen und/oder sie sich ausgeschlossen fühlen, sind sie weniger geneigt das Projekt mit vollem Herzen zu unter-
stützen. Dieses gilt selbst dann, wenn sie mit den Ergebnissen übereinstimmen. Viele Veränderungsinitiativen sind gescheitert, weil wichtige
Stakeholder den Prozeß nicht mochten, verstanden oder nicht an ihm
beteiligt waren.

Ein Weg, um den Prozeß klarer, benutzerfreundlicher und verständlicher zu machen, ist die Nutzung großer, graphischer, farbiger und dadurch aussagekräftiger Prozeßübersichten überall in der Organisation.
Damit kann erklärt werden, was von wem vollbracht wurde und wie es
weiter geht. Beispielsweise wurden bei einem Projekt bei einer großen
Handelsunternehmung überall großformatige Prozeßplakate angebracht, auf denen eine große Hand den jeweiligen Projektstatus signalisierte und anzeigte: »Schaut her, hier sind wir!«

*(8) Setzen Sie Einzelpersonen, Kleingruppen und große Foren effektiv
ein.* Der Aufbau von Verständnis und Commitment gegenüber den Veränderungen erfordert einen gewissen Grad der Zusammenarbeit mit jedem innerhalb der Organisation. Die Reaktion der Mitarbeiter auf die
Ziele und Ergebnisse einer Veränderungsinitiative werden sehr stark
von der Art und Weise beeinflußt, wie sie während des Prozesses behandelt werden. Wenn man nicht mag, wie man behandelt wird, wird man
auch nicht bereit sein, selbst mitzumachen und den Prozeß zu unterstützen. Wenn also Interviews, (Klein-)Gruppenarbeit oder größere Foren
durchgeführt werden, dann müssen die Teilnehmer den Ablauf als wirksam, erkenntnisfördernd und ernsthaft erleben. Professionell und von
Erfahrung geleitete Interviews und Meetings haben eine wichtige Bedeutung für den Erfolg eines Veränderungsprozesses, der auf den Prinzipien des Collaborative Organizational Design beruht.

*(9) Erhöhen Sie die Flexibilität und die Veränderungsfähigkeit der Organisation.* Zweifelsfrei müssen sich Organisationen im Laufe der Zeit
immer wieder wandeln. Die Wettbewerbsfähigkeit einer Unternehmung
beruht auf der Qualität ihrer Produkte und Dienste, der Effizienz und
Effektivität ihrer Leistungserstellung und der Fähigkeit, sich immer
wieder zu verändern. Sie vermehren die Wandlungsflexibilität, indem
Sie einen klaren und verständlichen Prozeß nutzen, indem Sie die Entscheidungsfindung für alle durchsichtig machen und indem Sie eine große Anzahl von Stakeholdern in den Veränderungsprozeß einbeziehen.

Zusammenfassend ist festzuhalten, daß die erhöhte Wandlungsfähigkeit das Management als auch die Mitarbeiter in die Lage versetzt, sich auf drei Dinge gleichzeitig zu konzentrieren: erstens Kundenbedürfnisse heute zu erfüllen, zweitens zu verbessern, wie jene Bedürfnisse morgen erfüllt werden können, und drittens vorzubereiten, wie noch undefinierte Bedürfnisse in fünf bis zehn Jahren erfüllt werden können. Der folgende Abschnitt beschreibt die Methode, welche die beschriebenen Prinzipien und Rahmenbedingungen nutzt und umsetzt und bereits aufgrund der bloßen Anwendung der Methodik eine höhere Implementierungsqualität sicherstellt.

## 3. Collaborative Organizational Design

Collaborative Organizational Design besteht aus drei aufeinander folgenden Phasen: Phase 1 – Entwicklung des Fundaments; Phase 2 – Bestimmung der notwendigen Veränderungen und Phase 3 – Implementierung der Veränderung. Eine abrundende Aktivität, die während aller drei Phasen stattfindet, ist die Führungskräfteentwicklung (siehe Abbildung 2).

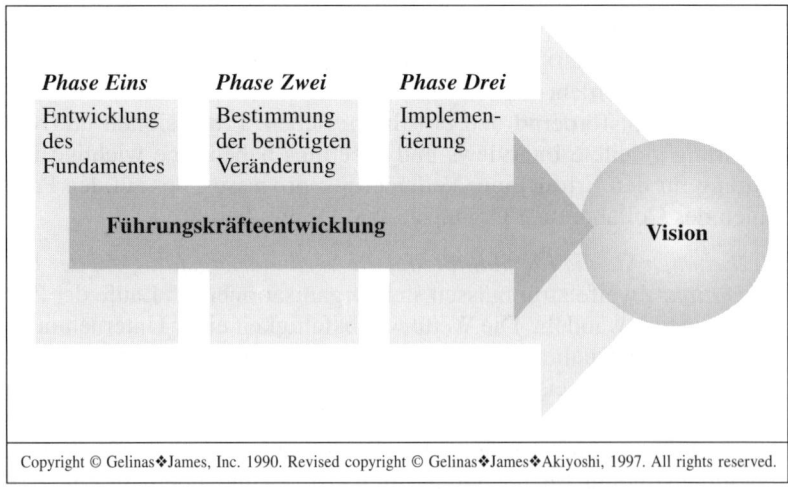

*Abbildung 2: Collaborative Organizational Design – ein Überblick*

COD – Collaborative Organizational Design ist eine umfassende Methode für Veränderungsprozesse: Sie berücksichtigt alle Aspekte und Prinzipien wie sie weiter oben bereits erläutert wurden. Sie beruht auf Zusammenarbeit: Dadurch werden Änderungsvorschläge gemacht, die von jenen verstanden und unterstützt werden, von denen die Veränderungen erwartet werden. Und schließlich berücksichtigt sie kurz- und langfristige Erfolgspositionen der Organisation: kurzfristige Gewinne stellen Ressourcen bereit, um längerfristige und kompliziertere Veränderungen zu unterstützen. Die langfristigen Innovationen sichern das Überleben der Organisation.

Jede der Phasen baut auf der vorhergehenden auf. Wenngleich jede Phase wichtig ist, so ist doch die erste Phase – Entwicklung des Fundaments – kritisch für die beiden anderen. Die Qualität der Erkenntnisse und Vereinbarungen, die innerhalb des Managements in dieser ersten Phase getroffen werden, entscheidet bereits über den abschließenden Erfolg der Veränderungsinitiative (das heißt, ob die Initiative zu wirklicher und dauerhafter Veränderung führt und damit erfolgreich ist).

## 3.1 COD Phase 1 – Entwicklung des Fundaments

Die Überzeugung und Zähigkeit der Unternehmensleitung beeinflußt entscheidend, ob eine Veränderungsinitiative erfolgreich sein oder scheitern wird. Die Stärke und Solidität des Fundamentes von Change-Initiativen wird von dem Grad der Zustimmung der Leitung der Organisation entschieden. Es ist wichtig, bereits zu Beginn des Prozesses das Commitment der Manager zu testen. Das Ziel dieser Phase liegt darin, alle notwendigen Diskussionen und Vereinbarungen mit den wichtigsten Managern der Organisation durchzuführen. Der Hauptgrund für die notwendigen Veränderungen muß formuliert, der Zweck der Initiative muß festgelegt und die einzusetzende Methode und deren Parameter sowie die Rollen der Manager während des Projektes müssen beschrieben werden.

Die Arbeit beginnt mit dem obersten Management der Organisation, erstreckt sich über das mittlere Management, und endet bei denjenigen, die ausgewählt wurden, bei der Veränderung in der Organisation zu helfen, dem sogenannten Change-Team.

Der folgende Prozeßplan zeigt den Ablauf und die zu erzielenden Ergebnisse jeder Subphase dieser ersten Phase (siehe Abbildung 3).

*Subphase: Coach den Auftraggeber.* Der auftraggebende und verant-

| Coach den Auftraggeber | Einschwören des Leitungsteams | Einsetzen der Eckpfeiler |
|---|---|---|
| Wann: | | |
| Ergebnisse: | Ergebnisse: | Ergebnisse: |
| – Persönliche Visionen, Vorstellungen und Hoffnungen für die Organisation<br>– Vorabanalyse des Geschäftsumfeldes<br>– Erste Formulierung des Hauptgrundes, warum eine Veränderung notwendig ist<br>– Grund und Ziele des Veränderungsprojektes<br>– Definition des Projektumfanges, der Art der angestrebten Veränderung und der Resultate<br>– Commitment der Leader (des Führungsteams) | – Verabschiedung des Veränderungsgrundes<br>– Bestätigung oder Anpassung der Mission/Vision der Organisation<br>– Verabschiedung der Begründung und der Ziele des Veränderungsprojektes<br>– Einigung auf den methodischen Ansatz und die Zusammensetzung des Projektteams<br>– Einigung über den Entscheidungsfindungsprozeß und den Einfluß der verschiedenen Gruppen<br>– Verabschiedung der Führungsrollen (einschl. Führungskräfteentwicklung)<br>– Planung der Projektvorbereitung<br>– Einigung auf mögliche Bereiche, in denen schnell erste Verbesserungen erzielt werden können (Quick Wins) | – Endgültige Fassung von Mission und Vision<br>– Endgültige Festlegung des Projekts<br>– Koordination des Projektes mit anderen Initiativen innerhalb der Organisation<br>– Projektleiter und Team benannt und vorbereitet<br>– Kick-off vorbereitet<br>– Unterstützung des Projektes durch das Top- und Mittelmanagement sichergestellt<br>– Commitment des Leitungsteams ausgebaut<br>–Projekt-»Grundgesetz« gedruckt (enthält Ziele, Ergebnisse, Methode, Begrenzungen, Grundprinzipien, Entscheidungsfindungsprozeß und Rollen)<br>– Organisation über das Projekt unterrichtet (Kommunikation der Methodik, des Veränderungsgrundes und der neuen Mission/Vision) |

Führer (Leader)   Leitungsteam   Information & Kommunikation   Top- und Mittelmanagement   Diskussion mit Stakeholdern   Bericht, Dokument

*Abbildung 3: COD Phase 1 – Entwicklung des Fundamentes*

wortliche Manager der Organisation muß von der Notwendigkeit der Veränderung überzeugt sein. Er oder sie muß das nötige »Feuer« in sich verspüren, um die Veränderungsinitiative wirksam führen zu können. Der Zündfunken des Feuers kann aus verschiedenen Quellen stammen: Den eigenen Visionen der Zukunft der Organisation, Druck von Seiten der Kapitalanleger, der Kunden oder der Aktionäre, Bedrohungen durch den Wechsel der Märkte und Technologien oder auch eine Kombination all dieser Faktoren.

Am Ende sollte der Manager:
- Klarheit über die persönlichen Visionen, Träume und Hoffnungen für die Organisation haben;
- Den Grund für die notwendige Veränderung, einschließlich eines Assessments des aktuellen und zukünftigen Geschäftsumfeldes, definiert haben;
- Für sich die ersten Überlegungen über Umfang und Art der Veränderung abgeschlossen haben;
- Sich darüber im klaren sein, welche Rollen seine Mitarbeiter in dem Projekt haben, welche Ressourcen sie bereitstellen sollen und wie ihr Commitment für die Durchführung der Veränderungsinitiative aufzubauen ist.

*Subphase: Einschwören des Leitungsteams.* Niemand kann eine erfolgreiche Veränderung alleine bewerkstelligen. Der verantwortliche Manager muß das Verständnis, das Commitment und die Fähigkeiten seiner direkten Mitarbeiter aufbauen. Das so entstehende Leitungs*team* erhöht die Erfolgsaussichten eines Projektes mit implementierten Veränderungen beträchtlich.

Um das Leitungsteam auf die Ziele einzuschwören, sollte in drei Bereichen Übereinstimmung hergestellt werden. Erstens muß Klarheit über den Zweck und die Methode des Veränderungsprozesses herrschen (einschließlich der Prüfung der allgemeinen Organisationsziele, wie sie in Form einer Mission und einer Vision formuliert werden können). Zweitens muß Klarheit über die Rolle der Unternehmensleitung im Prozeß und über womöglich nötige Veränderungen der Manager selbst vorherrschen. Der dritte Bereich umfaßt die Vorgehensweise zur Identifikation von kurzfristig wirksamen Veränderungen, die schnell die Situation verbessern.

Am Ende dieser Subphase sollte das Leitungsteam sich über die folgenden Punkte verständigt und geeinigt haben:

- Den Grund für die Notwendigkeit der Veränderungen.
- Die aktuelle oder überarbeitete Mission und Vision der Organisation.
- Den Zweck und die Ergebnisse der Veränderungsinitiative.
- Die anzuwendende Methode, einschließlich Phasen, Ergebnissen, Zeitrahmen, Begrenzungen, Leitprinzipien und Rollen.
- Welche kurzfristig erfolgreichen Lösungen (»Quick Wins oder Quick Fixes«) weiter zu verfolgen sind.
- Den Entscheidungsprozeß und den gewünschten Grad der Beteiligung bestimmter Stakeholder(-gruppen).
- Ihre Rollen während der Initiative. Dazu gehört auch die Planung, wie im Team das nötige Wissen und die Fähigkeiten aufgebaut werden können, damit das Leitungsteam wirkungsvoll als Lenkungsausschuß (Steering Committee) für die Veränderungsinitiative agieren kann.

*Subphase: Einsetzen der Eckpfeiler des Veränderungsprozesses.* Es ist zwingend notwendig, daß sich das Fundament für die Veränderung über das Leitungsteam hinaus verbreitet. Um die Aufmerksamkeit innerhalb der gesamten Organisation zu erlangen, müssen die Organisationsleiter den Grund für die Veränderungsanstrengung kommunizieren, es muß um die aktive Unterstützung der Mitarbeiter geworben werden und es muß auch umfassend darüber informiert werden, wie und wodurch die Veränderung erfolgen wird. An dieser Stelle sollte der nächsttiefere Managementlevel vorbereitet und motiviert werden. An diesem Punkt werden die Mitglieder des Veränderungsteams (Changeteam) benannt, die der Organisation helfen werden, die aktuelle Situation zu bewerten. Je nach Größe des Projektes kann das Changeteam aus bis zu 15 Personen bestehen (zusammengesetzt aus verschiedenen Funktionen und Positionen sowie aus externen Helfern, wie z. B. Beratern). Idealerweise sind die Mitglieder des Teams geachtete Personen der Organisation, sie besitzen exzellente Führungsfähigkeiten und sie entstammen eher den operativen als den Stabsabteilungen.

Am Ende dieser Subphase sollten das Leitungsteam und das Changeteam folgendes erreicht haben:

- Feedback der wichtigsten Stakeholder, Projektgrund abschließend formuliert sowie das Ziel und die Methode der Veränderungsinitiative festgelegt.
- Die Zusammenfassung aller Überlegungen und Vereinbarungen in einem Dokument, genannt das »Grundgesetz« des Projektes (das Grundgesetz schließt Zweck und Ergebnisse des Projektes, Phasen, Leitprinzipien, Grenzen, Rollen, Entscheidungsprozesse und operative Vereinbarungen ein).
- Befragung und Diskussion mit den Stakeholder bezüglich der Mission und Vision der Organisation.
- Verbreitung der obigen Informationen in der gesamten Unternehmung.

3.2 COD Phase 2 – Bestimmung der benötigten Veränderungen

Der Zweck der zweiten Phase des Collaborative Organizational Design liegt in der Festlegung der einzelnen Veränderungen, die nötig sind um Mission, Vision und gewünschte Ergebnisse des Projektes zu erreichen. Es beginnt damit, daß sich das Changeteam zum Team formen muß, daß es planen muß, wie es die Ziele seines »Grundgesetzes« erreichen will, welches ihm vom Lenkungsausschuß übergeben wurde. Die Phase endet mit der gemeinsamen Planung der Implementierung aller verabschiedeten Veränderungen seitens Lenkungsausschuß, Changeteam und Stakeholdern.

Diese Phase umfaßt fünf Subphasen. Die Aufgabe der Organisationsleitung während dieser Subphasen ist die Teilnahme an Entscheidungen, das Werben bei den Stakeholdern um ihre Teilnahme und aktive Unterstützung, die Vertiefung des Änderungsbewußtseins innerhalb der Organisation, sowie die Weiterentwicklung der Wandlungsfähigkeit (siehe Abbildung 4).

*Subphase: Lernen und Planen.* Das Changeteam hat eine ehrgeizige Aufgabe übernommen. Sie sollen einer ganzen Organisation bei der Entscheidung über die notwendigen Veränderungen helfen. Sie müssen einen Prozeß planen und durchführen, durch den die Beteiligten ihr Verständnis des Geschäftsumfeldes ausbauen, durch den sie die Stärken und Schwächen bewerten, und sie müssen planen, wie die Lösungen für die Probleme entwickelt werden können. Das Changeteam ist für die Organisation das Transportmittel, durch welches Lerneffekte

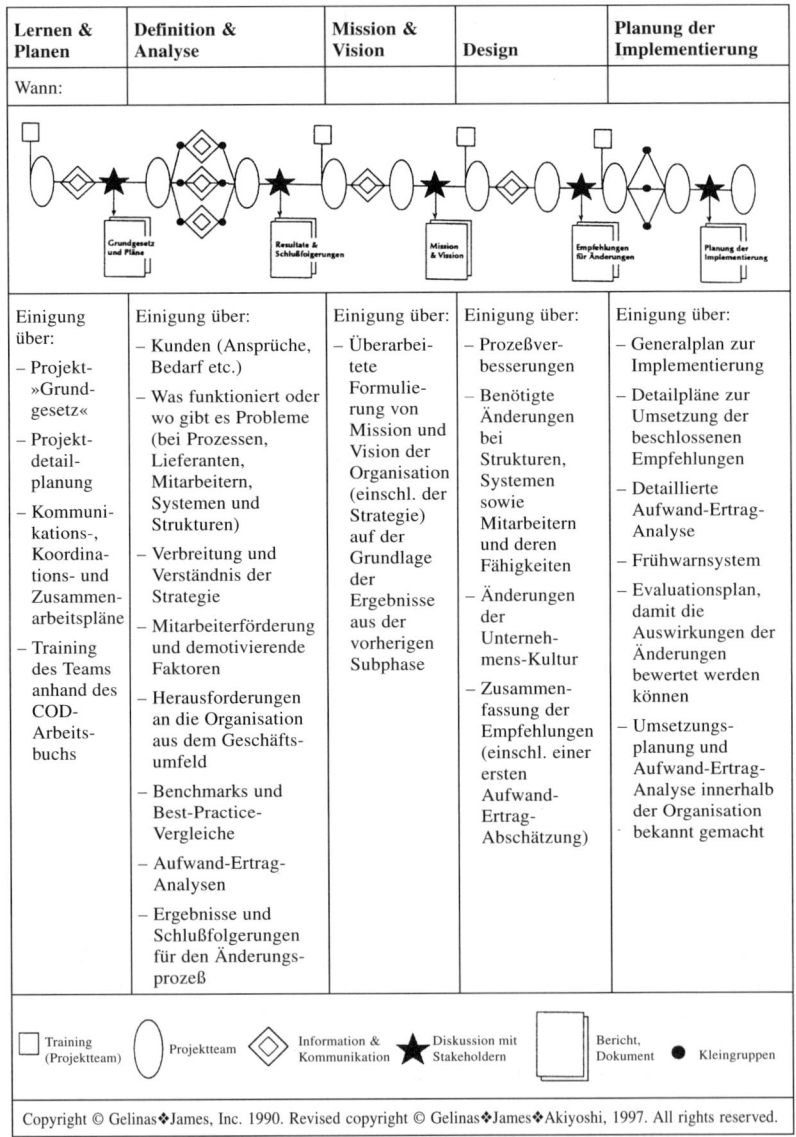

| Lernen & Planen | Definition & Analyse | Mission & Vision | Design | Planung der Implementierung |
|---|---|---|---|---|
| Wann: | | | | |

| Einigung über: | Einigung über: | Einigung über: | Einigung über: | Einigung über: |
|---|---|---|---|---|
| – Projekt-»Grundgesetz« <br><br> – Projektdetail-planung <br><br> – Kommunikations-, Koordinations- und Zusammenarbeitspläne <br><br> – Training des Teams anhand des COD-Arbeitsbuchs | – Kunden (Ansprüche, Bedarf etc.) <br><br> – Was funktioniert oder wo gibt es Probleme (bei Prozessen, Lieferanten, Mitarbeitern, Systemen und Strukturen) <br><br> – Verbreitung und Verständnis der Strategie <br><br> – Mitarbeiterförderung und demotivierende Faktoren <br><br> – Herausforderungen an die Organisation aus dem Geschäftsumfeld <br><br> – Benchmarks und Best-Practice-Vergleiche <br><br> – Aufwand-Ertrag-Analysen <br><br> – Ergebnisse und Schlußfolgerungen für den Änderungsprozeß | – Überarbeitete Formulierung von Mission und Vision der Organisation (einschl. der Strategie) auf der Grundlage der Ergebnisse aus der vorherigen Subphase | – Prozeßverbesserungen <br><br> – Benötigte Änderungen bei Strukturen, Systemen sowie Mitarbeitern und deren Fähigkeiten <br><br> – Änderungen der Unternehmens-Kultur <br><br> – Zusammenfassung der Empfehlungen (einschl. einer ersten Aufwand-Ertrag-Abschätzung) | – Generalplan zur Implementierung <br><br> – Detailpläne zur Umsetzung der beschlossenen Empfehlungen <br><br> – Detaillierte Aufwand-Ertrag-Analyse <br><br> – Frühwarnsystem <br><br> – Evaluationsplan, damit die Auswirkungen der Änderungen bewertet werden können <br><br> – Umsetzungsplanung und Aufwand-Ertrag-Analyse innerhalb der Organisation bekannt gemacht |

☐ Training (Projektteam)  ◯ Projektteam  ◇ Information & Kommunikation  ★ Diskussion mit Stakeholdern  ▱ Bericht, Dokument  ● Kleingruppen

*Abbildung 4: COD Phase 2 – Bestimmung der benötigten Veränderungen*

transportiert werden und Vereinbarungen zur Veränderung getroffen werden.

An dem Ende dieser Subphase sollte das Changeteam folgendes erreicht haben:

- Das ihnen übergebene »Grundgesetz« ist verarbeitet, verstanden und an das Leitungsgremium bestätigt worden.
- Ein Projektplan wurde entwickelt (der erstens die angestrebten Ergebnisse jeder Subphase erreichbar macht, der zweitens die Kommunikation und Zusammenarbeit mit allen anderen innerhalb der Organisation festlegt und der drittens die Zusammenarbeit mit anderen Initiativen koordiniert).
- Alle Changeteammitglieder haben ihre individuellen und teamorientierten Arbeitsfähigkeiten verbessert.

*Subphase: Definition und Analyse.* Diese Subphase sollte die wichtigsten Lerneffekte für die ganze Organisation erbringen. Das Changeteam bewertet zusammen mit dem Lenkungsausschuß und den anderen Mitgliedern der Organisation das Geschäftsumfeld (das heißt Kunden, Lieferanten, Markttrends, wirtschaftliche Entwicklung, Gesetze, Vorschriften, Demographie, Wettbewerber und Technologie) und die anderen Elemente der Organisation (das heißt Prozesse, Systeme, Strukturen, Mitarbeiter und Fähigkeiten, Unternehmenskultur, Strategie und Kernziele und Werte; vgl. Abbildung 1, S. 72).

Diese Subphase ist ideal, um so viele Stakeholder wie sinnvoll möglich in den Prozeß einzubeziehen. Die Beteiligung von Mitarbeitern in dieser Phase fördert deren Verständnis und erhöht ihr Commitment. Beides sind wichtige Schlüssel für die Erzielung wirklicher und dauerhafter Veränderungen. Die Methoden der Datensammlung umfassen Einzel- und Gruppeninterviews, kleine (bis zu 15 Personen) oder große (15 bis 100 und mehr Personen) Stakeholder-Meetings, Beobachtungen, Studien und Fragebögen, Besuche bei anderen Organisationen, Überprüfung von organisationsinternen Dokumenten, Literatursuche, etc.

Am Ende dieser Subphase hat das Changeteam den Stakeholdern geholfen, folgendes zu verstehen und damit übereinzustimmen:

- Umfeldbezogene Herausforderungen, mit denen die Organisation und ihre Mitglieder konfrontiert sind.

– Wer die Kunden sind, was sie brauchen und fordern, und auf welche langfristigen Entwicklungen reagiert werden muß.
– Was funktioniert und was nicht funktioniert (Prozesse, Lieferanten, Kundenservice Mechanismen, Strukturen und Systeme).
– Wie weit Ziele, Werte und Strategien verstanden werden und wie weit diese in der Organisation verbreitet sind.
– Was die Leistung und das Commitment der Mitarbeiter unterstützt oder behindert.
– Benchmarks und Best-Practice-Vergleiche.
– Grundannahmen für Aufwand-Ertrag-Analysen.
– Quick-Wins, das heißt Vertiefung der bereits ins Auge gefaßten sowie Suche nach weiteren, kurzfristig umsetzbaren Lösungen.

*Subphase: Mission und Vision.* Während der vorherigen Subphase (Definition und Analyse) wird häufig festgestellt, daß die Strategie nicht stimmt. Unternehmen müssen oftmals erkennen, daß sie nicht angemessen definiert haben, wie sie sich von ihren Konkurrenten positiv abheben wollen. Oftmals mangelt es auch an einer Formulierung über die Möglichkeiten, wie die vorhandenen Stärken besser zur Bedürfnisbefriedigung der Kunden genutzt werden können. Organisationen entdecken gewöhnlich auch, daß sie nur wenige Gedanken auf ihre Fähigkeit zur Beeinflussung ihrer gesamten Branche verwandt haben. Dieses ist eine ideale Zeit, um zu testen, ob Mission und Vision zwingend genug formuliert sind und für die Veränderungen begeistern können, die notwendig sind.

*Subphase: Design.* Dieses ist die Subphase, auf die alle gewartet haben. Bisher wurde geplant, analysiert, abgestimmt, diskutiert und gesammelt. Jetzt ist die hohe Zeit der Entscheidungen, wie die Organisation sich verändern muß. Die Veränderungsempfehlungen müssen erreichen, daß (1) auf die Herausforderungen reagiert wird und die Chancen des Geschäftsumfeldes ausgenutzt werden; (2) auf die eigenen Stärken weiter aufgebaut wird; (3) der gesamte Ablauf verbessert wird; (4) der Zweck und die Ziele der Veränderungsinitiative erreicht werden; und (5) die Organisation ihrer formulierten Mission und Vision näher kommt.

In dieser Phase werden die obigen Entscheidungen gemeinsam getroffen. Das geschieht in – je nach Projektgröße – unterschiedlich umfangreichen Design-Input-Konferenzen. Das Augenmerk dieser Konferenzen liegt nicht nur auf der Erlangung der Informationen. Darüber hinaus sind das erhöhte Verständnis und das stärkere Commitment der Teilnehmer wichtige Gründe für die Durchführung der Konferenzen. Den Konferenzen folgen eine Serie kleinerer Besprechungen, in deren Verlauf aus der bestehenden Überfülle von Konzepten ausführliche Empfehlungen für Veränderung entwickelt werden.

So wurde zum Beispiel in der bereits erwähnten Bekleidungsunternehmung ein Viertel aller Mitarbeiter der Far-East-Abteilung (500 Mitarbeiter) im Rahmen einer Serie von Design-Konferenzen involviert. Die Durchführung erfolgte in acht Ländern, in fünf Sprachen und unter Zuhilfenahme elektronischer Abstimmungssysteme.

Am Ende dieser Phase hat das Changeteam die Organisation in die Lage versetzt, Vorschläge für die notwendigen Veränderungen zu entwickeln und sich darauf zu verständigen:

– Wie die Geschäftsprozesse verbessert werden.
– Wie Struktur, Systeme, Mitarbeiter und deren Fähigkeiten verbessert werden.
– Wie die Strategie und die Werte gelebt werden können und die gewünschte Kultur erschaffen wird.

*Subphase: Implementierungsplanung.* Die benötigten und gewollten Veränderungen sind festgelegt und alle Beteiligten haben sich darauf verständigt. Nun stellt sich die Frage, wie und in welcher Reihenfolge diese Veränderungen am geschicktesten zu erreichen sind. Am Ende dieser Subphase werden folgende Planungen durch den Lenkungsausschuß, das Changeteam und die wichtigsten Stakeholder, erstellt:

– Ein Implemetierungsplan für jede der Empfehlungen.
– Einen Generalplan, der die Reihenfolge und das Timing für die Durchführung aller Empfehlungen einschließt.
– Ein Frühwarnsystem, um bereits die ersten Anzeichen einer Erlahmung der Implementierung aufzuspüren.
– Eine genauere Aufwand-Ertrag-Berechnung.
– Ein Bewertungsplan, um die Wirkung der Veränderungen zu bewerten, sobald diese umgesetzt sind.

Die Arbeit des Managements in dieser Subphase liegt in: (1) ihrem Beitrag zu der Entwicklung der Pläne (Erfahrung und Expertise); (2) der

Überarbeitung der Kennzahlen, anhand derer die Implementierung der Empfehlungen bewerten wird; (3) der Ausarbeitung der benötigten Ressourcen; (4) der Erhöhung des Verständnisses und der Unterstützung der Empfehlungen durch die wichtigen Stakeholder; (5) der Benennung von Mitgliedern und Stakeholdern für die Übergangs- und die Implementierungsteams; (6) der Vertiefung der eigenen Weiterentwicklung.

Das Übergangsteam kann aus zwei bis sechs Mitgliedern bestehen, die aktiv bei dem bisherigen Veränderungsprozeß dabei gewesen sind und die sich den Respekt ihrer Kollegen sowie der Unternehmensleitung erworben haben. Das bisherige Changeteam wird zum Ende dieser Phase aufgelöst. Das neue Übergangsteam soll die Durchführung sicherstellen und die verschiedenen Implementierungsteams koordinieren (je nach Größe des Projektes und der Unternehmung können durchaus mehrere Vorschläge zugleich implementiert werden). Die Implementierungsteams arbeiten vor Ort und setzen sich vor allem aus Fachspezialisten (je nach Inhalt der Veränderungsempfehlung) zusammen.

3.3  COD Phase 3 – Implementierung der Veränderung

Der am meisten herausfordernde Abschnitt der Umsetzung wirklicher und dauerhafter Veränderungen hat nun begonnen. Es ist Zeit alle Vereinbarungen umzusetzen, die in den vorigen beiden Phasen getroffen wurden. Nun wird die Entschlossenheit und Ausdauer der Organisationsleitung geprüft und die Qualität der entwickelten Vorschläge muß sich unter Beweis stellen. Dieses ist die Phase, für die der Schwung, das Verständnis und das Commitment in den vorherigen Phasen aufgebaut wurde. Die Organisation ist entweder bereit sich zu bewegen, oder sie ist es nicht. Die Bereitschaft zur Änderung ist von der Qualität und dem Grad der Zusammenarbeit während der vorherigen Monate abhängig.

Diese Phase hat vier Subphasen: Lernen und Planen, Planung des Überganges, Implementierung und Evaluation (vgl. Abbildung 5).

*Subphase: Lernen und Planen.* Ebenso wie sich das Changeteam auf seine Aufgabe vorbereitet hat (vgl. 3.1), so sollte sich das Übergangsteam und das oder die Implementierungsteams auf die vor ihnen liegende Aufgabe vorbereiten. Deshalb müssen die neu hinzugekommenen Teammitglieder die geleisteten Arbeiten der vorhergehenden Phasen verstehen und das Projekt-»Grundgesetz« akzeptieren. Sie müssen den Projektplan für ihre Arbeit entwickeln (das heißt festlegen, was wann

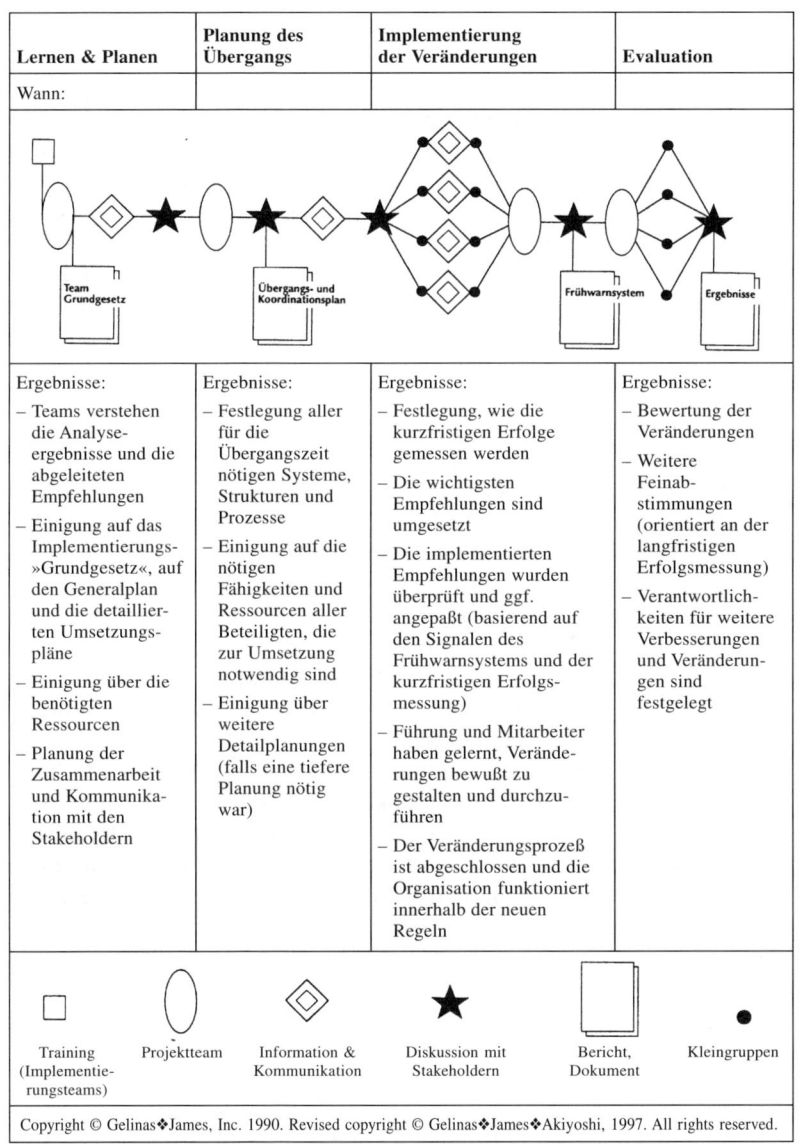

| Lernen & Planen | Planung des Übergangs | Implementierung der Veränderungen | Evaluation |
|---|---|---|---|
| Wann: | | | |

Ergebnisse:

**Lernen & Planen**
- Teams verstehen die Analyseergebnisse und die abgeleiteten Empfehlungen
- Einigung auf das Implementierungs-»Grundgesetz«, auf den Generalplan und die detaillierten Umsetzungspläne
- Einigung über die benötigten Ressourcen
- Planung der Zusammenarbeit und Kommunikation mit den Stakeholdern

**Planung des Übergangs**
- Festlegung aller für die Übergangszeit nötigen Systeme, Strukturen und Prozesse
- Einigung auf die nötigen Fähigkeiten und Ressourcen aller Beteiligten, die zur Umsetzung notwendig sind
- Einigung über weitere Detailplanungen (falls eine tiefere Planung nötig war)

**Implementierung der Veränderungen**
- Festlegung, wie die kurzfristigen Erfolge gemessen werden
- Die wichtigsten Empfehlungen sind umgesetzt
- Die implementierten Empfehlungen wurden überprüft und ggf. angepaßt (basierend auf den Signalen des Frühwarnsystems und der kurzfristigen Erfolgsmessung)
- Führung und Mitarbeiter haben gelernt, Veränderungen bewußt zu gestalten und durchzuführen
- Der Veränderungsprozeß ist abgeschlossen und die Organisation funktioniert innerhalb der neuen Regeln

**Evaluation**
- Bewertung der Veränderungen
- Weitere Feinabstimmungen (orientiert an der langfristigen Erfolgsmessung)
- Verantwortlichkeiten für weitere Verbesserungen und Veränderungen sind festgelegt

Training (Implementierungsteams) — Projektteam — Information & Kommunikation — Diskussion mit Stakeholdern — Bericht, Dokument — Kleingruppen

*Abbildung 5: COD Phase 3 – Implementierung der Veränderung*

getan wird, wie kommuniziert wird, und wer mit welchen Stakeholdern zusammenarbeitet).

*Subphase: Planung des Übergangs.* Die Implementierungspläne müssen alle Aktivitäten und Aufgaben zur Durchführung der notwendigen Veränderungen (die am Ende von Phase Zwei vereinbart worden waren) beschreiben. Häufig müssen zudem sogenannte Übergangspläne entwickelt werden, damit die Organisation funktionsfähig bleibt, während die Veränderungen implementiert werden. Zum Beispiel war es nötig, bei der bereits erwähnten Biotechnikfirma einige der wichtigeren Informationssysteme, die permanent benötigt wurden, parallel mit dem neuen System weiterlaufen zu lassen. Dazu gehört auch, daß die Mitarbeiter ausreichend an den neuen Systemen trainiert wurden, bevor die alten Systeme stillgelegt werden.

Das Management hat zwei kritische Aufgaben während dieser Subphase. Zuerst muß es Unterstützung und Ermutigung für diejenigen leisten, die sich aktiv verändern müssen. Zweitens sollte es auch während der Implementierung sicherstellen, daß die Erfüllung der Kundenbedürfnisse an erster Stelle des Interesses steht.

*Subphase: Implementierung.* Während dieser Subphase führen die Implementierungsteams die Pläne aus. Das Übergangsteam bewertet den Fortschritt und koordiniert die Arbeit. Das Management stellt sicher, daß Veränderungen der Rahmenbedingungen (z. B. Marktdaten) zumindest den Implementierungsteams bekannt werden und damit gegebenenfalls Anpassungen möglich sind.

*Subphase: Evaluierung.* Die Phase der Bewertung wird oft übersprungen. Jedoch sollte die Möglichkeit zu lernen nicht versäumt werden. Schließlich ist es nun an der Zeit zu bewerten, was die Organisation vollbracht hat. Auch sollte die Chance, aus der Erfahrung zu lernen und sich damit für die sicherlich kommenden nächsten Veränderungen vorzubereiten, genutzt werden. Jedoch wird vieles von dem, was erreicht wurde, noch nicht erkennbar und noch nicht meßbar sein (vgl dazu auch den Beitrag von Heiner Spalink, S. 95 ff.).

## 4. Zusammenfassung

Es gibt einige gewichtige Probleme bei der Implementierung von Veränderungsprozessen. Die größte Schwierigkeit besteht in dem Versuch, das Interesse der Mitarbeiter an dem Veränderungsprozeß aufrechtzuerhalten und gleichzeitig zu verhindern, daß der Unternehmenszweck, nämlich die Befriedigung von Kundenbedürfnissen, vernachlässigt wird. Weitere Umsetzungsprobleme können entstehen, wenn die Begründung für die Veränderungen nicht stichhaltig ist, wenn man sich zu sehr auf die Gegenwart beschränkt und zuwenig Vorbereitung für die Zukunft in den Veränderungsprozeß einfließen läßt, wenn man nur auf schnelle Erfolge und bruchstückhafte Veränderungen setzt oder wenn man nicht ausreichend viele Mitarbeiter in den Prozeß einbezieht.

Collaborative Organizational Design ist ein methodischer Ansatz, der für diese Probleme passende Antworten bereitstellt. COD ist umfassend und basiert auf der Zusammenarbeit von Menschen. COD wird von geplanten Ergebnissen und festgelegten Terminen gesteuert. COD wird von denjenigen geleitet, die sich verändern wollen und nicht von externen Beratern. Und COD ist klar strukturiert und leicht erlernbar.

Die Veränderung von Menschen und Organisationen muß einigen Prinzipien folgen, die übrigens für jede Change-Methodik gelten müssen:

- Beginne den Prozeß, indem Du über die angestrebten Ergebnisse nachdenkst.
- Strebe danach, so viele Mitarbeiter, wie soeben noch sinnvoll möglich, an dem Prozeß zu beteiligen.
- Stelle sicher, daß das Management der Organisation den Prozeß aktiv sponsert sowie erkennbar unterstützt und steuert.
- Bespreche regelmäßig den Status und vereinbare regelmäßig die nötigen Schritte mit den Beteiligten.
- Kläre den Entscheidungsfindungsprozeß, der während der Veränderung maßgeblich ist (einschl. Hierarchien, Grad der Einflußnahme aller Gruppen und Personen, etc.).
- Mache den Prozeß verständlich und benutzerfreundlich.
- Wäge zwischen den kurzfristigen und den langfristigen Effekten ab.
- Nutze die Fähigkeiten von Einzelnen als auch von Gruppen.
- Sorge dafür, daß die Organisation in Zukunft besser auf Veränderungen vorbereitet ist und diese schnell und gerne durchführt.

Collaborative Organizational Design besteht aus drei aufeinanderfolgenden Phasen: Entwicklung des Fundaments, Bestimmung der benötigten Veränderungen und Implementierung der Veränderung. Die Führungskräfteentwicklung ist in allen drei Phasen vertreten.

Während der ersten Phase – Entwicklung des Fundaments – treffen die Manager alle notwendigen Vorbereitungen und Vereinbarungen, damit das Projekt ein Erfolg werden kann. Dazu gehören klare Aussagen über den Zweck des Projektes, die benutzte Methode und ihre eigene Rolle. In der zweiten Phase – Bestimmung der nötigen Veränderungen – werden von einer Vielzahl von Mitarbeitern, die von den Managern und dem Changeteam unterstützt werden, die notwendigen Änderungen festgelegt. Schließlich wird in der dritten Phase – Implementierung der Veränderungen – die Planung zur Wirklichkeit, indem die Empfehlungen umgesetzt und bewertet werden.

# Das Management der Implementierung

*Heiner Spalink*

## 1. Implementierungsmanagement und Prozeßoptimierung in der Konsumgüterindustrie und im Handel

In der Kosumgüterindustrie und im Handel wird es – wie in anderen Bereichen auch – in Zukunft immer bedeutsamer, Managementpro-zesse über Abteilungsgrenzen und Funktionen, ja sogar über das eigene Unternehmen hinweg zu organisieren.

Das Konzept »Efficient Consumer Response« (ECR) ist typisch hier-für: ECR ist ein konsumentengesteuertes System, bei dem die gesamte Wertschöpfungskette vom Konsumenten über den Handel bis hin zur Industrie integriert betrachtet und optimiert wird. Ziel von ECR ist ein reibungsloser Informations- und Warenfluß zwischen allen Ebenen. Auf diese Weise können neue Effizienzpotentiale erschlossen werden.[1]

ECR steht im Zusammenhang mit diesem Beitrag lediglich als ein

---

1 Vgl. auch: »Interdisziplinäres Vorgehen nötig«, von Spalink, Heiner in: Handelsblatt vom 9. 12. 1996, S. 28.

Beispiel für Prozeßoptimierung auf allen Ebenen. Allerdings erfordert dies eine konsequente prozeßorientierte Zusammenarbeit – intern und über die Unternehmensgrenzen hinweg. Während heute beispielsweise im Handel der Einkäufer noch überwiegend unabhängig von der Logistik, der DV und dem Vertrieb entscheidet, werden diese Bereiche in Zukunft eng zusammenarbeiten. Dabei werden die Beziehungen zur Industrie auf allen Ebenen einbezogen. Dies zwingt zu erheblichen organisatorischen Umstrukturierungen. Die Einführung von ECR erfordert ausgeprägte Erfahrungen mit dem Management von Veränderungsprozessen. ECR fordert auf allen Ebenen in Handel und Industrie weitaus mehr Flexibilität – dies widerspricht jedoch dem Wunsch vieler Mitarbeiter nach Stabilität und Sicherheit.

## 2. Ziele des Implementierungsmanagements

»Wie sollte ein Unternehmen vorgehen, das die Prozeßorganisation einführen will«? Dies war die Kernfrage eines Beitrages in »Blick durch die Wirtschaft« mit dem Titel »Ist die Prozessorganisation eine Modeerscheinung?« (Blick durch die Wirtschaft Nr. 81, 1997, S. 1). Frau Prof. M. Osterloh vom Institut für betriebswirtschaftliche Forschung an der Universität Zürich rät dabei zu Geduld und langem Atem. »Schließlich sei ein radikaler Umschwung nötig – eine Revolution im Unternehmen, die gut vorbereitet sein will. Eine Hauruck-Aktion könne da viel verderben.«

Dieser Empfehlung kann sicherlich jeder zustimmen. Und: Nach welchen Zielen sollte die Implementierung ausgerichtet werden? Wie sollte sie vorbereitet, wie geplant werden? Welche Erfahrungen gibt es aus erfolgreichen Implementierungsprojekten? Welche Instrumente stehen für das Management der Implementierung zur Verfügung? All dies sind Fragen, die sich heute mehr und mehr sowohl in der Unternehmensberatung und vor allem in Handel und Industrie stellen.

Vor diesem Hintergrund möchte ich zunächst die Ziele für eine Implementierung neuer Prozesse differenzieren. Dies ist notwendig, um den Implementierungsprozeß plan- und steuerbar zu machen – if you can't measure it, you can't manage it. Danach werden dann Methoden des Implementierungsmanagement erörtert.

Die Ziele für das Implementierungsmanagement lassen sich aus den

Problemen der Transformationsphase ableiten, die in Abbildung 1 dargestellt sind.

Erfolgreiches Implementieren neuer Prozesse wird als Erfolgsfaktor in Zukunft an Bedeutung gewinnen – denn erstens müssen die Anpassungsprozesse schneller durchlaufen werden, das heißt, es dreht sich alles um die Fähigkeit, die eigene Organisation schneller als der Wettbewerb auf die neuen Rahmenbedingungen einzustellen – »Managing At The Speed Of Change« (Daryl R. Connor, New York, 1995). Schnelligkeit alleine reicht jedoch nicht aus – der zweite entscheidende Erfolgsfaktor heißt: Qualität der Implementierung. Diese läßt sich dadurch gestalten, daß dysfunktionale Verhaltensweisen – wie in Abbildung 1 erläutert – im Lauf des Anpassungsprozesses reduziert, wenn nicht sogar proaktiv verhindert werden. Die Qualität der Implementierung dokumentiert sich dann in der Akzeptanz der neuen Prozesse, das heißt, alle Prozeßbeteiligten nehmen die neuen Abläufe an und nutzen diese.

Die Instrumente des Implementierungsmanagements sind nach diesen Aufgaben auszurichten.

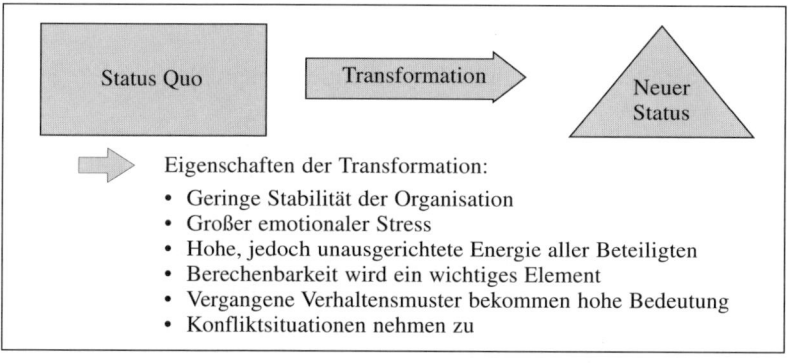

*Abbildung 1: Probleme der Transformationsphase*

## 3. Phasen und Instrumente des Implementierungsmanagements

Auf die Prinzipien einer erfolgreichen Implementierung »von Anfang an« wurde in diesem Buch bereits ausführlich eingegangen (vgl. den Beitrag von Gelinas, James, Akiyoshi, Wüst, 1997). Deshalb konzentrieren sich die nachfolgenden Ausführungen auf die Implementierung im engeren Sinne: Die bereits modellierten Prozesse sollen nach deren Konzeption jetzt auch eingeführt werden. Implementierungsmanagement beinhaltet dann vier Phasen:

1. Vorbereiten auf mögliche Implementierungsprobleme,
2. Auswählen und Einstimmen der Change-Agents,
3. Aufbauen der Implementierungsarchitektur und
4. Einrichten des Implementierungscontrolling.

Die Instrumente für das Implementierungsmanagement sind in die bereits erläuterten strategischen und operativen Gestaltungsfaktoren des Change-Managements eingebettet. In diesem Zusammenhang lassen sich grundsätzlich als Instrumente spezifische Analysemethoden, die Entwicklung der Implementierungsarchitektur und das klassische Projektmanagement unterscheiden.

## 4. Vorbereitung der Implementierung

### 4.1 Vorbereiten auf mögliche Implementierungsprobleme

Ziel der ersten Phase des Implementierungsmanagements sollte es sein, sich bereits aktiv auf Probleme vorzubereiten. Es geht hier um Barrieren, die aus der Unternehmensentwicklung in der Vergangenheit resultieren – Barrieren, die sowohl im Verhalten als auch in den Einstellungen der Menschen liegen. Letztendlich geht es um die Frage: Wieviel Veränderungen verkraftet das Unternehmen im vorgesehenen Planungszeitraum?

Wer die Implementierungsbarrieren der Vergangenheit identifiziert hat, kann sie in Zukunft besser bearbeiten. Deshalb sollten Indikatoren gesucht werden, die frühzeitig auf mögliche Schwierigkeiten im bevorstehenden Implementierungsprozeß hinweisen können. Vergangene Implementierungsfehler zu vermeiden versteht sich von selbst.

Deshalb sollten vor Beginn der Implementierung neuer Prozesse die positiven und negativen Erfahrungen der Vergangenheit untersucht werden (vgl. ODR, Change History Survey, 1995). Dabei stehen die folgenden sechs kritischen Faktoren im Mittelpunkt:

1. Führungsgrundsätze – wie wirkten sie sich auf das Implementierungsmanagement aus?
2. Prozeßmanagement – wie wurde der Veränderungsprozeß gesteuert?
3. Entschlossenheit – mit welcher Konsequenz wurde im Laufe des Prozesses geführt?
4. Einbeziehung – wie wurden Beteiligte und Betroffene in das Implementierungsmanagement einbezogen?
5. Controlling – wie wurde der Implementierungsprozeß gesteuert?
6. Schwarzes Loch – welche Probleme gab es im »Sponsoring«?

Folgende Fragen können helfen, die genannten Problemfelder zu beleuchten:

– Wie eng war die Zusammenarbeit zwischen den beteiligten Abteilungen im Laufe des Veränderungsprozesses?
– Wie waren die vergangenen Change-Projekte organisiert?
– War das Unternehmen in der Lage, Implementierungsprobleme rasch zu identifizieren und mit Entschlossenheit zu beseitigen?
– Waren ausreichend Mitarbeiter aller Hierarchiestufen in den Prozeß einbezogen?
– Wurde im Laufe des Veränderungsprozesses ausreichend über Ziele, Status und Probleme berichtet?
– Wurden Unterschiede zwischen »reden und handeln« der Führungskräfte im Laufe des Veränderungsprozesses offensichtlich?

Eine hinreichend genaue und schnelle Analyse ermöglicht das Instrument »Analyse der Erfahrungen mit Veränderungsprozessen« – ein Fragebogen für alle Hierarchiestufen im Unternehmen. Mit diesem werden im Laufe von Beratungsprojekten sehr schnell die größten Implementierungsprobleme der Vergangenheit offengelegt und Empfehlungen für das Implementierungsmanagement erarbeitet.

Neben den Erfahrungen der Vergangenheit sind die Anzahl, die Komplexität und der Umfang der Veränderungen weitere Erfolgsfaktoren für die Implementierung.

So wurden beispielsweise in einem Implementierungsprojekt bei einem Unternehmen mit 470 Mitarbeitern und siebzehn Führungskräften der ersten und zweiten Führungsebene achtzehn unterschiedliche Ver-

änderungsprojekte von den Mitgliedern der Geschäftsführung für 1997/
98 genannt. Alle betrafen mit einigen Ausnahmen nahezu denselben
Mitarbeiterkreis sowie alle Führungskräfte.

»Ist das Unternehmen in der Lage alle achtzehn Vorhaben in den Jahren 1997/98 vollständig zu realisieren«? – dies war eine der ersten Fragen zur Vorbereitung der Implementierung.

Auf der Grundlage der Erfahrungen mit Veränderungsprozessen in
der Vergangenheit und von Interviews mit Führungskräften dieses Unternehmens wurde deutlich, daß die Vielzahl der Veränderungsprojekte
im angegebenen Zeitraum zusätzlich zum Tagesgeschäft nicht erfolg-
versprechend durchführbar waren. Die Anpassungsressourcen reichten
letztlich nicht aus, so daß die Projekte priorisiert werden mußten. Hier
wurden jene einbezogen, mit denen bereits begonnen worden war. Sie
durften nicht abgebrochen werden, um die Glaubwürdigkeit und
Durchsetzungskraft für die zusätzlichen Veränderungen nicht zu ge-
fährden. Priorität hatten ferner Projekte mit strategischer Bedeutung,
d. h. insbesondere alle Prozesse zur Verbesserung des Kundenservice.
Dazu kamen weitere, deren Implementierung rasch und mit wenig Aufwand möglich war. Dieses sollte helfen, intern Veränderungserfolge »zu
produzieren«, um die Veränderungsbereitschaft der Mitarbeiter zu fördern beziehungsweise aufrechtzuerhalten. Von den achtzehn Veränderungsvorhaben wurden letztlich zehn Einzelprojekte mit geringerer
Priorität zurückgestellt – das Implementierungsmanagement konnte
sich auf die verbleibenden acht Projekte konzentrieren. Geschäftsführung und Führungskräfte waren überzeugt, daß die Anpassungsressourcen hierfür ausreichen würden, diese Veränderungen auch innerhalb des
geplanten Zeitraums durchzuführen.

## 4.2  Auswählen und Einstimmen der Change-Agents

Die Aufgaben und Anforderungen an Change-Agents wurden bereits im
Beitrag von Daryl R. Conner und Ern Clements »Die strategischen und
operativen Gestaltungsfaktoren für erfolgreiches Implementieren« (siehe S. 61 ff.) beschrieben. Deshalb möchte ich mich hier auf die Kernaufgabe des Change-Agent konzentrieren: das Management der Transformationsphase.

Die Implementierung neuer Prozesse läßt sich als Projekt – als
»Change-Projekt« organisieren. Hierunter soll jene spezifische Kombi-

nation von Projekt- und Change-Management verstanden werden, die für das Implementierungsmanagement erforderlich ist.

Der Change-Agent ist dabei für die Steuerung des Change-Projektes verantwortlich – wie der Projektleiter im Projektmanagement. Bei der Auswahl und Einstimmung der Change-Agents müssen mindestens vier Aspekte berücksichtigt werden:

1. Die Aufgaben eines Change-Agents sind keine Stabsaufgaben.
2. Die Aufgaben des Change-Agents erfordern ein besonderes Engagement.
3. Das Management der Transformation erfordert besondere Kenntnisse, Erfahrungen und ein spezifisches Führungsverhalten.
4. Change-Agents benötigen eine überdurchschnittliche Gestaltungskraft und Flexibilität für das Management des Transformationsprozesses.

*Die Aufgaben eines Change-Agents sind keine Stabsaufgaben*

Im Vergleich zu einem Projektleiter muß der Change-Agent zusätzlichen Herausforderungen gerecht werden. Während ein Projektleiter in der Regel Aufgaben außerhalb der bestehenden Organisation im Rahmen eines Projektes bearbeitet (oder das Projektmanagement für die laufende Aufgabenerledigung eingesetzt wird), hat der Change-Agent die Aufgabe, die bestehende Prozeßorganisation in eine neue überzuleiten, das heißt zu transformieren.

Es geht zum Beispiel dabei darum, über verschiedene beteiligte Funktionen hinweg neu gestaltete Abläufe einzuführen – abteilungsübergreifend. Deshalb müssen bei der Auswahl der Change-Agents andere Anforderungen gestellt werden als bei der Auswahl von Projektleitern (vgl. Spalink, in: Steinle/Bruch/Lawa (Hrsg.), 1995). Change-Agents verändern die bestehende Organisation, weshalb sie bereits in dieser Organisation Verantwortung tragen sollten. Ihnen obliegt es, die aus den neuen Prozessen abgeleiteten notwendigen Veränderungen im eigenen unmittelbaren Verantwortungsbereich durchzusetzen. Darüber hinaus sollten sie aber auch bei allen anderen prozeßbeteiligten Funktionsträgern soviel Akzeptanz und die nötigen Kompetenzen haben, so daß sie auch hier die neuen Lösungen durchsetzen können. Als Change-Agent kommen also jene Führungskräfte in Betracht, die selbst von den

Veränderungen betroffen sind, diese im eigenen Verantwortungsbereich durchsetzen und sie in anderen Verantwortungsbereichen gestalten können.

Die Antwort auf die Frage nach der richtigen Anzahl der Change-Agents im Laufe eines geplanten Veränderungsprozesses hängt vom Ausmaß der geplanten Veränderung ab. Die Erfahrung hat gezeigt, es ist im Zweifel besser, einen Change-Agent mehr zu berufen als einen zu wenig. Grundsätzlich gilt jedoch: Je mehr Change-Agents berufen werden, desto mehr Zeit und Engagement muß der Sponsor in die unmittelbare Steuerung des Transformationsprozesses investieren.

Auf keinen Fall sollte der Change-Agent in einer »Stabsfunktion« des Sponsors verantwortlich gemacht werden. In dieser Rolle kann er lediglich den Veränderungsprozeß moderieren und Controllingaufgaben wahrnehmen. »Wirkliche« Change-Agents sollten für das Erreichen der Veränderungsziele verantwortlich sein.

*Die Aufgaben des Change-Agents erfordern ein besonderes Engagement*

Die hohen Anforderungen an den Change-Agent erfordern ein großes Maß an Engagement, an »Commitment«. »Commitment« – ich möchte es mit »Selbstverpflichtung« mit »Engagement« übersetzen – muß bei den Change-Agents ebenso entwickelt werden wie bei den Beteiligten, der Zielgruppe. Dies ist zunächst die ureigenste Aufgabe des Sponsors des Change-Projektes.

Die Entwicklung des Engagements, des Commitment für die angestrebte Veränderung läßt sich in folgende Stufen gliedern:

1. Die Information über die angestrebte Prozeßoptimierung wurde erhalten.
2. Das Interesse an angestrebten Zielen und Details ist geweckt.
3. Die Ziele und Details der Veränderungen sind verstanden worden.
4. Zum Konzept der Prozeßoptimierung besteht eine positive Einstellung.
5. Der neue Prozeß ist (technisch) implementiert.
6. Das Arbeiten im oder mit dem neuen Prozeß wird akzeptiert.
7. Das Arbeiten im oder mit dem neuen Prozeß ist institutionalisiert.
8. Das Arbeiten im oder mit dem neuen Prozeß ist internalisiert.

Welchen Grad des Commitment benötigt ein Change-Agent? Da am Ende des Transformationsprozesses zunächst oftmals die (technische) Implementierung steht, der danach erst die Akzeptanz folgen soll, muß zumindest eine positive Einstellung zur angestrebten Veränderung vorhanden sein. Wenn aber beispielsweise ein Change-Agent die angestrebte Neuorganisation eines Prozesses nicht vollständig verstanden hat, wird er keine positive Einstellung dazu entwickeln können.

Die Analyse des Commitment und dessen Entwicklung bei den Change-Agents erfolgt in der Regel in drei Schritten:

1. Erforderliche Commitment-Grade für den neuen Prozeß festlegen. Welchen Grad von Commitment benötigt der neue Prozeß? Dies ist die erste Frage die beantwortet werden muß. Nicht alle organisatorischen Veränderungen erfordern eine Internalisierung: Je häufiger Veränderungen durchgeführt werden, um so schwieriger wird es, sie – wenn die alten Regelungen internalisiert sind – erneut anzupassen. Oft reicht es aus, organisatorische Veränderungen lediglich zu instituitionalisieren.
2. Commitment Status der Change-Agents feststellen.
Auf welcher Stufe der Unterstützungsbereitschaft befindet sich der Change-Agent, wenn er zu dieser Aufgabe berufen wird? Hat er alle notwendigen Informationen erhalten, so daß die Optimierungsziele vollständig verstanden worden sind. Hat er eine positive Einstellung, oder ist mit Widerstand zu rechnen?
3. Commitment der Change-Agents entwickeln.
Die Analyse dieser Fragen mündet in die Antwort darauf, wie gegebenenfalls das Engagement weiterentwickelt werden muß – sei es durch detailliertere Informationen über die angestrebte Veränderung oder durch Schulungs- beziehungsweise Trainingsmaßnahmen.

*Das Management der Transformation erfordert besondere Kenntnisse und Erfahrungen*

Abbildung 2 basiert auf einer Analyse der Erfahrungen einer Gruppe von sieben Change-Agents in einem Handelsunternehmen für die Vorbereitung eines Projektes zum Thema »Efficient Consumer Response«. Dabei handelt es sich um das bereits eingangs erwähnte Managementkonzept, daß das ganzheitliche und integrierte Management der Wertschöpfungskette vom Verbraucher über den Handel bis zum Hersteller in den Mittelpunkt stellt.

Im Rahmen der Projektarbeiten wurden die Kenntnisse und Erfahrungen der Führungskräfte aus den Bereichen Einkauf, Logistik, Vertrieb, Controlling und IT/Organisation untersucht.

Analysiert wurden die Fragenkomplexe: typische Charakteristika von Change-Projekten, Verständnis des Implementierungsprozesses, Rollen und Aufgaben im Implementierungsprozeß, Bedeutung von und Umgang mit Widerstand, Commitment- und Engagemententwicklung, Unternehmenskultur und Synergie/Teamarbeit. Die Befragung wird in der Regel anonym durchgeführt und die Analyse für die befragte Gruppe zusammengefaßt.

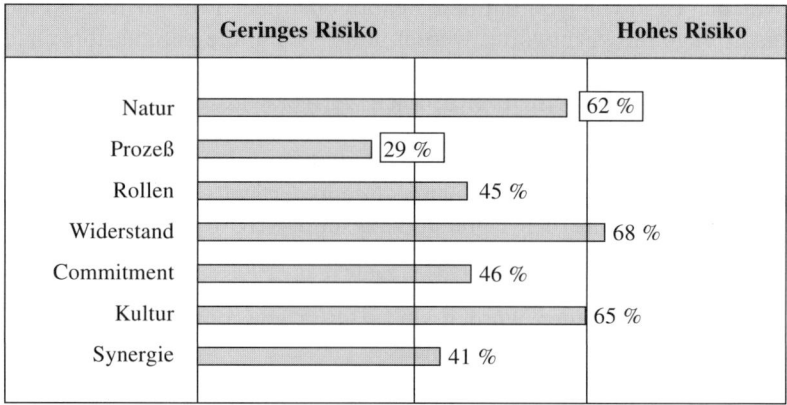

*Abbildung 2: Kenntnisse und Erfahrungen über Implementierungsmanagement*

Es wurde deutlich, daß bei den Beteiligten relativ wenig Erfahrungen und Kenntnisse über typische Charakteristika von Change-Projekten vorhanden waren, die Bedeutung der Unternehmenskultur nicht hinreichend bekannt war und Erfahrungen mit dem Umgang mit Widerstand in Veränderungsprozessen fehlten. Im Laufe des Beratungsprojektes konnten diese Bereiche vertiefend weiter bearbeitet werden. Dies umfaßte eine eintägige Klausur zu den Defizitschwerpunkten und eine spezifische und vertiefte Untersuchung über notwendige Konsequenzen von Efficient Consumer Response für die Unternehmenskultur und das Management von Widerständen.

*Change-Agents benötigen eine überdurchschnittliche Gestaltungskraft und Flexibilität im Laufe des Transformationsprozesses*

Die Faktoren, die die Gestaltungskraft und Teamflexibilität ausmachen, sind bereits beschrieben worden (vgl. Conner und Clements, 1997). Bei der Auswahl der Change-Agents und der Zusammensetzung des Teams für das Transformationsmanagement sollte auf eine ausgewogene und hohe Ausprägung der Faktoren positive Einstellung, Fokussierung, Anpassungsfähigkeit, Organisationsfähigkeit und proaktives Handeln geachtet werden.

## 5. Entwickling der Implementierungsarchitektur

### 5.1 Aufgaben und Ziele der Implementierungsarchitektur

Die Implementierungsarchitektur stellt eine Planungs- und Steuerungsgrundlage für das Management der Transformationsphase dar. Sie soll dafür sorgen, daß die Ziele des Implementierungsmanagements erreicht werden.

Es geht darum, eine Zeit- und Budgetvorgabe zu erarbeiten, in deren Rahmen die Transformation erfolgen soll. Es müssen darüber hinaus Elemente eingebaut werden, die dafür sorgen, daß dysfunktionales Verhalten möglichst gering gehalten wird. Desweiteren sind alle Möglichkeiten zu berücksichtigen, um eine höchstmögliche Akzeptanz der neuen Prozesse zu sichern.

Die Implementierungsarchitektur verknüpft so Instrumente des Projektmanagements mit jenen des Managements von Veränderungsprozessen. Sie ist ein Planungs- und Steuerungsinstrument, das den Change-Agents zur Verfügung gestellt und von Ihnen angepaßt und weiterentwickelt wird. Sie stellt den Leitfaden für das Management der Transformationsphase dar.

### 5.2 Elemente der Implementierungsarchitektur

Im Beitrag »Die strategischen und operativen Gestaltungsfaktoren für erfolgreiches Implementieren« (siehe S. 46 ff.) wurde die Implementierungsarchitektur bereits angesprochen.

In der Praxis hat es sich bewährt, die Elemente der Implementierungsarchitektur differenziert nach Projekt- und Change-Management-Schwerpunkten zu bearbeiten. Abbildung 3 stellt diese zwei Säulen der Implementierungsarchitektur dar. Dabei wird empfohlen, in den hier dargestellten sieben Schritten vorzugehen.

Der *erste Schritt* im Aufbau der Implementierungsarchitektur dient dazu, daß der Change-Agent für seinen Verantwortungsbereich die Ziele, die Art, den Umfang und die Folgen einer Prozeßoptimierung aus dem Gesamtprozeß ableitet. Er muß Kriterien definieren, anhand derer gemessen werden kann, daß die Einführung des optimierten Prozesses erfolgreich war. Er sollte genau jene Personen in der Organisation identifizieren, die von der geplanten Veränderung betroffen sind. Darüber hinaus sollte auch festgestellt werden, welche Implementierungsprobleme es in der Vergangenheit gegeben hat.

Die Ergebnisse des ersten Schrittes zeigen dem Change-Agent alle Konsequenzen für die Anpassung der Organisation und für die zukünftigen Implementierungsarbeiten auf.

Ziel des *zweiten Schrittes* ist es, einen Kommunikationsplan zu erarbeiten: Wer ist in welcher Form von der bevorstehenden Veränderung betroffen und muß informiert werden? In welchem Rahmen soll die

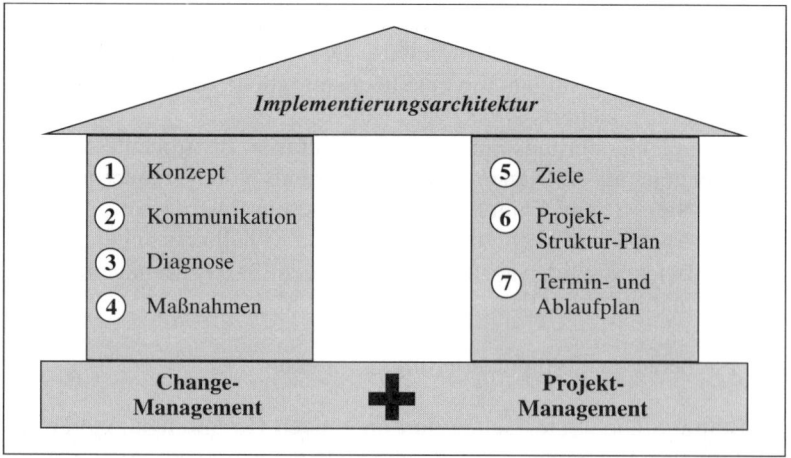

*Abbildung 3: Implementierungsarchitektur*

Veränderung präsentiert werden. Welche Inhalte sollen angesprochen werden? Wie können die Kommunikationsmaßnahmen am besten auf den Anlaß und die Teilnehmer abgestimmt werden, um ein Höchstmaß an Aufmerksamkeit und Verständnis zu erreichen?

Zweck des *dritten Schrittes* ist es festzustellen, welche Implementierungshemmnisse auftauchen könnten. Daraus lassen sich Maßnahmen ableiten, um die bestehenden Hindernisse und Risiken zu minimieren. Hier sollte offen untersucht werden, mit welchen Problemen und Schwierigkeiten im Tagesgeschäft durch die zusätzliche Belastung mit dem Veränderungsprozeß gerechnet werden muß. Hier geht es vor allem um die Frage, mit welchem Widerstand gegen die Veränderung gerechnet werden muß. Wo liegt die Hauptursache für den Widerstand? Welcher Commitmentgrad wird zunächst von den Beteiligten erwartet? Welche besonderen Formen der Zusammenarbeit sollen in der Transformationsphase eingerichtet werden, um den spezifischen Problemen des Übergangs gerecht zu werden?

*Schritt vier* fügt alle organisatorischen Konsequenzen aus den vorangegangenen drei Schritten zusammen und beschreibt die Handlungsnotwendigkeiten, die jetzt mit Hilfe des Projektmanagement-Instrumentariums geplant und gesteuert werden können.

Im *fünften Schritt* werden hierfür die notwendigen und möglichen Zielsetzungen entschieden. Welcher Termin- und Budgetrahmen soll für die Implementierung des neuen Prozesses festgelegt werden?

Im *sechsten Schritt* wird eine Projektstruktur erarbeitet, in der zum Beispiel alle Kommunikations-, Schulungs- und Trainings- oder Investitionsmaßnahmen strukturiert werden.

Zuletzt werden im *siebten Schritt* alle Maßnahmen in einem Termin- und Ablaufplan so zusammengefaßt, daß sie controllingfähig sind.

5.3 Vorgehensweise zum Aufbau der Implementierungsarchitektur

Bei der Vorgehensweise zum Aufbau der Implementierungsarchitektur stellen sich üblicherweise drei Fragen:

1. Für welche Art von Implementierungsprojekten sollte eine Implementierungsarchitektur aufgebaut werden?
2. Wer sollte sie erarbeiten?
3. Wie sollte dabei vorgegangen werden?

Der detaillierte Aufbau einer Implementierungsarchitektur ist erfahrungsgemäß mit einem nicht unbedeutenden Aufwand verbunden. Deshalb sollte jeweils genau überprüft werden, ob die Realisierung eines oder mehrerer optimierter Prozesse den vollständigen und detaillierten Aufbau einer Implementierungsarchitektur erfordert.

Folgende Entscheidungskriterien lassen sich dazu heranziehen: Für den Einsatz dieses Instrumentes sind insbesondere jene Prozesse sinnvoll, die von der Art und vom Umfang her eine große und tiefgreifende Veränderung darstellen. Sie ist angezeigt, wenn die Implementierung mit hoher Priorität und Dringlichkeit verfolgt werden soll. Wenn die Veränderung mit einem hohen Risiko verbunden ist und eine erhebliche strategische Bedeutung für das Unternehmen hat, dann ist ebenfalls das relativ aufwendige Instrument einer Implementierungsarchitektur angezeigt.

Deren Struktur hängt von der angestrebten Prozeßoptimierung ab. Die Implementierungsarchitektur umfaßt hier alle Maßnahmen zur übergreifenden Realisierung des neuen Prozesses. Gleichzeitig müssen aber auch die beteiligten Abteilungen berücksichtigt werden. Für diese Aufgaben werden Change-Agents berufen. Ein Change-Agent sollte für die bereichsübergreifende Prozeßimplementierung verantwortlich gemacht werden, während die anderen Beteiligten für die Change-Aufgaben in ihren jeweiligen Abteilungen verantwortlich sind.

Es hat sich als sehr hilfreich erwiesen, wenn die beteiligten Change-Agents zunächst in einer ein- bis zweitägigen Klausur gemeinsam beginnen, die Schritte eins bis vier der Implementierungsarchitektur zu bearbeiten. Dies hat den Vorteil, daß inhaltliche Fragen des Veränderungsmanagements und des übergreifenden Zeitplans gemeinsam erörtert werden können. Danach sollten sie individuell die Teilprojektpläne für ihren jeweiligen Verantwortungsbereich erarbeiten.

5.4 Organisation der Implementierung

Das Implementierungsmanagement erfordert eine eigens darauf abgestimmte Organisation. Abbildung 4 stellt die Strukturorganisation eines typischen Change-Projektes dar:

Der Lenkungskreis, dem ein oder mehrere Sponsoren angehören, steuert die termin- und qualitätsgerechte Realisierung. Berichte und Statusanalysen werden vom Controlling geliefert. Es sollte als Stabs-

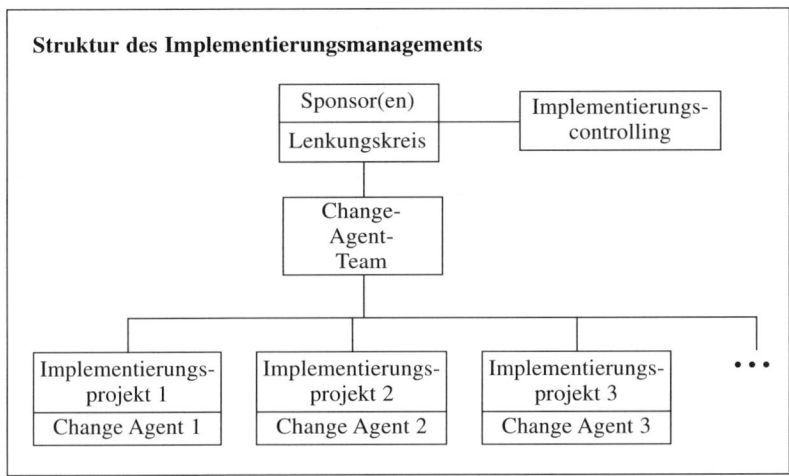

*Abbildung 4: Organisation eines Change-Projektes*

funktion dem Lenkungskreis zugeordnet werden, aber vor allem unmittelbar die Change-Agents bei der Steuerung der Implementierung unterstützen.

Das Change-Agent-Team setzt sich aus allen beteiligten Change-Agents des jeweiligen Projektes zusammen. Dieses Team diskutiert vor allem Probleme im Laufe des Realisierungsprozesses. Sie können sowohl inhaltlicher als auch terminlicher Art sein. Ziel ist, gemeinsam Lösungen zu erarbeiten und aktuelle Erfahrungen auszutauschen.

## 6. Implementierungscontrolling

Aufgabe des Controlling ist es, Informationen über den Status der Zielerreichung zu liefern. Zwei Ziele stehen dabei im Mittelpunkt. Die Implementierung soll im geplanten Zeit- und Budgetrahmen und mit hoher Qualität erfolgen.

An dieser Stelle sollen die klassischen Instrumente des Projektcontrolling nicht erörtert werden. Sie dienen vor allem dazu, die geplanten Termine und Kapazitäten zu steuern. Hier geht es vielmehr um folgende Frage: Auf welche Kernaufgaben sollte sich das Controlling von Implementierungsprozessen im Bereich der qualitativen Zielerreichung konzentrieren? Nach den bisherigen Erfahrungen wird empfohlen, sich auf folgende Aufgabenbereiche zu konzentrieren.

1. Change-Status
Insgesamt sollte der Change-Status in regelmäßigen Abständen festgestellt und die Analyse der Entwicklung folgender Risikofaktoren berücksichtigt werden:

– Einbeziehung der Beteiligten,
– Change-Kapazität,
– Konzeptverständnis,
– Implementierungsarchitektur,
– Engagement,
– kulturelle Konsistenz und
– Zusammenarbeit im Implementierungsprozeß.

Hier sollte analysiert werden, wie hoch das Risiko ausgeprägt ist und aus welcher Art von Problemen das Risiko resultiert. Darauf aufbauend können dann Empfehlungen für ein weiteres Vorgehen erarbeitet werden.

2. Sponsorenleistungen
Sehr häufig scheitert die Realisierung an einer unzureichenden Sponsorenunterstützung. Oftmals wird zwar mit einem großen Engagement das neue Prozeßkonzept verabschiedet, und es werden engagierte Ziele verkündet. Danach wird meist die Realisierung – wie im Tagesgeschäft auch – an weitere Sponsoren oder unmittelbar an Change-Agents delegiert. Neue, sicherlich bedeutsame Aufgaben stehen schon wieder vor der Tür und müssen angegangen werden. Darüber wird jedoch vergessen, daß Implementierung nachhaltiges Sponsorship benötigt: Die Sponsoren müssen deutlich und permanent ein starkes und entscheidungsorientiertes Engagement demonstrieren, denn viele bedeutsame Vorhaben sind am unzureichenden Engagement der Sponsoren gescheitert. Folgende Schwerpunktaufgaben stehen dabei im Mittelpunkt:
Weiß der Sponsor, in welchem Umfang Ressourcen benötigt werden? Ist er bereit diese Ressourcen nachhaltig – auch in kritischen Situationen und mit Priorität – zu Verfügung zu stellen? Unterstützt der Sponsor die Implementierungsarbeiten deutlich und sichtbar? Sorgt der Sponsor

für Verfahren der Problemlösung im Laufe der Realisierung? Wie belohnt der Sponsor das Erreichen von Zwischenzielen?

Das Implementierungscontrolling muß dafür sorgen, daß ein Frühwarnsystem aufgebaut wird. Zum Beispiel muß frühzeitig erkennbar werden, wenn Change-Agents oder Beteiligte den Eindruck haben, der Sponsor unterstützt den Veränderungsprozeß nicht mehr nachhaltig oder ausreichend. Es muß aufzeigen, in welchem Aufgabenbereich des Sponsors Defizite offenkundig sind.

3. Widerstand

Widerstand gegen geplante Prozeßoptimierungen ist ein Indikator dafür, daß der Prozeß voranschreitet – er ist sozusagen das Barometer für die Realisierung. Der Erfolg, gemessen an der Akzeptanz der neuen Lösungen, hängt damit entscheidend vom Erkennen, vom Beurteilen und vom Umgang mit Widerstand ab. Implementierungscontrolling muß deshalb dafür sorgen, den zu erwartenden Widerstand im Vorfeld und im Laufe des Implementierungsprozesses zu erkennen und seine Ursachen zu analysieren.

Hat die Prozeßoptimierung aus der Sicht des Beteiligten eine positive oder negative Wirkung auf das eigene Arbeitsumfeld? In welchem Ausmaß wird das Konzept von den Beteiligten unterstützt? Resultiert der Widerstand aus einer mangelnden Beteiligung bei der Erarbeitung der Optimierungsansätze, oder ist er durch mangelnde Kommunikation verursacht? Entstand er durch eine erhebliche Veränderung der Organisations- und Führungskultur? Liegt die Ursache in einer mangelnden Unterstützung der Prozeßoptimierung durch den Sponsor oder in nicht ausreichend zur Verfügung gestellten Ressourcen für das Management der Transformationsphase? Ist der Widerstand im Laufe des Implementierungsmanagements neu entstanden, oder resultiert er aus dem Lösungskonzept?

4. Aufgabenwahrnehmung der Change-Agents

Das Management der Widerstände steht in engem Zusammenhang mit dem vierten Aufgabenbereich des Implementierungscontrolling. Gehen die Change-Agents zielführend mit Barrieren um – und wie haben sich bestimmte Entscheidungen des Implementierungsmanagements auf den Veränderungsprozeß ausgewirkt? Hier geht es um ein »Self Assessment« der Change-Agents.

Alle Analysen im Rahmen des Controlling sollten im »Change-Agent-Team« gemeinsam erörtert werden, um hier ein abgestimmtes Vorgehen zu sichern.

## 7. Erfolgsfaktor Implementierungsmanagement

Künftig werden jene Handels- und Industrieunternehmen erfolgreich sein, denen es gelingt, die mit einer Prozeßoptimierung verbundenen organisatorischen Veränderungen effizient zu implementieren, interne Reibungsverluste zu reduzieren und eine hohe Qualität zu erreichen. (vgl. »Flexibilität statt Stabilität«, von Spalink, Heiner, in: Lebensmittelzeitung 10, vom 7. März 1997, S. 41). Dies funktioniert nur bei sorgfältiger Vorbereitung, Planung und Durchführung der geplanten Veränderungsprozesse mit anschließendem Controlling, mit anderen Worten: Implementierungsmanagement. Dies läßt sich durchaus als Handwerkszeug verstehen, das – richtig eingesetzt – die Einführung von Prozeßmanagement erleichtert und die damit verbundenen Effizienzpotentiale rasch erschließt.

*Literatur*

Conner, Daryl R., Managing At The Speed Of Change, New York 1995.
o. V.: »Ist die Prozessorganisation eine Modeerscheinung?« in: Blick Durch Die Wirtschaft Nr. 81, 1997, S. 1.
Spalink, Heiner: »Interdisziplinäres Vorgehen nötig«, in: Handelsblatt vom 9. 12. 1996, S. 28.
Spalink, Heiner: »Führung als zentrale Steuerungsfunktion im Projektmanagement, in: Claus Steinle/Heike Bruch/Dieter Lawa (Hrsg.), Projektmanagement – Instrument moderner Dienstleistung, Frankfurt 1995, S. 186–197.
Spalink, Heiner: »Flexibilität statt Stabilität«, in: Lebensmittelzeitung Nr. 10, 7. März 1997, S. 41.

# Vom Nutzen der Veränderung – Personalentwicklung und Organisationsentwicklung im Zeichen des Wandels

*Bernhard Cevey und Peter Prange*

## 1. Veränderung: Thema Nr. 1

Galileo hatte recht: Die Welt ist eine Kugel, die sich dreht. Darum ist Veränderung ihr Prinzip. Panta rhei – alles fließt: Kaum ist etwas so, wie es ist, ist es schon nicht mehr dasselbe.

Über diese Tatsache zerbrechen sich nicht nur Philosophen den Kopf, auch bei Managern und Unternehmern ist sie das Thema Nr. 1. Gründe dafür gibt es mehr als genug. Im Hypertempo der Veränderungen wechseln die Bedürfnisse der Konsumenten noch schneller als die sozialen, politischen und ökologischen Voraussetzungen, unter denen sich der Wettbewerb entfaltet. Die Verbraucher werden immer unberechenbarer, geben Geld für Dinge aus, von denen gestern niemand etwas ahnte. Sicher geglaubte Märkte brechen weg, kürzlich belächelte Nischen schwellen unverhofft zu Schlüsselmärkten an. Gleichzeitig führen neue Technologien zu immer neuen Innovationsschüben, beschleunigen die Produktzyklen in atemberaubender Weise.[1]

Angesichts solch turbulenter Rahmenbedingungen entscheidet die Quick Reaction Capability, die Fähigkeit, schnell und flexibel zu rea-

---

1 Vgl. K.M. Magyar, P. Prange, Zukunft im Kopf, Wege zum visionären Unternehmen, Freiburg 1993, S. 233.

gieren, über die Lebensfähigkeit eines Unternehmens. Sie ist der Erfolgsfaktor der Zukunft, die schon heute unsere Gegenwart bestimmt. Nur wer permanent seine Reaktionsgeschwindigkeit erhöht, zählt morgen zu den Siegern im Wettbewerb. Wer hingegen versucht, dem Wandel zu entgehen, geht auf Nimmerwiedersehen im Wandel unter: Jeder Betrieb, der in seinem Anpassungsvermögen hinter den Veränderungen im Markt zurückbleibt, wird hinweggefegt.[2]

Diesen permanenten Veränderungsdruck kann man bedauern oder begrüßen – nur ignorieren kann man ihn nicht. Darum gibt es nur eine Art, wie ein Unternehmen sinnvoll mit ihm umgehen kann: Indem es ihn für seine Zwecke nutzt. Die Frage ist nur – wie?

*Drei Reaktionsmuster*

Der Mensch ist ein Gewohnheitstier: Am liebsten tut er das, was er schon tausendmal getan hat. Doch gleichzeitig ist er süchtig nach allem Neuen: Nichts begeistert ihn so sehr wie das Noch-Nie-Dagewesene.

Veränderungen lösen darum ambivalente Gefühle aus: sowohl Irritation als auch Faszination. Dabei überwiegt im Zweifelsfall die Irritation. Denn jede Veränderung, die eintritt, bedeutet eine Störung des gewohnten Gangs der Dinge und wird deshalb als Verunsicherung oder Krise empfunden. Die bisherigen Funktionsmuster greifen nicht mehr, bewährte Methoden versagen. Und wo man sich eben noch als erfahrener Profi fühlte, erlebt man sich plötzlich als ahnungsloser Amateur.

Das gilt nicht nur für den einzelnen Menschen, sondern ebenso für Organisationen. Denn diese sind keine abstrakten Subjekte, sondern höchst lebendige Gemeinschaften, deren Mitglieder teils miteinander, teils nebeneinander, teils gegeneinander denken und handeln.

Im Prozeß einer Veränderung treten daher Turbulenzen sowohl auf der individuellen Ebene der Mitarbeiter und Führungskräfte als auch in der Reaktion der Gesamtorganisation auf. Dabei verläuft die Entwicklung in der Regel nicht konstant und linear, sondern in Sprüngen. »Chaos«-Situationen sind eine notwendige Stufe im Übergang zu komplexeren, adaptiveren, intelligenteren Strukturen[3] (siehe Abbildung 1).

2 Vgl. A. Tofler, Der Zukunftsschock, Düsseldorf, Wien 1970.
3 Vgl. I. Prigogine, Vom Sein und Werden, München 1979.

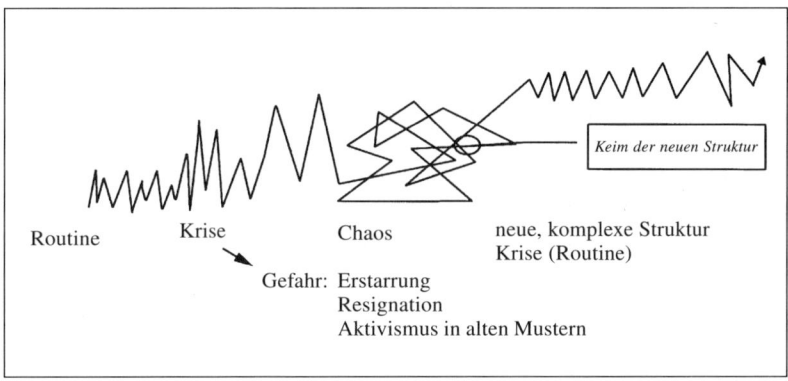

*Abbildung 1*

In der Chaos-Situation liegt der Keim und Ansatzpunkt für die Anpassung und Nutzung der Veränderung. Da dieser Prozeß sich in immer kürzeren Reaktionszyklen wiederholt, ist die Fähigkeit von Personen und Organisationen, den Prozeß positiv zu durchlaufen, die besondere Herausforderung.

Aus der praktischen Erfahrung heraus hat es sich als sinnvoll erwiesen, drei Reaktionsmuster auf Veränderungen zu unterscheiden[4] (siehe Abbildung 2).

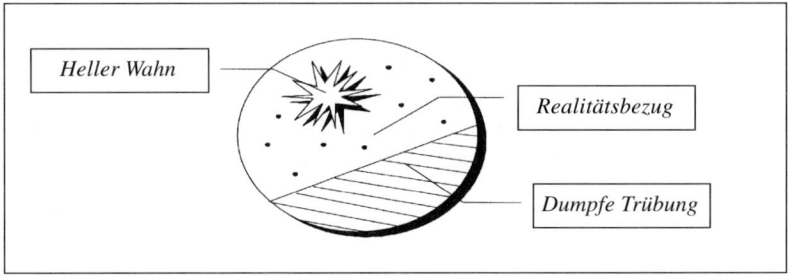

*Abbildung 2*

---

4 Vgl. Holz und Cevey Unternehmensberatung, Seminarskript »Persönliche Vision und Firmenvision«, Tübingen 1997.

## 1.1 Dumpfe Trübung

Indikatoren für dieses Reaktionsmuster sind harte Abwehr, Vermeidungstendenzen und Rückzug. Die Organisation und ihre Mitglieder leben in einem Zustand wie zwischen Mauern – ohne Ziele, ohne Perspektive, ohne innere Beteiligung am äußeren Geschehen. Das vielzitierte schlechte Betriebsklima und innere Kündigung sind Ausdrucksformen dieses Zustandes. Führung und Mitarbeiter klammern sich an feste Regeln und pochen auf alte Erfahrung. Sie arbeiten ab, was anliegt, nicht mehr und nicht weniger. Dienst nach Vorschrift wird zur Spitzenleistung.

## 1.2 Heller Wahn

Dieses Reaktionsmuster entsteht meist aus dem Impuls einiger weniger Personen heraus. Diese projizieren in die Organisation den Glauben an die uneingeschränkte Machbarkeit aller Vorsätze und Pläne hinein. Gesundes Selbstbewußtsein wird zu gefährlichem Größenwahn: Man berauscht sich an einer Größe, die nur in der eigenen Vorstellung existiert. Grenzen sind tabu, das Management der Veränderung wird auf die Motivation der Mitarbeiter reduziert: »Sie müssen nur wollen, dann klappt das schon…« In diesem Zustand stehen Image, kurzfristige Erfolge, Veränderungsideologien und oftmals die persönliche Profilierung einzelner Führungskräfte im Vordergrund.

## 1.3 Klarer Blick

Dieses Reaktionsmuster entspricht dem Realitätsprinzip. Dabei hat die Realität stets zwei Gesichter: einmal als gegenwärtige, einmal als zukünftige. Der klare Blick hat darum eine doppelte Richtung: Er faßt sowohl die Realität ins Auge, wie sie ist, als auch die Wirklichkeit, die angestrebt wird. Den Angelpunkt bilden die objektiven Ausgangsbedingungen, den Drehpunkt die subjektiven Zielvorstellungen. Diese doppelte Realitätsbindung verringert im Veränderungsprozeß Schwankungen und fördert das nötige Beharrungsvermögen für die Überwindung von Grenzen bei der Zielverfolgung (siehe Abbildung 3).

Im Spannungsfeld zwischen heute und morgen entsteht produktive Sehnsucht: Lust auf Zukunft. Begrenzungen und Hürden treten pla-

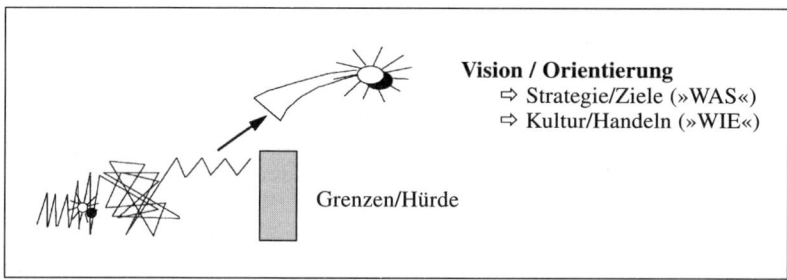

*Abbildung 3*

stisch hervor – und zugleich die Maßnahmen, Instrumente und Lösungswege, um dem Ziel näher zu kommen.

### 1.4 Oszillation von dumpfer Trübung und hellem Wahn

Vereinfachend kann man sagen: Im Zustand der Trübung gibt es keine
Zielorientierung, im Zustand des hellen Wahns werden Grenzen blind-
lings ignoriert. Entsprechend unterschiedlich werden je nach Zustand
vorhandene Energien kanalisiert:

- Trübung       ⇨ Rückzug, Blockaden, Innenwelt, innere Kündi-
                  gung
- Heller Wahn   ⇨ Übersteigerung, Außenwirkung, Fassade, Ideo-
                  logie
- Klarer Blick  ⇨ Wachstum, Stetigkeit, Berechenbarkeit

In der Praxis treten die drei Reaktionsmuster selten in Reinkultur, sondern eher in Mischformen auf. Vielfach gibt es auch extreme Schwankungen der Befindlichkeit sowohl bei den handelnden Personen als
auch bei der ganzen Organisation. Phasen der Euphorie werden abge-
löst von Phasen des Zweifels und der Depression. Wechselnde Stim-
mungslagen schaukeln sich gefährlich auf, und je mehr in diesem
Wechselbad der Gefühle die emotionale Anspannung steigt, desto mehr
geht der klare Blick für die Realität verloren.

## 2. Die Macht der Gefühle

Organisationen sind Organismen: Jedes Unternehmen unternimmt genau soviel wie die Menschen, die in ihm tätig sind. Auf Veränderungen reagiert es darum menschlich, allzu menschlich: nicht nur im grundsätzlichen Reaktionsmuster, sondern auch in der Mikrostruktur der Verarbeitung. Wie aber reagiert ein normaler Mensch auf Veränderungen?

Eine Veränderung ist nicht nur eine Herausforderung an den Verstand, sondern auch und vor allem an das Gefühl. So unterschiedlich die Inhalte im besonderen Fall sein mögen, folgt die emotionale Verarbeitung stets dem gleichen Ablaufprogramm. Neun Phasen lassen sich dabei unterscheiden:[5]

### 2.1 Die Vorahnung

Irgend etwas stimmt nicht. Etwas Neues, eine Veränderung bahnt sich an. Tief in mir spüre ich eine gärende Unzufriedenheit, gleichzeitig zeichnen sich in meinem Umfeld immer häufiger immer stärkere Turbulenzen ab. Die Kunden mäkeln, die Zusammenarbeit mit den Kollegen ist mehr Frust als Lust, die Diskussionen mit dem Chef drehen sich im Kreise. Schon bei Arbeitsbeginn sehne ich mich nach dem Feierabend. Ein ungutes Gefühl beschleicht mich mehr und mehr: Da ist etwas im Gange!

### 2.2 Die Abwehr

Je mehr die äußere Irritation zunimmt, um so mehr kapsele ich mich in meinem Innern ab. Alles, was passiert, empfinde ich als Störung des gewohnten Ablaufs. Das macht mich unsicher: Ich kenne mich nicht mehr aus, verliere die Kontrolle, weil ich keine Erfahrung habe. Statt mich auf das Neue einzulassen, wehre ich es nach Kräften ab. Obwohl mir die Veränderungen ins Auge springen, blende ich sie aus. Könnte doch alles so bleiben, wie es schon immer war! Statt die Signale meiner Kunden, Kollegen und Vorgesetzten wahrzunehmen, schließe ich die Augen vor der Realität: Ich will nichts wissen!

5 Vgl. P. Warschawski, P. Prange, My Way, Manual III, Veränderungen nutzen, Frankfurt 1996, S. 56.

## 2.3 Der Schock

Mit einem Mal ist das Unglück da: Vor fünf Minuten habe ich noch mein Jahresbudget fertiggestellt, plötzlich kommt der Chef herein und kündigt mir. Die Nachricht trifft mich wie ein Schlag. Alles, was in meinem Leben klar und sicher schien – meine Stellung in der Firma, mein Einkommen, meine Zukunftsaussichten –, ist nun unklar und jede Sicherheit dahin. Wie wird meine Frau reagieren? Wovon soll ich die Raten für das Haus bezahlen? Was wird aus dem Urlaub, den die Kinder sich so sehr wünschten? Tausend Fragen stürzen auf mich ein. Der Klarheitsverlust macht mich verwirrt und benommen. Die Folge ist totale Verunsicherung: Ich weiß nicht, wie mir geschieht!

## 2.4 Die Leugnung

Noch während ich von der Wucht des Treffers taumle, versuche ich, meine Sicherheit zurückzugewinnen. Vielleicht hat der Chef einen schlechten Tag, beruhige ich mich. Wie oft hat er in seiner Wut schon einem Kollegen gekündigt, um zwei Stunden später die Kündigung zurückzuziehen? Außerdem werde ich mit dem Betriebsrat sprechen. So einfach geht das nicht! Nichts wird so heiß gegessen wie gekocht. Und ich beschließe, meiner Frau vorläufig nichts zu verraten. Ich wiegle das Unglück ab, reduziere seine Wirkung auf ein Minimum, gestehe die Katastrophe weder mir noch meiner Umwelt ein: Ist ja alles halb so schlimm!

## 2.5 Die Grube

Dann aber kommt der Knock-out. Die Zeit vergeht, und das Ausmaß meines Elends tritt mir mehr und mehr vor Augen. Ich habe meinen Job verloren – ein für allemal. Mein Chef denkt nicht daran, die Kündigung zu widerrufen, und kein Betriebsrat kann mir helfen. Wie in einem Alptraum räume ich meinen Schreibtisch auf, voller Scham und am Boden zerstört kehre ich heim zu meiner Familie. Tagelang liege ich auf dem Sofa, zu keiner Regung fähig, und starre ohnmächtig gegen die Decke. Ich gebe alle Abwehr auf, und die Veränderung dringt in jede meiner Poren ein, um Besitz von mir zu ergreifen: Ich bin am Ende!

## 2.6 Die Öffnung

So elend ich mich fühle: Ich halte die Spannung aus. Endlich erblicke ich ein schwaches Licht am Ende des Tunnels. Allmählich verblassen die quälenden Bilder und Gedanken, die in mir kreisten. Ich klammere mich nicht länger an der alten Sicherheit fest, die doch unwiderruflich verloren ist, und lasse die Vergangenheit los. Was vorbei ist, ist vorbei. Und während ich erwache, den Blick nach vorne richte, erfaßt mich eine Euphorie. Okay, ich habe meinen Job verloren – aber welche Freiheit habe ich dafür gewonnen! Ungeahnte Möglichkeiten tun sich mit einem Mal vor mir auf. Ich kann buchstäblich alles machen, was ich will. Ich kann mich meiner Frau und meinen Kindern widmen; ich kann meinen alten Traum verwirklichen und mich selbständig machen; ich kann auswandern und am andern Ende der Welt noch einmal von vorn anfangen: Das Leben geht weiter – wie weit kann ich gehen?

## 2.7 Die Neuorientierung

Die Euphorie hat wie eine Meeresbrise die finsteren Wolken aus meinem Kopf vertrieben. Doch auch sie verfliegt, und erst jetzt bekomme ich die nötige Distanz, um dem Erlebnis der Veränderung einen Sinn zu geben. Ich lasse Revue passieren, was mit mir geschehen ist, und begreife nach und nach, warum und wozu die Dinge sich so und nicht anders entwickelt haben. Ich akzeptiere die Dinge, wie sie sind, und stecke die Konturen für mein neues Leben ab. Und indem ich so meine Wirklichkeit neu definiere, höre ich auf, ein hilfloses Opfer der Veränderung zu sein: Ich setze mir ein Ziel!

## 2.8 Der Aufbruch

Jetzt bin ich bereit, mich wieder meinem Leben und neuen Zielen zuzuwenden. Ich kann Schritt für Schritt einordnen, was geschehen ist, von der Vorahnung bis zur neuen Definition meiner Wirklichkeit. Daraus schöpfe ich die Kraft, die nötigen Konsequenzen zu ziehen. Ich kenne mein Ziel und sehe die Hindernisse, die mich von ihm trennen, ebenso wie meine Möglichkeiten, sie zu überwinden: Ich nehme mein Leben in die Hand!

## 2.9 Die Integration

Ich nehme die Enden meines Alltags und verknüpfe sie mit den Enden meiner neuen Situation. Nachdem ich verarbeitet habe, was mit mir passiert ist, streiche ich die Fugen glatt: Ich bette die Veränderung in das Kontinuum meines Lebens ein. Ich treffe die notwendigen Entscheidungen und integriere durch meine Handlungen die neue Situation. Die Anforderung beflügelt mich, die Weiterentwicklung lockt mich zur Tat: Ich bin mit mir und der Veränderung im Einklang!

Ob ich will oder nicht: Wenn mich eine negative Veränderung überrascht, durchlaufe ich diese Phasen. Die Gefühle kommen, unweigerlich, manchmal früher, manchmal später, aber sie kommen in jedem Fall. Daß ich irgendwann in die Grube falle, ist ebenso sicher wie das Licht, das irgendwann am Ende des Tunnels erscheint.

*Zwei typische Fehlreaktionen*

Die Klärung der einzelnen Phasen hat einen doppelten praktischen Sinn: Zum einen hilft sie mir zu begreifen, wo ich mich gerade im Prozeß der Verarbeitung befinde; zum andern kann ich mit ihr vermeiden, daß ich in einer bestimmten Phase der Verarbeitung steckenbleibe, das innere Ablaufprogramm sich gleichsam »aufhängt«, bevor mir die Integration gelingt.

Ein solcher »Programmhänger« kann nicht nur Einzelpersonen erfassen, sondern auch ganze Organisationen. Wo immer er eintritt, erfolgt alles Fühlen, Denken und Handeln der Betroffenen nach dem Schema der jeweiligen Programmstufe. Entsprechend einseitig sind die Reaktionen, entsprechend unangepaßt die Maßnahmen, entsprechend fatal die Folgen.

Diese Gefahr droht vor allem in zwei Phasen des Ablaufprogramms: in der Phase der Abwehr und in der Phase der Öffnung. Dazu zwei Beispiele aus der Unternehmenswirklichkeit:

*Hemmungslose Öffnung*

Im Zuge der Neuausrichtung einer Modefirma sollte als Ausdruck und Mittel der Veränderung ein neues Gebäude und die damit verbundene

Investition die neue Ära einleiten. In dem Maß, in dem die Architektur Gestalt annahm, wuchs die Euphorie der Geschäftsleitung. Plötzlich schien der Einstieg in das ganz große Business zum Greifen nahe. Weder Kosten noch Mühen wurden gescheut, selbst für kleinste architektonische Anregungen jettete man kreuz und quer durch die Welt.

In der Begeisterung über die äußere Pracht blieb die innere Gestaltung der Veränderung fast völlig außer acht. Erst in letzter Minute, nur wenige Wochen vor der Neueröffnung, wurden hektisch Aktivitäten in Gang gesetzt, um ein Modekonzept zu erarbeiten und die Ausrichtung des Personals sicherzustellen. Die warnenden Hinweise des Finanzchefs und Controllers wurden ignoriert.

In den ersten vier Wochen nach der Eröffnung wurden Ergebnisse erzielt, die den Traum vom grenzenlosen Erfolg zu bestätigen schienen. Doch plötzlich blieben die Kunden aus, der Umsatz ging dramatisch zurück, die Gewinne sanken auf die Hälfte der zur Finanzierung nötigen Beträge. Der Einbruch löste verzweifelte Maßnahmen aus: Die Führungsmannschaft wurde von heute auf morgen gewechselt, über die nun ausschließliche Konzentration auf das Modekonzept vergaß man das Marketing, Lohnkürzungen und Kostenkontrollen trafen die Mitarbeiter aus heiterem Himmel. Kurz: Die hemmungslose Öffnung wechselte ab mit einem ziellosen Aktivismus, bis das Unternehmen nach nur wenigen Monaten Konkurs anmelden mußte.

*Lähmende Abwehr*

Einen Fall von historischer Größe bietet hier die Firmengeschichte der IBM. Ende der sechziger, Anfang der siebziger Jahr wurde die Welt der Datenverarbeitung von einem Veränderungsprozeß erfaßt, der diese von Grund auf umgestalten sollte: Der Computer, einst ausschließlich großen Konzernen und staatlichen Institutionen vorbehalten, wurde zum Gebrauchsgegenstand in privaten Haushalten.

Viele Jahre wollte der Elektronikriese IBM diese Entwicklung nicht wahrhaben. Gerade weil das Unternehmen mit Großrechnern zum uneingeschränkten Branchenführer aufgestiegen war, war es blind für die gewaltigen Veränderungen im Markt. Mit einer Mischung aus Irritation und Hochmut belächelte man die kleinen Davids in ihren Garagenfirmen, die sich anmaßten, Goliath den Kampf anzusagen. Abgeschottet gegen eine Wirklichkeit, die nicht ins eigene Weltbild paßte, setzte man immer weiter auf die einseitige Ausrichtung der Branche auf immer größere Rechenanlagen.

Der vergangene Erfolg führte auf diese Weise beinahe direkt in den Untergang. Der Turn-around gelang erst, als das Unternehmen bereit war, den Schock zu akzeptieren, den die kleinen Konkurrenten ihm zugefügt hatten, und sich selbst für die Veränderung zu öffnen. Dies war der Fall, als der Hardware-Goliath IBM sich mit einem Software-David namens Bill Gates zusammentat, um gemeinsam die Entwicklung aktiv voranzutreiben, statt sie vergeblich abzuwehren. Das Resultat dieses Sinneswandels ist bekannt: Heute ist IBM wieder weltweit gefestigt als absolute Nr. 1 im Computergeschäft.

*Vier mögliche Einstellungen*[6]

Die Beispiele zeigen: Um eine Veränderung erfolgreich zu meistern, muß das ganze Ablaufprogramm abgearbeitet werden, Schritt für Schritt, von der Vorahnung bis zur Integration. Hängt sich das Programm jedoch in einer einzelnen Phase auf, werden die Betroffenen – ob als Personen oder als Organisation – zu passiven Opfern des Geschehens: Statt die Ereignisse zu ihren Gunsten zu nutzen, werden sie von ihnen überrollt. Um hier für die nötige Steuerung zu sorgen, ist eine ebenso einfache wie anspruchsvolle Einsicht erforderlich: daß der innere Turn-around kein Geschenk des Himmels ist, das eine Person oder Organisation schicksalhaft überkommt, sondern eine aktive Eigenleistung. Selbst in der tiefsten Grube muß ich bereit sein, die Spannung auszuhalten, um den zur produktiven Gestaltung der Veränderung nötigen Perspektivenwechsel herbeizuführen.

Veränderungen kommen, Veränderungen gehen. Ob und wie sie stattfinden, liegt meist nicht in meiner Macht. Wohl aber liegt es in meiner Macht, wie ich mich auf sie einstelle – als zentrale Voraussetzung, ob mir der Perspektivenwechsel gelingt oder nicht. Dabei wird meine Einstellung von zwei Faktoren bestimmt: von meiner Bewertung der Dinge sowie meiner Bereitschaft zur aktiven Mitwirkung.

Die Veränderungen, die sich in meinem Leben ereignen, kann ich grundsätzlich positiv oder negativ sehen: Ich begreife das, was mir widerfährt, prinzipiell als Chance oder prinzipiell als Krise. Ebenso

6 Vgl. Argumentation und Matrix/Abb. 4, ebd., S. 23.

grundsätzlich kann ich meine Selbstbeteiligung am Geschehen annehmen oder ablehnen: Ich fühle mich für das, was mit mir passiert, prinzipiell zuständig oder nicht zuständig. Miteinander kombiniert, ergeben
sich daraus vier Grundeinstellungen (siehe Abbildung 4).

Welche Grundeinstellung ich einnehme, ist meine Entscheidung –
und zugleich meine Chance. Denn von der Wahl meiner Einstellung
hängt es ab, ob mir die erfolgreiche Integration einer Veränderung gelingt. Zur Erläuterung ein Beispiel: Ich investiere große Mengen an
Geld, Zeit und Kreativität in ein neues, anspruchsvolles Produkt, das
ich meinem Kunden Meier verkaufen möchte. Dafür verzichte ich sogar
auf mögliches Neugeschäft mit dem Kunden Schneider. Doch unmittelbar vor der Auftragsvergabe meldet die Firma Meier Konkurs an. Der
Auftrag platzt, und ich stehe mit leeren Händen da. Wie reagiere ich?

D. Das Opfer. Was passiert, betrachte ich als Krise, ohne daß ich etwas
dafür kann: »Einmal im Leben winkt mir ein fetter Auftrag – und dann
das! Sowas kann auch nur mir passieren!«
C. Der Schuldige. Was passiert, betrachte ich als Krise, und ich bin
dafür verantwortlich: »Ich hätte es ja wissen müssen! Wie konnte ich
mich auch nur auf so eine Firma einlassen?«

| | | Selbstbeteiligung | |
|---|---|---|---|
| | | ja | nein |
| **V E R Ä N D E R U N G** | **gut** | Gewinner <br><br> A | B <br> Glückspilz |
| | **schlecht** | C <br> Schuldiger | D <br><br> Opfer |

*Abbildung 4*

B. Der Glückspilz. Was passiert, betrachte ich stets als Glücksfall, der sich ohne mein Zutun einstellt:»Gott sei Dank! Da bleibt mir jede Menge Streß und Arbeit erspart!«

A. Der Gewinner. Was passiert, betrachte ich als Chance, und diese Chance ergreife ich in eigener Regie:»Mit ein paar Modifikationen paßt mein Produkt auch für andere Kunden. Also nutze ich die Vorleistungen, die ich in den geplatzten Auftrag gesteckt habe, um endlich mit der Firma Schneider ins Geschäft zu kommen.«

Mit einem Wort: Jede der vier Grundeinstellungen prägt auf unterschiedliche Weise den jeweiligen Umgang mit einer Veränderung. Nur Typ A ist imstande, die Veränderung zu integrieren und so zu seinem Vorteil zu nutzen. In den drei anderen Fällen hingegen führt sie für die Betroffenen zu einer Verschlechterung der Situation: Typ D erstarrt in Resignation und Passivität; Typ C traut sich vorläufig nicht mehr, ein neues Projekt in Angriff zu nehmen, und wird seinen Aktionskreis verkleinern; Typ B schließlich wird trotz seiner großen Verluste weiterwursteln wie zuvor – oder die unverhoffte Freizeit auf Mallorca verbringen.

## 3. Veränderungen nutzen

Die Grundeinstellung ist das eine; doch zu welchen Techniken kann ich greifen, um auftretende Veränderungen erfolgreich zu integrieren? Nun, ein fertiges Strickmuster gibt es nicht. Jede Veränderung bedeutet etwas Neues, und wo etwas Neues passiert, muß ich mir etwas Neues einfallen lassen. Drei Klärungsschritte aber sind in jedem Fall erforderlich, um eine Veränderung zu nutzen:

### 3.1 Klärung der Ziele[7]

Wenn ich nichts will, stört mich auch keine Veränderung. Habe ich aber ein Ziel vor Augen, wird jede Veränderung zum Problem. Umgekehrt ist mein Ziel der ruhende Gegenpol, den ich gerade dann brauche, wenn um mich herum sich alles ändert. Der mir eine sichere Perspektive gibt. Der mir sagt, wie ich mit den Dingen und Ereignissen umgehen soll, die

7 Vgl. ebd., S. 11, 61.

von außen auf mich einstürzen. Der mir hilft, das Chaos der Umstände so zu ordnen, daß dort, wo Zufall und Willkür herrschen, Sinn und Zweckmäßigkeit entstehen.

Also muß ich fragen: Was genau ist mein Ziel? Was will ich bis wann erreichen? Welchen Zweck verfolge ich mit der Erreichung meines Ziels? Was ist das übergeordnete Ziel meiner Ziele, das eigentliche Ziel, die Vision, um die es mir letzten Endes geht?

## 3.2 Klärung der Veränderung[8]

Zunächst stelle ich fest, daß eine Veränderung im Gange ist. Was ist Sache? Ich fasse meine Lage ohne Scheuklappen und so vollständig wie möglich ins Auge: Ich mache mir nichts vor und nehme die Dinge so, wie sie sind.

Sodann prüfe ich, welche Bedeutung die Veränderung für mich hat. Es gibt kleine Veränderungen mit großen Folgen und große Veränderungen mit kleinen Folgen. Welchen Einfluß hat die Veränderung im Hinblick auf meine Ziele? Betrifft sie diese überhaupt? Und wenn ja, in welchem Maß?

Schließlich betrachte ich die Tendenz der Veränderung. In welche Richtung entwickelt sie sich? Nimmt sie zu oder ab? Was ist ihr Tempo? Wie lange wird sie dauern und meine Situation betreffen? Je nach Antwort, passe ich meine Reaktion an: Ich entscheide von Fall zu Fall.

## 3.3 Klärung der Strategie[9]

Habe ich meine Ziele und die Veränderung geklärt, stelle ich die Gretchenfrage: Wie passen meine Ziele und die Veränderung zusammen? Wenn sie sich nicht von allein zusammenfügen, habe ich die Wahl: Entweder passe ich mein Ziel den veränderten Umständen an, oder ich interpretiere diese so, daß sie mich meinem Ziel näherbringen.

Die erste Strategie besagt: Ich nehme die Veränderung zum Anlaß, um meine eigene Situation zu verändern – und zwar so, daß sie zur eingetretenen Veränderung paßt. Das ist etwa der Fall, wenn meine Berufsausbildung plötzlich nicht mehr gefragt ist und ich eine Umschu-

8 Vgl. ebd., S. 60f.
9 Vgl. ebd., S. 50f., 61.

lung beginne: Meine Rahmenbedingungen ändern sich, also orientiere ich mich nach ihrer Maßgabe neu.

Die zweite Strategie besagt: Ich nehme die Veränderung zum Anlaß, um meine Situation durch eine andere Brille zu betrachten – und zwar so, daß sie mir in einem neuen, besseren Licht erscheint. Wenn der Gesetzgeber zum Beispiel neue Öko-Vorschriften erläßt, kann ich dies als Einschränkung meiner unternehmerischen Freiheit negativ werten – oder positiv, indem ich die erschwerten Ausgangsbedingungen, die ja meine Konkurrenten ebenso betreffen wie mich, als Chance begreife, um mich durch die intelligenteste Anwendung im Wettbewerb zu profilieren: Meine Rahmenbedingungen ändern sich, also deute ich sie im Sinn meiner Ziele um.

*Vision und Einzelziele*

Bei beiden Strategien muß ich wissen: Was sind meine Ausgangsbedingungen? Und: Was ist zur Erreichung meiner Ziele unabdingbar nötig? Ohne Antwort auf diese Fragen wird es mir kaum gelingen, die richtigen Schritte einzuleiten.

Dabei stelle ich zweierlei fest. Erstens: Die Ausgangsbedingungen sind, wie sie sind; es ist weder sinnvoll, sie schön zu reden, noch sie schwarz in schwarz zu malen. Zweitens: Die wirklich unabdingbaren Voraussetzungen zur Erreichung meines Ziels sind weitaus weniger, als ich dachte. Wenn ich Vorstand einer Bank werden will, brauche ich nicht unbedingt etwas von Zahlen zu verstehen, wie zahlreiche real existierende Bankvorstände täglich beweisen; die wirklich unabdingbare Voraussetzung ist nur, daß der Aufsichtsrat einer Bank mir einen Einstellungsvertrag zur Unterschrift vorlegt und ich diese Unterschrift leiste.

Vor allem aber muß ich stets mein eigentliches Ziel im Auge behalten: meine grundlegende Vision, die allen konkreten Einzelzielen Sinn und Zweck verleiht. Sie bildet den Rahmen, in dem ich mich nach Maßgabe einer Veränderung umorientieren darf, das stabile Fundament, um flexibel meine Einzelziele neu und besser zu definieren, wenn die Verhältnisse es verlangen. Denn ohne eine solche Absicherung der Einzelziele durch eine übergeordnete Vision verlieren sich diese in grenzenloser Beliebigkeit. Und die Revision meiner Ziele gerät zur Aufgabe derselben.[10]

10 Vgl. ebd., S. 61.

Worum geht es mir wirklich? Was ist der eigentliche Zweck meines Tuns? Diese Frage muß ich weiter und weiter treiben, wenn eine Veränderung mir eine Grenze auf meinem Weg zum Ziel setzt. Denn hinter jedem Ziel liegt ein weiteres Ziel – und am Ende dieser Kette liegt meine Vision. Je besser es mir gelingt, die Kette meiner Ziele bis hin zur Vision zu klären, desto leichter fällt es mir, eintretende Veränderungen so zu integrieren, daß ich meiner Vision treu bleibe, obwohl und indem ich mein Nahziel umdeute.

*Trinitron oder eine Lektion in Strategie*

Dazu ein berühmtes Beispiel: Als zu Beginn der sechziger Jahre die Fernsehbilder farbig wurden, wurde der Pionier der Branche Sony von dieser Revolution kalt erwischt. Drei konkurrierende System kamen fast gleichzeitig auf den Markt, nur Sony stand mit leeren Händen da.

Widerwillig erwarben die Japaner eine Lizenz und investierten Hunderttausende Dollar in die Weiterentwicklung. Doch im Grunde war es Firmenchef Ibuka zuwider, sich an ein fremdes Patent anzuhängen. Dieser Weg erschien ihm als Verrat an der eigenen Vision, der er bislang die Treue gehalten hatte und der Sony seinen Erfolg verdankte.

Diese Vision hatte Ibuka bei der Firmengründung 1946 in den Trümmern von Tokio handschriftlich fixiert: »Wir tun, was andere nicht tun. Wir sind Pioniere und daher nicht bereit, anderen zu folgen.« Von diesen ebenso unscheinbaren wie inhaltsschweren Sätzen ließ Ibuka sich nun in der Krisensituation leiten. Scheinbar wider alle Vernunft vertrat er deshalb die Ansicht, Sony solle das Farbfernsehen noch einmal erfinden, um ein neues, besseres Verfahren zu entwickeln. Und formulierte so aus seiner Vision heraus ein neues Ziel, um auf die einzig richtige Weise – nämlich »nach Art des Hauses« – auf die revolutionären Veränderungen im Markt zu reagieren.

Die Entwicklung dauerte mehrere Jahre, doch der Erfolg gab Ibuka recht. Das Resultat war eine Bildröhre, die den Konkurrenzprodukten in allen Leistungsmerkmalen haushoch überlegen war: Trinitron. Und der Markt bedankte sich auf seine Weise: Trinitron wurde in kürzester Zeit zum meistverkauften TV-System aller Zeiten.[11]

11  Vgl. K.M. Magyar, P. Prange, Zukunft, a. a. O., S. 38–50.

*Die große Bewegung*

Alles Handeln bekommt seinen Sinn erst durch das Ziel – und jedes Ziel bekommt seinen Sinn erst durch die Vision. Die Klärung meiner Vision ist darum die wichtigste Voraussetzung, will ich eintretende Veränderungen sinnvoll nutzen: Je klarer meine Vision, desto präziser die konkreten Einzelziele, die ich mir setze; und je präziser die konkreten Einzelziele, desto sicherer mein Umgang mit den Unwägbarkeiten des Schicksals.

Drei Akte markieren also die große Bewegung: Ich starte aus meiner Vision in Richtung auf mein konkretes Einzelziel; eine äußere Veränderung tritt ein, und ich bin irritiert; ich stimme die Veränderung mit meinem Ziel ab und verwirkliche so meine Vision in neuer Gestalt.

Diesen drei Akten entspricht mein emotionales Erlebnis der Veränderung. Zunächst erfahre ich den Schock, den die Störung bewirkt; solange ich diese Erschütterung verspüre, bin ich ganz in mir. Indem ich wieder zu mir komme, beginne ich, mich mit der äußeren Veränderung zu arrangieren – immer mehr, bis ich drohe, mich in den Gegebenheiten zu verlieren. Nun versuche ich, die Veränderung in mein Leben zu integrieren – nach Maßgabe meiner Vision. Ist dieser Schritt vollzogen, habe ich den Schock verarbeitet, die Veränderung in meinem Sinn genutzt.[12]

## 4. Von der Person zur Organisation

Fassen wir zusammen: Was um mich her passiert, passiert – es hat zunächst einmal nichts mit mir zu tun. Die Börse fragt mich nicht, ob der Dow Jones steigen oder sinken soll. Entscheidend ist darum nicht, was mir widerfährt, sondern wie ich damit umgehe: Was immer geschieht – es liegt an mir, ob die Ereignisse zu meinen Vor- oder Nachteil ausschlagen, ob sie mir dienen oder in die Quere kommen.

Um Veränderungen erfolgreich zu integrieren, muß ich mich selbst auf die Veränderung einlassen, mit meiner ganzen Person. Das heißt konkret:

12 Vgl. Warschawski/Prange, My Way III, a. a. O. S. 11, 61.

– Ich akzeptiere die Veränderung.
– Ich betrachte die Veränderung als Chance.
– Ich bin bereit, Verantwortung zu übernehmen.
– Ich wirke aktiv am Prozeß der Veränderung mit.

Öffnung für die Veränderung ist das eine; das andere ist die Wahrung der Ziele. Eine Veränderung nutzt, wer sich ihr anpaßt – doch im Rahmen der eigenen Identität. Diese Vermittlung erfolgt in drei Schritten:

– Ich kläre meine Vision und meine Ziele.
– Ich kläre die Veränderung nach ihrer Art und ihrem Einfluß.
– Ich kläre meine Strategie in der Revision meiner Ziele.

Soweit zur individuellen Verarbeitung und Integration von Veränderungsprozessen. Machen wir nun den Schritt von der Person zur Organisation. Welche Instrumente stellt die Personalentwicklung bereit, um die Verarbeitung und Integration von Veränderungsprozessen im Rahmen einer Organisation zu unterstützen?

## 5. Entwicklungsmodell zur Gestaltung von Veränderungsprozessen

Um Veränderungsprozesse in der Organisation zu klären und zu steuern, müssen mehrere unterschiedliche Handlungskonzepte aufeinander abgestimmt werden, damit die einzelnen Maßnahmen sinnvoll und effektiv ineinandergreifen.

Erster und entscheidender Schritt zur Gestaltung der Veränderung ist die Arbeit an den Einstellungen und Werten im Unternehmen: die Öffnung für die Veränderung unter Wahrung der eigenen Identität. In diesem Prozeß der Aktivierung aller internen Kräfte kommt es darauf an, die individuellen persönlichen Wertmuster mit der Vision und Zielsetzung der Organisation in Einklang zu bringen.

Die Arbeit an der Einstellung und Identität ist aber nicht alles. In der Regel erzeugt jede Veränderung neue Anforderungen – sowohl an die Organisation insgesamt als auch an ihre Mitglieder –, die ihrerseits neue Kompetenzen und Fertigkeiten für die Umsetzung notwendig machen.

Auf der individuellen Ebene der Führungskräfte und Mitarbeiter sind dies technische Fähigkeiten wie Problemlösungskompetenz, Projektmanagement-Kompetenz, Teamkompetenz, die es zu entwickeln gilt. Auf der Ebene der Organisation dagegen müssen verbindliche Systeme installiert werden, um die verschiedenen Prozesse systematisch zu strukturieren und die Qualität der Abläufe für alle Beteiligten intern und extern sicherzustellen.

Das folgende Entwicklungsmodell veranschaulicht das Zusammenspiel der Handlungskonzepte und Maßnahmen im Überblick (siehe Abbildung 5).

Um in einer Organisation Veränderungen erfolgreich zu gestalten, müssen alle vier Bereiche zusammenwirken. In ihrer Bedeutung aber sind sie unterschiedlich gewichtet: A und O jedes Entwicklungsprozesses ist die Verankerung der Maßnahmen in den Einstellungen und Werten. Eine Veränderungsstrategie, die diese Arbeit vernachlässigt, um

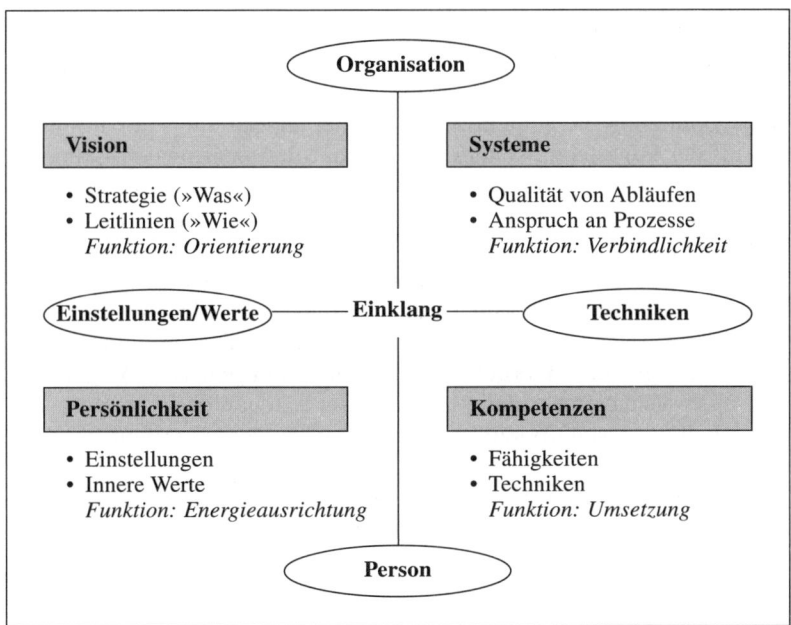

*Abbildung 5: Entwicklungsmodell zur Gestaltung von Veränderungsprozessen*

sich allein auf Techniktraining zu konzentrieren, verliert sehr schnell an Schubkraft und versandet bald im Nirgendwo. Wo hingegen die Thematisierung und Klärung der Einstellungsebene von Person und Organisation geleistet wird, gewinnen anschließend die Umsetzungsaktivitäten zunehmend an Zielsicherheit und Schwung. Weil nicht das Sein das Bewußtsein bestimmt, sondern umgekehrt das Bewußtsein das Sein.

## 6. Maßnahmen und Handlungskonzepte

### 6.1 Vision/Werte: Klärung der Ziele[13]

Visionen, Grundsätze und Leitbilder sind formulierte Annahmen über eine erfolgreiche Zukunft des Unternehmens. Sie dienen dazu, alle Energien auf die gemeinsamen Ziele auszurichten und zu bündeln, als präzise Richtvorgaben, auf die sich sämtliche Folgeaktivitäten beziehen.

Allein durch die übergreifende Zwecksetzung, die in der Vision zum Ausdruck gelangt, erhalten die einzelnen Ziele und Maßnahmen Richtung und Sinn. Damit die Vision aber ihre mobilisierende Wirkung entfalten kann, muß die gemeinsame Sicht der angestrebten Zukunft nicht nur auf der kognitiven, sondern ebenso auf der emotionalen Ebene sichergestellt werden. Nur wo die Normen übereinstimmen, stimmt auch das Verhalten überein, um in einen positiven Veränderungsprozeß einzumünden.

Aus diesem Grund ist die Glaubwürdigkeit der Vision von entscheidender Bedeutung. Nichts überzeugt mehr als das Echte. Und nichts hat schlimmere Folgen als eine gespaltene Kultur, in der formulierter Anspruch und gelebte Wirklichkeit auseinanderklaffen. Eine Vision, die nach einer Managementmode statt nach der Eigenart des Unternehmens entwickelt wird, schafft keine Orientierung, sondern sorgt nur für Konfusion und Chaos.

Darum gilt der Satz: Visionen und Leitbilder sind immer nur so gut, wie sie im Unternehmen aktiv erarbeitet und praktiziert werden.

---

13 Vgl. K.M. Magyar, P. Prange, Mein unverwechselbares Unternehmen, Manual I, Mein Unternehmenscredo, Wiesbaden 1995.

*Elemente*[14] *der Visionsentwicklung*

1. Wahrnehmung der Situation, Erfassung von Ungleichgewichten, realistische Einschätzung und Bewertung, Akzeptanz für die Ist-Situation im ganzen Unternehmen.[15]

*Prinzipien:*
– Vollständigkeit
– Vielfalt der Blickwinkel
– Überblick und Liebe zum Detail
– Offenheit für Ungewöhnliches
– Sachebene und emotionale Ebene

*Instrumente:*
– Einzelinterviews mit Führungskräften und Mitarbeitern
– Workshop- Ist-Analyse
– Untersuchung Betriebsklima
– Business-Check, Fragebogen
– Vergleichsprozesse (Benchmarking)

2. Erarbeitung einer Pilot-Version, Strategie und Grundsätze der Zusammenarbeit

*Prinzipien:*
– interdisziplinär
– interhierarchisch
– teamorientiert
– Verlangsamung
– Experimentierhaltung

*Instrumente:*
– Einrichtung eines Visionsteams/Veränderungsteams
– Brückenkopf-Personen

14 Die Vielfalt der einzelnen Maßnahmen kann im Rahmen dieses Aufsatzes nur überblickartig dargestellt werden. Eine ausführliche Darstellung und Erläuterung bereiten wir zur Zeit als gesonderten Buchtitel vor, der voraussichtlich 1998 erscheinen wird.
15 Holz und Cevey Systeme für Organisationsberatung GmbH, Business-Check, Tübingen 1997.

- Externe Moderation
- Projektmanagement
- Abstimmungskonferenz mit Leitungsebene

3. Informationsprozesse über die Pilotversion, unternehmensweit

*Prinzipien:*
- Vollständigkeit der Durchdringung
- Offenheit
- Teamorientierung

*Instrumente:*
Informations- und Diskussionsveranstaltungen
Organisierter Input aus der Organisation an das Veränderungsteam

4. Integration der Diskussionsergebnisse, Empfehlungen, Änderungs-
   wünsche

*Prinzipien:*
- Vollständigkeit
- Qualität
- Teamorientierung

5. Präsentation der Endversion in der Leitung, Verabschiedung des
   Implementierungsprozesses

*Prinzipien:*
- Verbindlichkeit und Commitment
- Vorbildfunktion der Führungskräfte
- Aktive Einbindung in die Implementierung

*Instrumente:*
- Formaler Beschluß der Geschäftsleitung

6. Implementierung von Vision, Strategie und Leitbild

*Prinzipien:*
- Ganzheitliche Erfassung der Mitarbeiter auf den Ebenen Wissen,
  Emotion, Umsetzung
- Brückenkopf und Schneeball-System

- Intensität vor Vollständigkeit
- Nutzung interner Kräfte und Ressourcen

*Instrumente:*
- Workshop-Umsetzung der Vision in Teams
- Seminar: Persönliche Vision und Firmenvision
- Systematische Erfolgskontrolle der Umsetzung

## 6.2 Persönlichkeit: Synchronisation der Einstellungen[16]

Menschen erzeugen immer dann eine besondere Wirkung, wenn sie im Einklang mit sich sind und im Einklang mit sich handeln. Organisationen sind darum immer dann besonders erfolgreich, wenn die persönlichen Ziele der Mitarbeiter mit den Unternehmenszielen im Einklang sind.

Das gilt insbesondere für die Gestaltung von Veränderungsprozessen. Die Herausforderungen und Ziele der Organisation müssen in den Kontext der persönlichen Herausforderungen und Ziele ihrer Mitglieder eingebracht werden. Die aktive, rationale und emotionale Identifikation des einzelnen mit dem betrieblichen Veränderungsprozeß sichert seine Teilhabe und Mitwirkung und damit zugleich seine innere Motivation zur gemeinsamen Gestaltung der Zukunft – zum beiderseitigen Vorteil von Person und Organisation. Wo diese Synchronisation hingegen ausbleibt, werden die Veränderungen in der Organisation als äußerliche Prozesse wahrgenommen und erlebt. Entkopplung von persönlicher und betrieblicher Entwicklung ist die Folge.

Im Zusammenspiel zwischen persönlicher Vision und Firmenvision lassen sich die in Abbildung 6 dargestellten Konstellationen unterscheiden.

In Zeiten der Veränderung wird die Abstimmung von persönlicher Vision und Firmenvision darum zu einer zentralen Aufgabe der Organisationsentwicklung. Die entscheidende Frage dabei lautet: Was ist zu

16 Vgl. Seminarskript Holz und Cevey, Persönliche Vision und Firmenvision, a. a. O. G.M. und I.S. Csikszentmihalyi, Die außergewöhnliche Erfahrung im Alltag. Die Psychologie des Flow-Erlebnisses, Stuttgart 1991; M. Csikszentmihalyi, Dem Sinn des Lebens eine Zukunft geben. Eine Psychologie für das 3. Jahrtausend, Stuttgart 1995.

| Persönliche Vision | Firmenvision | |
|---|---|---|
| | *prägnant* | *diffus*<br>*nicht vorhanden*<br>*»Trübung«* |
| *prägnant* | *Chance:*<br>– Einklang<br>– Effizienz<br>– Motivation<br><br>*Risiko:*<br>– Diskrepanz<br>– Offene Auseinandersetzung<br>– Kündigung | *Chance:*<br>– Herausragende Persönlichkeiten geben Profil, prägen die Vision der Firma<br><br>*Risiko:*<br>– Partikularinteressen überwiegen<br>– Abteilungsegoismen<br>– Organisation wird als äußerlich erlebt |
| *diffus*<br>*nicht*<br>*vorhanden*<br>*»Trübung«* | *Chance:*<br>– Persönliche Zielerklärung und Identifikation mit Firmenvision möglich<br><br>*Risiko:*<br>– Nicht ansprechbar, dumpf<br>– Ängste, generelle Ablehnung | *Risiko:*<br>– Organisation schlingert<br>– Demotivation<br>– Schlechtes Betriebsklima<br>– Innere Kündigung |

*Abbildung 6: Zusammenspiel zwischen persönlicher Vision und Firmenvision*

tun, damit die Mitarbeiter den Veränderungsprozeß nicht nur passiv hinnehmen, sondern aktiv wollen und mitgestalten?

Die Identifikation mit dem Veränderungsprozeß kann nicht von außen verordnet werden, sondern muß von innen kommen. Je klarer und überzeugender das Angebot formuliert wird, das die Firmenvision enthält, desto entschlossener kann der Firmenangehörige es mit seiner persönlichen Vision in Einklang bringen.

Führungskräfte und Mitglieder von Veränderungsteams haben dabei eine besondere Vorbildfunktion. Ihre Aufgaben sind:

– Klarheit des Ziels vermitteln
– Mut und Zuversicht, positive Grundhaltung leben

- Offenheit und Beweglichkeit zeigen
- Spannung und Konflikte aushalten und austragen

*Elemente der Persönlichkeitsentwicklung*

1.  Definition, Erfassung und Auswahl von qualifizierten Veränderungsagenten

*Anforderungen an die Persönlichkeit:*[17]
- Emotionale Intelligenz, Einfühlungsvermögen, Empathie
  Die Fähigkeit, im Kontakt mit anderen Menschen, diese zu öffnen und für neue Ideen zu gewinnen.
- Machtintelligenz, Format, Souveränität
  Die Fähigkeit, konsequent und beharrlich Lösungen auch gegen Widerstände durchzusetzen.
- Sachintelligenz, Strukturierung, Präzision, »roter Faden«
  Die Fähigkeit, komplexe Sachverhalte in konkrete und nachvollziehbare Maßnahmen präzise herunterzubrechen und zu vermitteln.
- Kultur-Intelligenz, Echtheit, Identität
  Die Fähigkeit, in unterschiedlichen unternehmenskulturellen Gegebenheiten und Kontexten sich einzufinden und etwas zu bewegen, mit Gefühl für das Timing und die emotionale Konstellation in Teams und Organisationseinheiten.
- Perspektivische Intelligenz, Paradigma-Flexibilität, Offenheit
  Die Fähigkeit, verschiedene Blickwinkel einzunehmen, mit neuen Rahmen zu experimentieren unter Beibehaltung von Zielen und klarer Ausrichtung.

*Instrumente:*[18]
- Auswahlverfahren (Tests, Assessment-Center)
- Intensiv-Seminar zur Persönlichkeitsentwicklung
- Coaching-Prozesse

---

17 R. Kegan, Die Entwicklungsstufen des Selbst. Fortschritte und Krisen im menschlichen Leben, München 1986; Thomas S. Kuhn, Die Struktur wissenschaftlicher Revolutionen, Frankfurt 1970.
18 Vgl. Computergestützte Testsysteme der Holz und Cevey Systeme für Organisationsberatung GmbH, Tübingen 1990ff.

2. Erfassung und Präzisierung der persönlichen Vision von Führungskräften und Mitarbeitern, Abgleich von persönlicher Vision und Firmenvision

*Prinzipien:*
– Respekt und Wertschätzung der Individualität (Stärken)
– Individuelle Entfaltung als kontinuierlicher Austauschprozeß mit der
  Welt
– Brennende Ziele, Überwindung von Grenzen und das Streben nach
  Sinn als menschliche Grundbedürfnisse
– Das Unternehmen als wichtiger Bezugspunkt im Leben eines jeden
  Mitarbeiters

*Instrumente:*
– Erfahrungsorientiertes Seminar zur Schärfung des Bewußtseins der
  eigenen Identität
– Seminar: Persönliche Vision und Firmenvision
– Ausbau der Coaching-Kompetenz von Führungskräften
– Definition personenbezogener Aufgabenstellungen nach Stärken
– Outplacement-Programme bei Nichtvereinbarkeit von persönlicher
  Vision und Firmenvision

6.3 Kompetenzen: Förderung der Umsetzungsfähigkeit[19]

Die Strukuren von Veränderungsprozessen sind heute so komplex, daß
traditionelle zentralistische und rationale Führungsmethoden nicht
mehr oder nicht effizient genug funktionieren. Bestand Führung früher
darin, den Mitarbeitern bewährte Lösungsmuster vorzugeben, unterstützt sie diese heute dabei, selbstständig geeignete Lösungswege zu
ermitteln und zu beschreiten.
    Die neuen Führungskonzepte stellen darum Selbstorganisation,
Teambildung, Moderation und Coaching ins Zentrum. Diese Bereiche
decken die Kompetenzen ab, die zur erfolgreichen Umsetzung der
Veränderungsstrategie erforderlich sind.
    Führungsentwicklung heißt deshalb vor allem, die Einstellungsvor-

---

19 Vgl. K.M. Magyar und P. Prange, Mein unverwechselbares Unternehmen, Manual IV, Meine Personalgrundsätze, Wiesbaden 1995.

aussetzungen und die Verhaltensvoraussetzungen für die neuen Führungskonzepte zu schaffen und zu stabilisieren.

*Elemente der Kompetenzentwicklung*[20]

Kompetenzfelder:

*Verhaltensmanagement*
- Informations- und Kommunikationsprozesse steuern und strukturieren
- Führungsgespräche mit Mitarbeitern in konkrete Zielvereinbarungen überführen
- Führungsleitlinien und ihre Umsetzung im Alltag verdeutlichen
- Abteilungsübergreifende Kooperation und Verbindlichkeit in der Zusammenarbeit erreichen
- Innere Motivation und Eigenständigkeit der Mitarbeiter fördern
- Verhandlungen konsequent führen und trotzdem die gemeinsamen Interessen im Auge behalten
- Lösungen durchsetzen
- Einheitliche Kommunikation nach innen und nach außen realisieren

*Aufgabenmanagement*
- Motivierende und verhaltensauslösende Ziele vereinbaren
- Systematische Problemlöseprozesse einsetzen und strukturieren können
- Zielsetzungen und Strategien einschätzen und Prozesse vorantreiben
- Vernetzte Strukturen erkennen und Entscheidungsprozesse herbeiführen
- Kreative und intuitive Vorgehensweisen einsetzen und nutzen
- Ergebniskontrolle bei sich und anderen systematisch installieren
- Projektplanung und Projektsteuerung einsetzen

*Selbstmanagement*
- Die eigene Persönlichkeit in den Führungsprozeß einbringen
- Die persönliche Gelassenheit und Stabilität ausbauen

20 Holz und Cevey Unternehmensberatung, Lehrgang Führungsentwicklung, Tübingen 1997. P. Muri, Chaos-Management. Die kreative Führungsphilosophie, München 1989.

– Die Lösungsorientierung und Chaosmanagement-Kompetenz verstärken
– Das persönliche Beeinflussungspotential erhöhen

*Teammanagement*
– Projektbezogene Teams zusammenstellen und ihre Effizienz sichern
– Individuelle Potentiale im Team erkennen und nutzen
– Konflikte erkennen und lösungsorientiert bearbeiten
– Teambezogene Zielplanungsprozesse organisieren und individuelle Ziele im Wechselbezug definieren
– Grundsätze der effizienzorientierten Unternehmenskultur stützen und im Team vorleben

*Prinzipien:*
– Strategie- und visionsbezogene Rahmensetzung
– Maßgeschneidertes Design für Organisation und Fragestellung
– Verknüpfung Wissen, Erfolg, Selbsterkenntnis, Umsetzung, Erfolgskontrolle
– »aus der Praxis für die Praxis«

*Instrumente:*
– Trainings- und erfahrungsorientierte Seminare
– Spezifische Kompetenzentwicklung nach Gap-Analysen
– Verbindung von Seminar und Aufgabenstellung durch vorbereitendes Gespräch
– Training on the Job
– Coaching, Supervision durch die Führungskraft
– Feldtraining

6.4  Systeme: Sicherung der Abläufe[21]

Systeme bilden die Steuerungsmechanik der Organisation. Mit ihrer Installation werden die Veränderungsprozesse systematisch strukturiert und in verbindlicher Weise koordiniert, um für den störungsfreien Ablauf und die gleichbleibende Qualität der Leistungen zu sorgen. Die Systeme unterstützen vor allem folgende Funktionen:

21  Dr. H. Moser, Handbuch HMC-Management-Consulting, Basel 1997.

– Herunterbrechen der Firmenziele auf individuelle Ziele
– Abteilungsübergreifende Abstimmung und Koordination
– Erfassung der sozialen und fachlichen Fähigkeiten von Mitarbeitern
– Systematische Planung von Entwicklungsaktivitäten
– Erarbeitung individueller Karrierepläne
– Mitarbeitergewinnung und Einstellung

*Elemente der Systementwicklung*

*Prinzipien:*
– Transparenz
– Nachvollziehbarkeit
– Gerechtigkeit, Fairness
– Zeitnahe Rückkoppelungsprozesse
– Pragmatisch statt bürokratisch

*Instrumente:*
– Teamorientierte und abteilungsübergreifende Zielfindung und Zielplanung
– Gesprächsführungs-Techniken zur Identifikation von Sachzielen – Förderzielen – Karrierezielen
– Individuelle Fördersysteme zur fachlichen, persönlichen und verhaltensbezogenen Weiterentwicklung
– Objektive Testverfahren zur Erfassung von Führungspotential und Teamfähigkeit
– Training der Führungskräfte in Zielvereinbarung, Mitarbeitergespräch und Mitarbeiterförderung

## 7. Doppelte Herausforderung: Berechenbarkeit und Beweglichkeit

Der Wettbewerb ist ein kontinuierlicher Prozeß. Dauer und Wechsel sind seine Namen: Alles verändert sich, nichts verändert sich. Ständige Weiterentwicklung unter Wahrung der eigenen Identität ist darum der Erfolgsfaktor im Wettbewerb schlechthin: sowohl eines jeden Unternehmens insgesamt als auch jeder Führungskraft und jedes Mitarbeiters.

Die Organisation eines Betriebs muß darum gleichzeitig zwei Funktionen unterstützen, die nicht ohne weiteres miteinander zu vereinen sind: Berechenbarkeit und Beweglichkeit. Um erfolgreich zu wirtschaften, ist eine klare Ordnung in den Strukturen und Abläufen erforderlich. Eine solche Identität vermittelt nicht nur den im Betrieb tätigen Menschen die nötige Sicherheit und Kontinuität, sie ist auch die Quelle jeder Ausstrahlung und Wirkung nach außen. Andererseits zwingen ständig neue Anforderungen das Unternehmen und seine Mitarbeiter zu immer wieder neuer Anpassung. Sie ist die Voraussetzung für Flexibilität und Kundennähe. Berechenbarkeit und Beweglichkeit sind darum zwei Seiten einer Medaille. Wer auf die eine Seite dieser Medaille verzichtet, handelt mit falscher Münze und bekommt die Rechnung bald präsentiert. Denn wo Berechenbarkeit ohne Beweglichkeit herrscht, regieren in Wirklichkeit Starrsinn und Wettbewerbsverweigerung; wo sich aber Beweglichkeit ohne Berechenbarkeit verselbständigt, entpuppt sie sich als Sprunghaftigkeit und Identitätslosigkeit.

Es kommt also darauf an, eine lernende Organisation zu schaffen, einen lebendigen Organismus, der sich treu bleibt, indem er sich den immer wieder neuen Rahmenbedingungen anverwandelt. Dieser kontinuierliche Entwicklungsprozeß läßt sich weder dem Unternehmen noch seinen Angehörigen von außen überstülpen; vielmehr muß er von der Führung auf die Ebene der Mitarbeiter heruntergebrochen werden, indem er sowohl deren individuelle Erfahrungen als auch Zielsetzungen integriert und mit der Ausrichtung des Gesamtunternehmens in Einklang bringt.

In diesem Prozeß muß jedem Beteiligten Zeit gegeben werden, sich auf das Neue einzulassen. Menschen lassen sich nicht verbiegen; sie entwickeln sich nur weiter, wenn sie sich im Rahmen ihrer eigenen Werthaltung weiterentwickeln können. Die Arbeit an der Einstellung des einzelnen ist darum Voraussetzung jeder technisch orientierten Reorganisation der Abläufe, die bei Ausblendung der humanen Komponente auf Dauer keine betriebswirtschaftliche Effizienz entfalten kann.

Eine solche Organisation ist stets das Gegenteil von fertig. Während sie vorübergehend Ordnung schafft, unterliegt sie selbst dem fortwährenden Wandel. Auf diese Weise unterstützt sie ihre Mitglieder bei der Erfüllung ihrer alles entscheidenden Aufgaben: dem Kunden zu dienen und Geld zu verdienen.[22]

22 K.M. Magyar, P. Prange, Mein unverwechselbares Unternehmen, Manual V, Meine Organisationsprinzipien, Kap. 3, Wiesbaden 1995.

# Controlling als Managementinstrument für den organisatorischen Wandel

*Markus Stamm*

Wie bitte? Der organisatorische Wandel soll ein Thema sein? »Nie und nimmer!« tönen die einen und meinen, dieser Wandel würde eben »passieren«, fast unmerklich und in vielen kleinen Schritten eben. Erst nach fünf Jahren könne man erkennen, welche wesentlichen Veränderungen sich doch ereignet haben. »Panta rhei« sagen sie, alles fließt, und ihr mentales Modell des organisatorischen Wandels besteht aus einem fallweisen Bewältigen der alltäglichen Herausforderungen. Große Entwürfe und weitreichende Pläne sind ihre Sache nicht. Jene die so denken und sprechen, zitieren vielleicht auch genüßlich jene Stelle aus der Dreigroschenoper, in der Brecht singen läßt: »Ja, mach nur einen Plan, sei nur ein großes Licht, dann mach noch mal 'nen zweiten Plan, gehen tun 'se beide nicht. Denn für dieses Leben, ist der Mensch nicht klug genug, darum hau ihm eben ruhig eines auf den Hut.«

Aber da gibt es auch die anderen, die überzeugt sind, daß es durchaus sinnvoll und lohnenswert ist, sich frühzeitig, gründlich und konstruktiventwerfend mit dem organisatorischen Wandel und dessen Instrumenten, Modellen und Prozessen auseinanderzusetzen. Was bedeutet es, fragen sie beispielsweise, daß nach zehn Jahren von der Forbes-Top-500-Liste eine beachtliche Anzahl der Firmennamen verschwunden ist? Lassen Sie mich die Frage wiederholen: Was bedeutet das? Läßt diese Beobachtung nicht unter anderem die Vermutung zu, daß es offenbar Firmen gibt, die den organisatorischen Wandel besser managen als andere?

Selber gehöre ich der zweiten Fraktion an. Ich weiß, es läßt sich nicht alles beliebig verändern, ebenso weiß ich, daß der Machbarkeitswahn eine durchaus weitverbreitete Geistestrübung ist. Schneller, höher, weiter und das schon seit gestern. Auf der anderen Seite habe ich schon an so vielen Projekten rund um den organisatorischen Wandel durch Controlling mitgearbeitet, daß ich dem Praktiker einige erprobte Handlungsempfehlungen im Sinne von gedanklichen Angeboten geben kann.


## 1.  Grundlagen

Manche Leser erwarten zu Recht Hintergrundinformationen zur geistigen Ausrichtung des Autors. Vor dieser themenbezogenen und programmatischen Kulisse läßt sich dann die eine oder andere Aussage besser verstehen, ausdeuten und einsortieren. Durch neue Verbindungslinien glaube ich, auch Altes neu eingekleidet und ihm damit neuen Sinn gegeben zu haben. So bleibt dieser Teil auch für den »alten Hasen« spannend.

### 1.1  Was ist Controlling und wodurch wird es zu einem genutzten Managementinstrument?

Unter Controlling-Prozessen verstehe ich Vorgänge des Steuerns und Regelns. Im Englischen sagte man dazu »feed forward« und »feed back«. Steuern bedeutet also ein Planen der Zukunft, Entwerfen von wünschenswerten Zuständen, bedeutet proaktiv zu gestalten. Dieses etwas eigenartige Wort erhält seinen Reiz durch das Gegenteil, das reaktive Bewältigen eines schon eingetretenen Zustandes. Dieser Regelungsvorgang heißt dann im Controller-Jargon Abweichungsanalyse, Soll-Ist-Vergleich, Ziel-Ist-Vergleich, Forecast.

Wer aber steuert respektive regelt? Ist es der Manager, ist es der Controller? Wenn es der Manager ist, welche zuarbeitende Rolle hat dann der Controller? Und wie weit darf er sich, im Sinne von »eine Meinung haben und diese auch kundtun und vertreten«, aus dem Fenster lehnen? Oder hat der Controller nur »Informationen zur Verfügung zu stellen«, inhaltlich also abstinent und klinisch rein zu sein?

Ohne an dieser Stelle sehr tief in Rollenüberlegungen einzusteigen, seien zwei Dinge festgehalten. Erstens gestaltet sich eine Controller-Rolle stets im Zusammenspiel mit einer Manager-Rolle. Auf sie ist die Controller-Rolle prinzipiell ausgerichtet, sie ist ihr Fixstern. Beide Rollen aber sind nur im Kontext eines konkreten Systems (Unternehmen, Behörde) innerhalb seiner Kultur verstehbar. So haben einige Systeme eine sehr ausgeprägte Kultur des Führens durch Ziele. Diese Kulturvariable beeinflußt dann selbstverständlich die Instrumente, die der Controller für den Manager schnitzt, die Kontaktfrequenz, die Art der Zusammenarbeit, die Themen, die sie zusammen angehen oder die gegenseitigen Rollenerwartungen, die aneinander gestellt werden. Es lassen sich daraus, polarisierend, Controller-Verhaltensweisen konstruieren. Dabei interveniert ein aktiver Controller, situationsabhängig, mal mehr prozeßhaft, mal mehr inhaltlich, mal mehr sondierend, mal mehr direktiv (siehe Abbildung 1)

Immer wieder konnte ich im Unternehmensalltag beobachten, daß gute Controller ihre Manager stärken, während schlechte Controller umgekehrt ihre Manager schwächen, eine Zusatzlast darstellen. Während im einen Fall fast unschlagbare Manager-Controller-Tandems entstehen, meiden im anderen die Manager »ihren« Controller. Und das ist der zweite Punkt meiner Rollenüberlegung: Es ist wichtig zu wissen, was einen guten Controller ausmacht. Drei Dimensionen will ich anführen. Ein guter Controller schafft und unterhält nützliche und brauchbare betriebswirtschaftliche Werkzeuge. Ohne Werkzeuge, ohne die »Hardware« bleibt der beste Wille und die klügste Absicht folgenlos. Passende Werkzeuge, die ein Problem entschlüsseln helfen und passende Daten (oft ein Riesenproblem!), die ein Thema angemessen beschreiben, gehören mit in diese Dimension. Die nächste will ich umschreiben mit:

| | ... stimuliert die Reflexion | ... erhellt Sachverhalte | ... unterstützt Problemlösungen | ... nimmt Stellung |
|---|---|---|---|---|
| | sondierend →→→ direktiv | | | |
| | wirft Fragen auf, die zum Nachdenken anregen | sammelt relevante Daten und regt die Auseinandersetzung mit ihnen an | schlägt Alternativen vor, hilft zu einer Entscheidung zu kommen | stellt Wissen zur Verfügung und etabliert Richtlinien, Methoden, Vorgehensweisen |
| **Controller als:** | Moderator | Sparringspartner | | Vollzugsgehilfe resp. Facharzt |
| **Manager als:** | Entdecker | Spitzensportler | | Facharzt resp. Vollzugsgehilfe |

*Abbildung 1: Der verhaltensflexible Controller ...*

»sich aus dem Fenster lehnen«, sich zeigen und veröffentlichen, einen Standpunkt einnehmen und andere damit konstruktiv konfrontieren, Ideen vortragen und argumentativ »verkaufen« können, aber auch, situationsabhängig, sich zurücknehmen und einen Prozeß als Moderator gestalten können.

Während der »Hochstapler« nur trommeln kann und das Talent hat, das Banale in Großbuchstaben zu schreiben, beläßt es der »Erbsenzähler« bei seinen Zahlen, die ja »für sich sprechen«, wie er meint. Der »Profi« hingegen haucht diesen Zahlen Leben ein! Er interpretiert und deutet aus, klärt und erklärt die Bedeutung der Zahl und exponiert sich damit inhaltlich und auch sozial; er praktiziert das Gegenteil des auf Rückzug und Sicherheit bedachten Verhaltens des in sich gekehrten Wissenden, der sagt: »Hier haben Sie meine Zahlen!« und sich dabei denkt »Machen Sie damit was Sie wollen!« Dieses Wissen bleibt oft wirkungslos, weil die Art und Weise, wie es vorgebracht wird, nicht kundenorientiert ist. Und weil solche Menschen ihre treffsichere Wirkungslosigkeit miterleben, wirken sie mit zunehmendem Alter oft resigniert, distanziert und zynisch.

Ein Profi-Controller wird dann zum »Leader«, wenn er letztendlich für seine Ideen, Konzepte und Vorschläge Gefolgschaft erhält. Wer für seine Absicht Unterstützung durch andere erhält, führt, ist Leader. Er hat es erreicht, daß andere sich bei ihm für ein Vorhaben »einschreiben« – intellektuell und emotional (Abbildung 2).

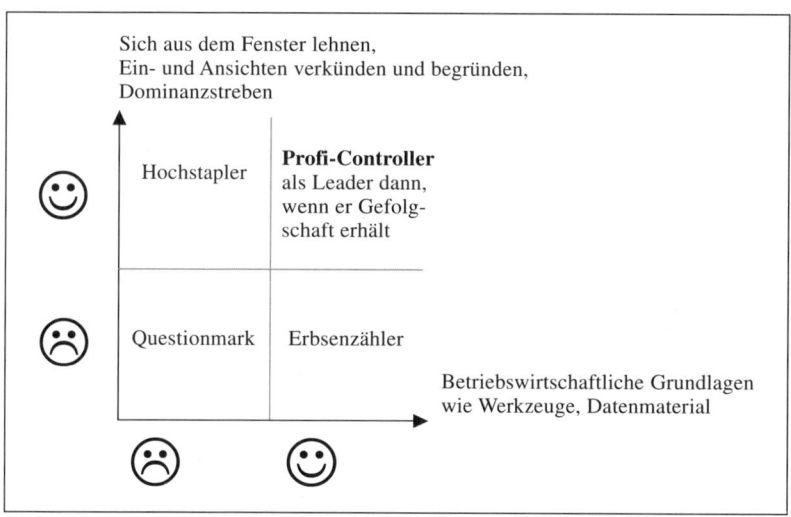

*Abbildung 2: Der Controller als Leader*

Nur wenn es dem Controller gelingt, eine aktive Leaderrolle für sein Fachgebiet zu gestalten, kann das Controlling als Managementinstrument für den organisatorischen Wandel überhaupt greifen. Macht hat, wer macht. Oder macht, daß gemacht wird. Deswegen werden gute Controller oft und zu Recht als »graue Eminenz« bezeichnet.

1.2 Ein weitverbreiteter Trugschluß: Controlling besteht aus Zahlen, und die sind objektiv!

Ein Zahlenfriedhof besteht aus Zahlen. In ihm irren die Leser herum und fragen sich, mal schüchtern die eigene Kompetenz anzweifelnd, mal verwirrt die Zusammenhänge suchend, mal verärgert die Bedeutung der Zahl und ihren Sinn hinterfragend. Sinn aber finden sie nicht ohne erklärende Worte, ohne Gespräch. Controlling heißt also Kontakt, heißt Kommunikation. Die Effektivität des Controlling-Prozesses ist die Multiplikation von Zahl mal Wort. Ist die Datenqualität unvollständig oder schlecht, oder ist die Bedeutungsfrage offen oder ungeklärt, so hat das Folgen: Controlling-Effektivität = Zahlen x Worte. Ist auch nur ein Wert Null oder nahe Null, so ist es auch die Effektivität.

Nicht selten sieht die Reihenfolge dann aber so aus: Zuerst das Wort, dann die Zahl. Immer dann nämlich, wenn Probleme gelöst und Entscheidungen gefällt werden müssen, muß zuerst das Problem klar sein, um anschließend die zum Problem passenden Zahlen zu suchen und zusammenzustellen. Die zu klärende Frage determiniert den Datenkranz.

Welche Bedeutung wir aber einer Zahl geben, ist höchst subjektiv. Also von wegen, Zahlen seien objektiv. Das weiß jeder spätestens dann, wenn er überlegt, wie beispielsweise eine Investitionsentscheidung auf der Basis einer Investitionsrechnung zustande gekommen ist, er also den Ablauf eines solchen Entscheidungsvorganges beobachtet. Investitionsrechnung klingt ja ganz solide, rational, methodisch, verläßlich, objektiv. Aber der Schein trügt. Die Investitionsrechnung ist das Sammelbecken für höchst subjektive, lebensgeschichtliche Meinungen, Ansichten, Einschätzungen, Hoffnungen, Befürchtungen, Täuschungen, Retourkutschen. So manches kranke Investitionsprojekt wurde schon gesundgebetet. So manches gesunde Investitionsvorhaben mit dem bösen Controller-Blick krank gemacht. Spannend an der Sache ist nicht das Endprodukt »Investitionsrechnung«, sondern der Prozeß, der zum Endprodukt führt. Das Endprodukt ist eine Vereinbarung zwischen mehreren Leuten. Ist sie auch rational? Sicherlich nicht im Sinne der formalen Logik. Aber sie ist sozial rational. Denn sie spiegelt die Einstellungen, Werte und Ideologien der am Investitionsvorgang Beteiligten ebenso wider wie ihre kognitiven Fähigkeiten zur Problemlösung. Das Endprodukt reflektiert die Beziehung zwischen den Beteiligten – wer hat auf wen Einfluß, wer setzt sich gegen wen mit seiner Lage-Einschätzung durch, wer spricht, wer schweigt, wer bleibt völlig ausgegrenzt? Und das Endprodukt verweist auf einen Umfeldkontext, in den es eingebettet ist. So mögen aktuelle Strömungen im Unternehmen oder Stimmungen in der Wirtschaft eine konkrete Investitionsrechnung ganz erheblich beeinflussen. Alles in allem also sagt eine Investitionsrechnung nur bedingt etwas über den betrachteten Gegenstand aus, welche

Paybackzeit er hat oder wie sich die Investition verzinst. Nein: Eine Investitionsrechnung sagt viel mehr aus über die an der Meinungsbildung Beteiligten, ihre Beziehungen untereinander und ihr Umfeld. Also nochmals: Sind die Zahlen einer Investitionsrechnung objektiv? Nein! Oder wie der Informatiker Heinz von Foerster meinte: »Objectivity is a subject's delusion that observing can be done without him.« (Ernst v. Glasersfeld in: Gumin und Mohler (Hrsg.), S. 19).

### 1.3 Die Aussagen aus dem Controlling-Prozeß sind Vereinbarungen

Betriebswirtschaftliche Aussagen haben unterschiedliche »Härtegrade«. Ich unterscheide dabei gerne in drei Arten von »richtig« und nenne sie logische, sichere oder wahre Aussagen (Pietschmann 1990, S. 135ff.) (vgl. Abbildung 3).

Dazu meinte schon Pascal: »Man muß zu zweifeln verstehen, wo es notwendig ist, sich vergewissern, wo es notwendig ist, sich unterwerfen, wo es notwendig ist. Wer nicht so handelt, versteht nicht die Macht der Vernunft. Es gibt aber Leute, die gegen diese drei Prinzipien verstoßen: die entweder alles als beweiskräftig ausgeben, weil sie nichts vom Beweisen verstehen; oder alles bezweifeln, weil sie nicht wissen, wo

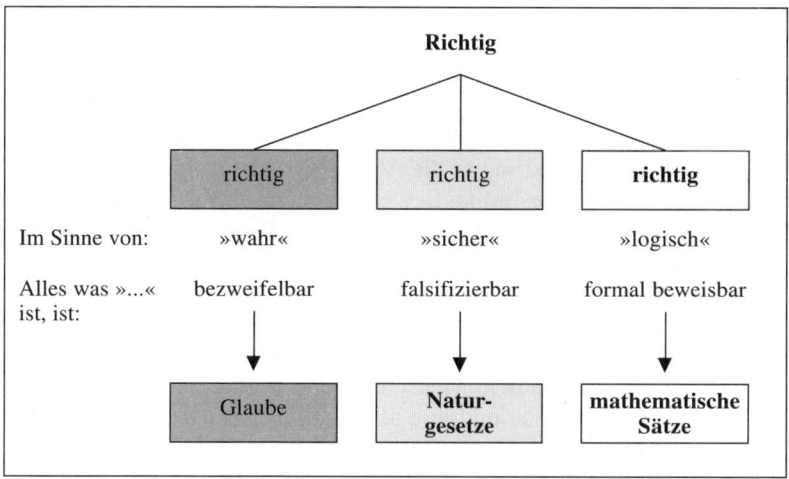

*Abbildung 3: Es lohnt sich, drei Arten von »richtig« zu unterscheiden*

man sich unterwerfen muß, oder sich allem unterwerfen, weil sie nicht wissen, wo man urteilen muß.«

Wo ich wissen kann, nämlich im Bereich der Logik und Naturwissenschaft, da muß ich nicht glauben. Aber bei vielen Controlling-Themen geht es um Glaubensfragen. Glauben alle Beteiligten an eine konkrete Investitionsrechnung, ist sie wahr. Wenn nicht, falsch. Und es ist sehr nützlich, Investitionsrechnungen zu haben. Ihre Existenz fordert die Leute auf, sich im Glauben zu einigen.

Controlling-Instrumente haben Aufforderungscharakter, wirken veranlassend, stoßen Konflikt- und Einigungsrituale an. Und sehr oft ist nicht das Instrument mangelhaft, sondern der Ablauf, die Interaktion; die Beziehung ist problematisch.

1.4 Die häufigsten Tücken auf dem Weg zu bedeutungsvollen Zahlen

Der Prozeß der Wahrheitsfindung durch Controlling ist entscheidend. Wie jemand einen Sachverhalt wahrnimmt und ihn wertet, wird beeinflußt vom Kontext, in dem er sich befinden.

Der soziale Kontext meint die relevanten anderen. Sie können körperlich anwesend sein oder nur im Geiste. Bei unserer Meinungsbildung hängen wir ganz erheblich von den real geäußerten oder nur phantasierten Beurteilungen anderer ab. So kann etwa ein Inhaber mit seiner (zu) früh geäußerten Meinung einen erheblichen Konformitätsdruck bei seinen Mitarbeitern erzeugen. Das geschieht besonders häufig in einem von Angst und Vorsicht geprägten Gesprächsklima, in dem der einzelne zu taktieren beginnt, weil er sich abhängig und ausgeliefert fühlt.

Der zeitliche Kontext meint die Abfolge von Einzelereignissen, also deren Sequenz. Sie bestimmt Bewertungen mit. Was also im letzten Monat vorfiel, ist bewertungsrelevant für das Thema in diesem Monat. Meine Meinung von gestern beeinflußt mein Informationsverhalten (suchen und vermeiden) von heute. Die Lektüre dieses Artikels ist bewertungsrelevant für einen Sachverhalt, den Sie morgen zu entscheiden haben. Und daß zeitliche Abfolgen auch Realitäten verzerren, zeigte jenes Experiment, in dem Menschen beim Verlassen eines Kaufhauses über ihr Lebensglück und ihre allgemeine Lebenszufriedenheit befragt wurden. Einige ließ man unterwegs beim Einkauf einen Geldschein »finden«. Wen wundert es, daß sich genau diese Leute als glücklicher und zufriedener mit ihrem Leben einschätzten als diejenigen aus der Stichprobe, die kein Geld gefunden hatten? (Ornstein 1989, S. 122)

Wie wichtig der sachliche Kontext bei der Meinungsbildung ist, wissen besonders gut die Werbefachleute. Lange schon haben sie erkannt: Wirkungsvoller sind jene Signale, die uns nicht nur intellektuell, sondern auch emotional ansprechen. Emotionen sind an den meisten Denkprozessen stärker beteiligt, als manch einer glaubt. Wie und womit sind sonst die Models auf den Kühlerhauben in den Autosalons zu erklären? Und weswegen wird ein und derselbe Film, mal mit, mal ohne die (nervigen) Lachkonserven vertont, signifikant unterschiedlich von den Zuschauern eingeschätzt bezüglich Witz und Humor?

## 1.5  Controlling löst unterschiedlichen Wandel aus

Der berühmte amerikanische Ethnologe Gregory Bateson unterscheidet Wandel 1. Ordnung und 2. Ordnung. Eine Unterscheidung, die für meine späteren Überlegungen wichtig sein wird. Was aber meinen die beiden Begriffe? Beim Wandel 1. Ordnung bleibt man beim Lösen von Problemen in den bekannten Strukturen und tut dort in etwa dasselbe, das lediglich etwas mehr oder etwas weniger. Typisch für diese Art der Problemlösung sind Kostensenkungskampagnen nach dem Motto: minus zehn Prozent. Oder es ist die Gemeinkostenwertanalyse, Overheadvalue Analysis und wie diese Instrumente und Vorgehensweisen der achtziger Jahre zur Strukturkostensenkung alle hießen. Ihr gemeinsamer Nenner ist allzuoft die Symptombekämpfung. Und wir wissen alle, wozu das führt – neue Symptome der nicht entdeckten Ursachen tauchen an anderer Stelle wieder auf, und diese werden wieder mit einer Veränderung 1. Ordnung »gelöst«.

Wandel 2. Ordnung hingegen geht über das Bekannte hinaus, sprengt Denkgewohnheiten und vertraute Wahrnehmungsmuster, erweitert die Perspektiven und erlaubt gerade dadurch eine neue Problemdefinition und in ihrem Gefolge eine neuartige Problemlösung. Im Chinesischen gibt es dafür ein Sprichwort: »Die Tat folgt dem Gedanken wie der Karren dem Ochsen«. Andersartige Gedanken, also nicht: mehr oder weniger derselben, erzeugen andere Taten, also den Wandel 2. Ordnung. Bei den betriebswirtschaftlichen Instrumenten haben alle strategisch ausgerichteten Werk- und Denkzeuge das Potential in sich, Wandel 2. Ordnung herbeizuführen. Ich will den Unterschied zwischen Problemlösungen 1. und 2. Ordnung nochmals optisch verdeutlichen und damit auch zeigen, daß die Arbeitsprozesse durch andere Denkprozesse charakterisiert sind (siehe Abbildung 4).

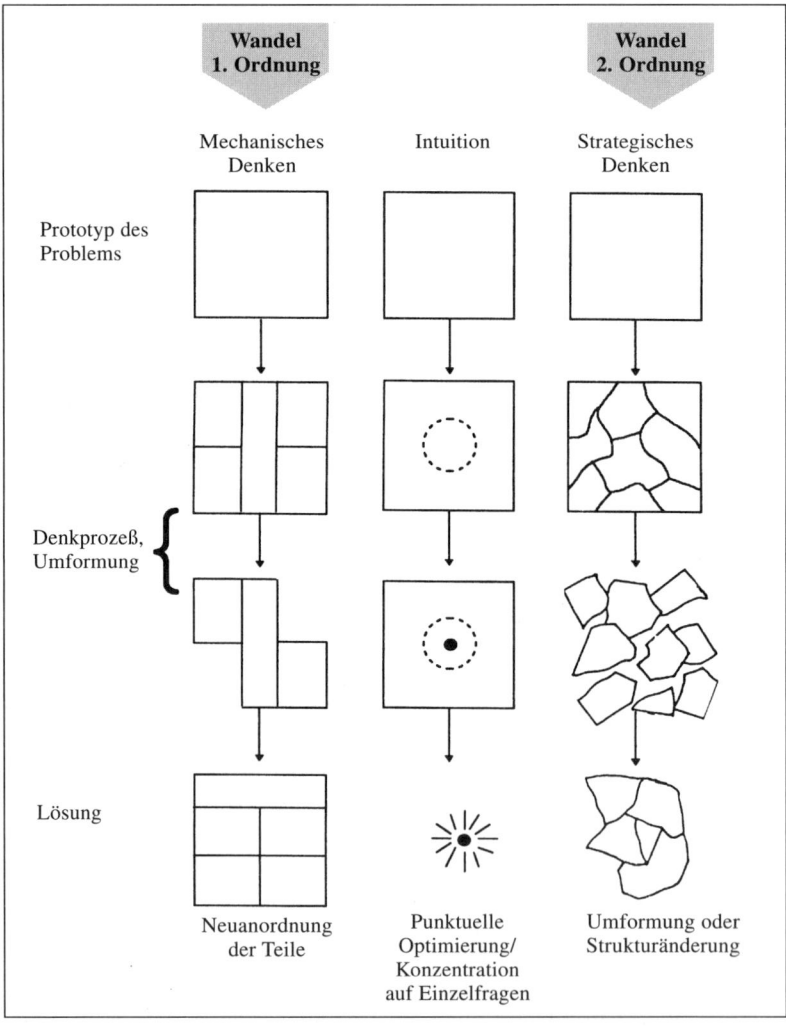

*Abbildung 4: Denkprozesse beim Wandel erster respektive zweiter Ordnung*

Über den Wandel 2. Ordnung sagte schon Niccolo Macchiavelli: »Stets gilt es zu bedenken, daß nichts schwieriger durchzuführen, nichts von zweifelhafteren Erfolgsaussichten begleitet und nichts gefährlicher zu handhaben ist als eine Umformung der Dinge.«
Der nächste Hinweis zum Unterschied zwischen Veränderungen 1. und 2. Ordnung beginnt mit einer Aufgabe für Sie. Bitte verbinden Sie die neun Punkte in Abbildung 5 durch vier gerade, zusammenhängende Linien, ohne dabei Ihr Schreibwerkzeug vom Papier abzuheben. Am Ende müssen dann alle neun Punkte miteinander durch Geraden verbunden sein.

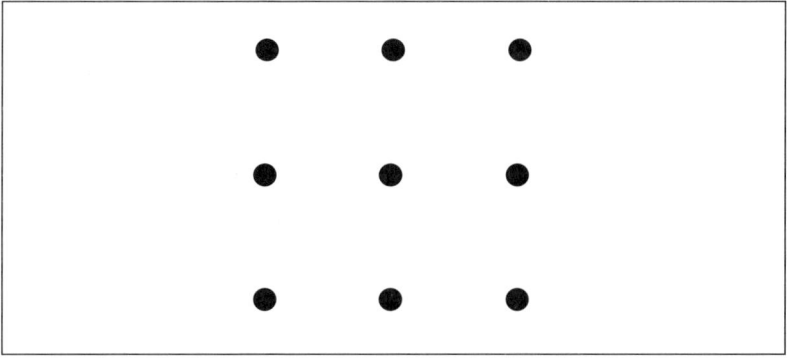

*Abbildung 5: Die Neun-Punkte-Aufgabe*

Wenn Sie diese Denkaufgabe noch nicht kennen, dann nehmen Sie jetzt einen Bleistift und lösen Sie sie. Sie werden dabei selber er-leben, was Lösungen 1., was die Lösung 2. Ordnung ist und insbesondere: was es psychisch bedeutet, eine ganze Zeitlang die Lösung nicht zu sehen, nicht zu finden. Sie werden in diesen Minuten alle Gefühlszustände in sich wahrnehmen können, die den Problemlösungsweg hin zur zweiten Ordnung begleiten. Da tauchen Wegmarken auf mit einem Lächeln, und darauf steht »witzig«. Es kommen Marken, da erkennen Sie Wut, Ärger, Frust. Irgendwann kommt vielleicht die Wegmarke »Das geht doch nie und nimmer!« und es fehlt zur Lösung 2. Ordnung nur ein Wörtchen: »Das geht doch nie und nimmer *so*!«
Und eines sei gesagt, diese Lösung:

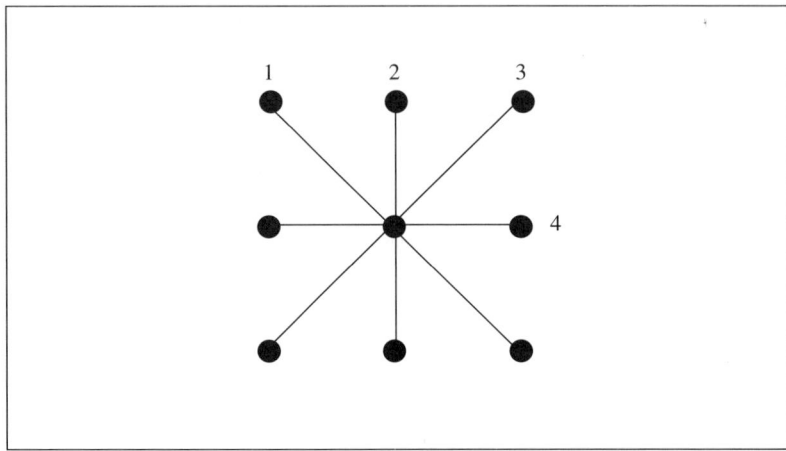

wäre falsch, weil Sie Ihren Stift immer wieder vom Blatt absetzen müssen. Schummeln ist eine Lösung 1. Ordnung. Das Problem ignorieren auch. Aufgeben auch. Mich wegen der Aufgabenstellung beschimpfen auch. Aber auch das ist keine Lösung, weil Ihre vierte Gerade den neunten Punkt nicht erreicht:

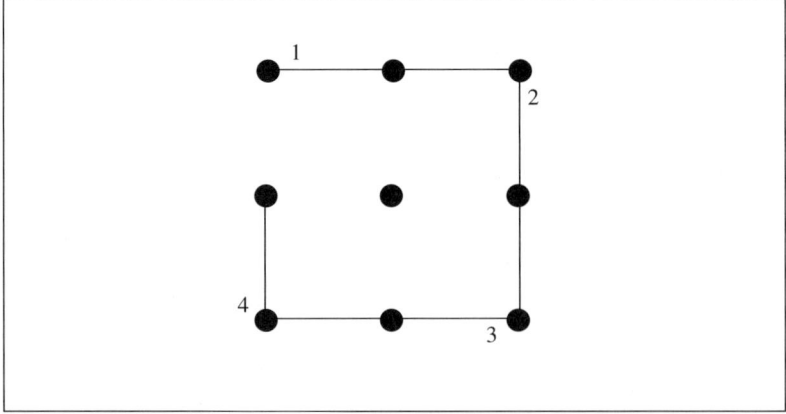

Und an dieser Stelle kommt dann leicht der gewalttätige Murks, Motto »Augen zu und durch«:

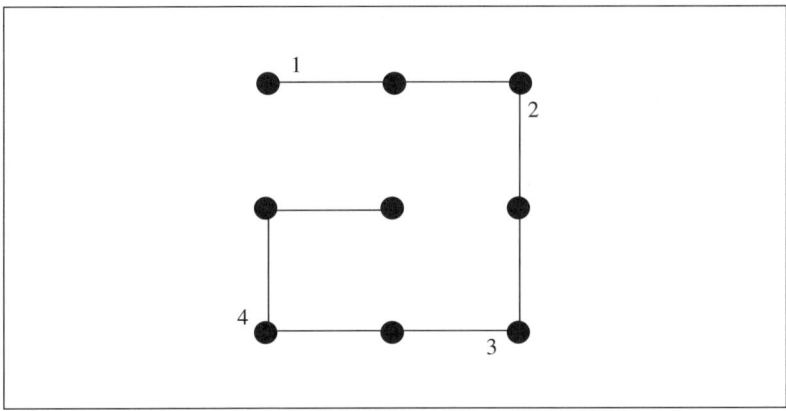

Es bleibt eine Lösung 1. Ordnung. Die Reaktion auf die Aufgabe ist ein intellektueller Notfall. Und solche »Lösungen« organisatorischen Wandels haben zeitverzögerte Spätfolgen, erzeugen an anderer Stelle Probleme, die man eigentlich hätte vorhersehen können. Solche Lösungen sind Probleme, die nach Lösungen verlangen: Lösungen 2. Ordnung. Und die sieht jetzt so aus:

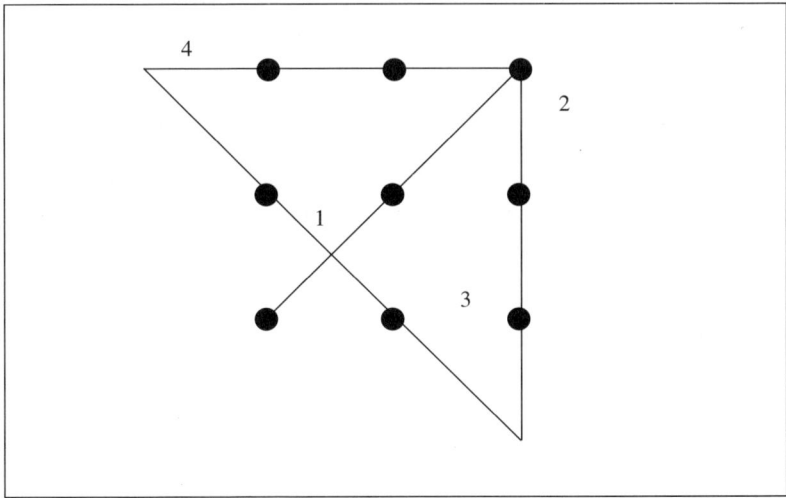

Was ist der Unterschied? Sie haben mit dieser Lösung Ihre Wahrnehmung des Problem*lösungsfeldes* erweitert, haben das Quadrat als Lösungsraum verlassen und Neues unter Ihr Schreibwerkzeug genommen. Und das ermöglichte Ihnen die Lösung 2. Ordnung. Deswegen an der Stelle mein Rat: Wenn Sie lange genug und wirklich intensiv versucht haben ein Problem zu lösen und es gelingt Ihnen nicht, ist nicht das Problem das Problem, sondern die Art und Weise Ihrer Problemlösung.

Vor der Problemlösung aber steht die Problemwahrnehmung. Hier unterscheide ich gerne drei Ebenen. Auf der Symptomebene nimmt jemand die offensichtlichen, die vordergründigen Probleme wahr. Lösungen, die hier ansetzen, sind reaktiv-bewältigender Art. Reaktiv weil ein mißlicher Zustand schon eingetreten ist, bewältigend weil die Sache, vielleicht auch unter Zeitdruck, gelöst werden muß. Das Bild der Brandbekämpfung wäre für diese Ebene durchaus passend. Hier findet Controlling beispielsweise dann statt, wenn ein Budget vom Ergebnis her nicht paßt und die Zahlen ohne dahinterstehende Maßnahmen einfach hingerechnet werden. Oder Abweichungen werden rein rechnerisch »geglättet«.

Auf der Ebene darunter sind die Muster, sind die Abläufe, sind die Trends. Wenn also auf der ersten Ebene ein Einzelereignis auftaucht, so sind es auf der zweiten Ebene die Muster, die die Einzelereignisse erzeugen. Während das Wissen über die erste Ebene ein Zustandswissen ist, ist es in der zweiten Ebene ein Trendwissen. Zustandswissen aber veraltet schnell, ist schon morgen überholt. Trendwissen bleibt länger gültig, ist stabiler, wertvoller. Es ist darum in unserer schnellebigen Zeit viel wichtiger, über ungefähres Trendwissen denn exaktes Zustandwissen zu verfügen.

Auf dieser zweiten Ebene, ich bleibe auch hier bei Kostenbeispielen, geht es um die kostenverursachenden Verhaltensmuster. Betriebswirtschaftlich und in der Terminologie des »Activity Based Costing« gesprochen, geht es hier um die Entdeckung der Kostentreiber und um die Reorganisation von Abläufen so, daß auf der Symptomebene nachhaltige Veränderungen als Folge eintreten. Wir sind hier bereits beim Wandel 2. Ordnung angelangt.

Noch spannender aber wird es auf der dritten Ebene, bei den Glaubenssätzen, bei den grundsätzlichen Werten und Normen oder bei den »basic-beliefs«. Sie repräsentieren die musterbildenden Kräfte. Ihre Veränderung gestaltet grundsätzlich um, verändert die Kultur, erzeugt wirklich Neues in einem System. Wenn eine Firma beispielsweise die Kundenorientierung als neues Anliegen entdeckt und sie sich zum Fixstern bei vielen Mitarbeitern entwickelt, so wird diese innere Haltung neue Verhaltensmuster ebenso erzeugen wie neue, beobachtbare Einzelereignisse, die den Grundwert »Kundenorientierung« nun abbilden.

In einer Firma erlebte ich im Rahmen eines länger dauernden Beratungprojekts, wie alle Teilnehmer jede Besprechung minutiös auf karierten Einheitsblöcken mitprotokollierten. In ihren Büroschränken stapelten sich die Protokolle über die Jahre hinweg meterhoch. Es war in diesem System wichtig, noch Jahre nach einer Besprechung belegen zu können, was jeder zu jedem sagte. Der Inhaber war bis ins letzte Detail kundig, kontrollbedürftig, arbeitete nach seinem Studium zunächst jahrelang als Revisor und zitierte öfter mal Lenin: »Vertrauen ist gut, Kontrolle ist besser.« Check und Doublecheck waren an der Tagesordnung.

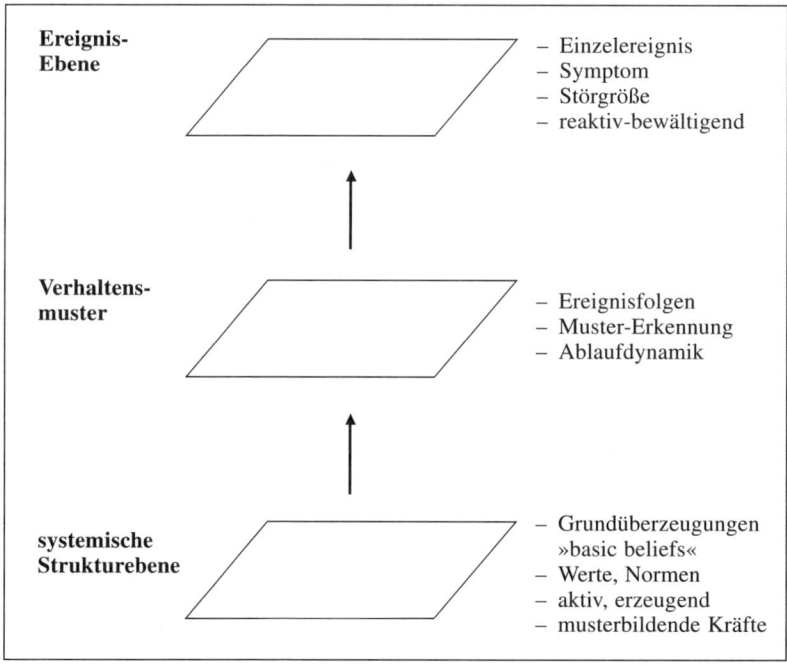

*Abbildung 6: Mögliche Diagnose- und Therapieebenen*

Bei einem Benchmarkvergleich mit Mitbewerbern lagen die Gesamtkosten für den kaufmännischen Bereich um durchschnittlich 50 Prozent über dem Besten. Wundern Sie sich noch warum? Hier aber greifen nur Veränderungen auf der Ebene der Grundwerte, der Unternehmenskultur, des Umgangs miteinander, der Einstellung zu Fehlern, um hier nur einige wenige Punkte zu benennen. Denn die hohen Kosten sind ein Symptom für kostentreibende Verhaltensmuster und diese wiederum das Kind von wirkungsvollen Grundüberzeugungen (siehe auch Abbildung 6).

Auf der intellektuell-analytischen Ebene ist ja oft schnell viel klar. Wie schwierig aber die Transformationsprozesse letztlich sind, brachte der St. Gallener Management-Professor Knut Beicher treffend auf den Punkt: »Wir arbeiten in Strukturen von gestern, mit Methoden von heute, an Strategien für morgen – vorwiegend mit Menschen, die in den Kulturen von vorgestern die Strukturen von gestern gebaut haben und das Übermorgen innerhalb des Unternehmens nicht mehr erleben werden.«

## 1.6  Wandel: In Zukunft werden wir von der Zukunft lernen

Je bewegter die Unternehmensumwelt ist, um so schneller werden die internen Anpassungsbewegungen sein müssen. Die Doppelaufgabe für das Management lautet an dieser Stelle, Anpassung unter Wahrung der Identität zu leisten. Nur identitätsstiftende Adaptionen sind erfolgreich. Diese Aufgabe kommt mir etwas vor wie Wellenreiten – nicht zu viel Kraft, nicht zu wenig, nicht zu früh aufsteigen, nicht zu spät, selber gestalten, von den Umständen gestalten lassen – im Gleichgewicht oder Gleichklang sein und fließen (vgl. Abbildung 7).

Die Anpassung kann verschiedene Dimensionen haben. Zum Beispiel die technologische Anpassung oder jene an geänderte Werte, Normen oder gesellschaftliche Rollen, oder die Anpassungsgeschwindigkeit selbst ist gemeint. Hier liefe ein System (ein Unternehmen, ein Staat, ein Mensch) in der Position ① in einen Anpassungsstau hinein. Einerseits vergreist und verstaubt das System zusehends, andererseits wächst der Veränderungsdruck (intern, extern), der zum Überdruck wird und später zur Explosion – Explosion im Sinne des Aufbruchs oder Zusammenbruchs.

Aus Position ② heraus ergeben sich Innovationen lange vor »ihrer

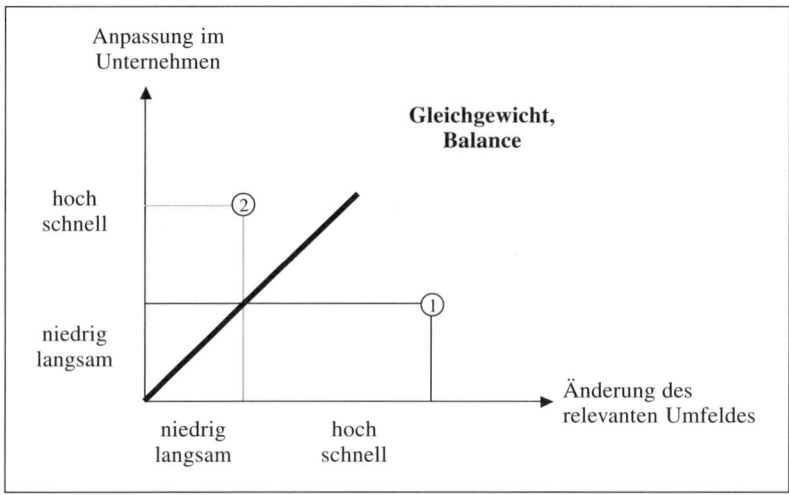

*Abbildung 7: Wandel als Gleichgewicht*

Zeit« – Innovationen ohne Markt. Futuristische Entwürfe ohne Gegenwart. Wer aber keine Gegenwart hat, hat keine Zukunft. Systeme in dieser Position starten nach meiner Beobachtung oft übermäßig viele Projekte. Die Verbindungsstellen werden weder wahrgenommen noch gemanagt. Viele Projekte versanden oder ihre Implementierung schlägt fehl. Es ist nicht schwierig, ein Projekt zu starten. Aber eine hohe Kunst, es erfolgreich abzuschließen. In Position ② sind alle Phänomene der Hyperaktivität beobachtbar: viele begonnene Projekte ohne roten Faden, Kurzatmigkeit in den Entscheidungen ohne Geduld, Konzentrationsmangel und kein Bewußtsein für Prioritäten, oberflächliche Hektik ohne festen Boden unter den Füßen. Kürzlich sagte mir eine Controllerin, in ihrem Konzern sei das Controlling innerhalb von 15 Monaten dreimal (!) umorganisiert worden.

Die fließende interne Anpassung aber kann dann, wenn sich das Umfeld schnell oder nachhaltig ändert, nicht auf Vergangenes zurückgreifen, sich nicht auf Vergangenes stützen. Die Zukunft ist dann die Orientierungsmarke für gegenwärtiges Gestalten. Die Tradition mag unserer Gegenwart einen Sinn und ein Zuhause geben. Aber in Zeiten, in denen sich das Wissen der Menschheit alle 4,5 Jahre verdoppeln soll

(Sprenger 1995, S. 140), muß sich gegenwärtiger Wandel an der Zukunft ausrichten. Systeme werden nicht mehr erhalten, angepaßt oder
optimiert wie bei A in Abbildung 8, sondern neu geschaffen wie in B.
Für die Konzeption und Implementierung von Änderungen bleibt weniger Zeit, sie müssen entschieden mehr neues Wissen beinhalten und
wenn die Umfeldveränderungen mal gerade sehr hoch sind, haben solche Änderungen auch weniger lange Bestand. In A mag Wandel 1. Ordnung reichen, in B geht ohne Wandel 2. Ordnung rein gar nichts. In A
mag eine gute Finanzbuchhaltung reichen, in B geht ohne strategische
Planung rein gar nichts. In A mag ein wissender Patriarch reichen, in B
geht ohne Projekt-Teams, die auch entscheiden, gar nichts. In A mag
tradiertes Wissen reichen, in B geht ohne Glaube gar nichts. In A lernen
wir von der Vergangenheit, in B von der Zukunft.

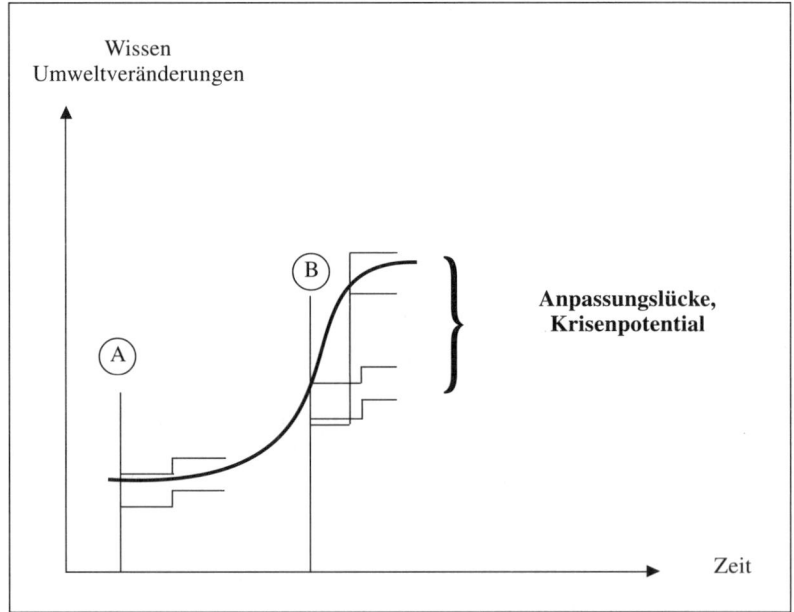

*Abbildung 8: Visionen in die Gegenwart holen*

## 2. Wie kann das Controlling den organisatorischen Wandel beeinflussen?

Max Frisch kommentiert das Schicksal von Andri in seinem Theaterstück »Andorra« so: »Was nämlich jeder voraussieht, lange genug, dennoch geschieht es am End: Blödsinn, der nimmerzulöschende, jetzt Schicksal genannt.« Dem Controlling kommt die Aufgabe zu, Schicksale im Rahmen der Steuerung (= Planung) zu verhindern. Wenn der »Blödsinn« aber schon mal geschehen ist, ihn sinnvoll für die Regelung zu nutzen. Wer mit anderen zusammen über Blödsinn und Schicksal sprechend nachdenkt, muß sie nicht wiederholen. Wandel tritt ein.

### 2.1 »Information ist der Unterschied, der einen Unterschied macht«

Controlling schafft Informationen. Von Gregory Bateson stammt der obige, einfach-geniale Informationsbegriff: Informationen sind relevante, bedeutungsvolle Unterschiede (Bateson 1995, S. 274). Das Controlling produziert solche Unterschiede und schafft Informationen. An früherer Stelle begegneten wir schon dem einen Schienenstrang zum Wie. Es ist das Gespräch über eine Zahl, das aus ihr eine bedeutungsvolle Zahl macht. In diesem Gespräch tauchen Unterschiede auf, nämlich unterschiedliche Einschätzungen zur Zahl aufgrund von unterschiedlichen lebensgeschichtlichen oder funktionalen Bezügen. Und genau diese Unterschiede sind bedeutsames Baumaterial für Problemlösungen. Problemlösungen sind deswegen auch immer Konfliktlösungen. Der zweite Teil des Schienenstrangs sind Unterschiede, die mittels Zahlen selber erzeugt werden. Der Ist-Ist-Vergleich weist auf Unterschiede über die Zeit hin. Und sofort der Wechsel zum anderen Schienenstrang: Was bedeuten diese Unterschiede für mich, für Sie? Und welche Konsequenzen ergeben sich daraus für mich, für Sie? Und welche Unterschiede ergeben sich in unserer Bewertung und welche Folgen wird das haben? Dieser Vorgang ist Informationserzeugung!

### 2.2 Vergleiche sind die Basis für Informationen

Die möglichen Vergleiche im Sinne der Technik sind vielfältig. Durch einen Mehrjahres-Ist-Ist-Vergleich wird die Entwicklung eines Profit-Centers möglich. Unterjährig zeigt ein Plan-Ist-Vergleich auf, wie sich das Profit-Center-Ergebnis entwickelt. Ein Plan-Plan-Vergleich zeigt in der Mehrjahresplanung relevante Unterschiede zwischen verschiedenen Planungszeitpunkten auf (vgl. Abbildung 9).

Und wiederum wäre hier der Wechsel zum parallel laufenden Schienenstrang fällig mit den Fragen aus dem letzten Abschnitt.

Ein Objekt kann mit einem anderen verglichen werden, sei es im Ist oder im Plan. Profit-Center-X wird mit Profit-Center-Y wird mit Profit-Center-Z verglichen.

Möglich ist aber auch die Ergänzung interner Vergleiche um externe. Wie sehen die Profit-Center-Zahlen unseres Unternehmens im Vergleich zu jenen eines anderen Unternehmens aus? Jetzt sind wir im Bereich von Benchmarks, der Suche nach der »best practice«. Welche Informationen ziehen wir aus den Unterschieden? Und was ist ihre Bedeutung unterhalb der Symptomebene (vgl. Abbildung 6, S. 157)? Welche Schlußfolgerungen ziehen wir daraus und welchen Wandel stoßen wir an? Der Vergleich von Überübermorgen mit heute zeigt Lücken auf, stößt Informationsprozesse an und wirkt als Gestaltungskraft. Zu dieser abstrakten Kategorie gehört konkret eine Gap-Analyse oder das Target-Costing. Beim Target-Costing und -Pricing für ein neues Produkt geht das Planungsteam geistig ins Jahr der Produkteinführung. Fragt sich, welche Funktionen das Produkt für welche Kunden haben müßte. Wieviel wohl die Kunden bereit wären, für diese Funktionen zu bezahlen (Target Pricing)? Was die erwünschte Gewinnspanne sein soll und wie hoch die Kosten insgesamt und für die einzelnen Funktionen dann sein dürften? Was bedeutet das, wenn wir diese Planzahlen nach hinten rech-

| Vierjahresplanung des Profit-Center-Ergebnisses, Deckungsbeitrag 3 | Planjahre | | | | | |
|---|---|---|---|---|---|---|
| | 96 | 97 | 98 | 99 | 00 | 01 |
| • Planung in 1995 | 50 | 48 | 55 | 60 | | |
| • Planung in 1996 | | 45 | 50 | 60 | 62 | |
| • Planung in 1997 | | | 45 | 50 | 70 | 80 |

*Abbildung 9: Plan-Plan-Vergleiche von Profit-Center-Ergebnissen schaffen Unterschiede und somit Informationen*

nen, in unsere Gegenwart hinein? Welche Unterschiede ergeben sich zu unseren heutigen Kostenstrukturen? Welche Informationen kreieren wir aus diesem Prozeß und welche handlungsorientierten Konsequenzen hat das in unserem System heute, morgen, übermorgen? Mercedes-Benz z. B. analysierte das SWATCH-Mobil im Rahmen eines Target-Costing-Prozesses (J. Walker, 20. Congress der Controller, 30. Mai 1995). Die Rückrechnung ergab, daß die in die Gegenwart zurückgerechneten Target-Kosten nie und nimmer zu den gegenwärten Ist-Ko-

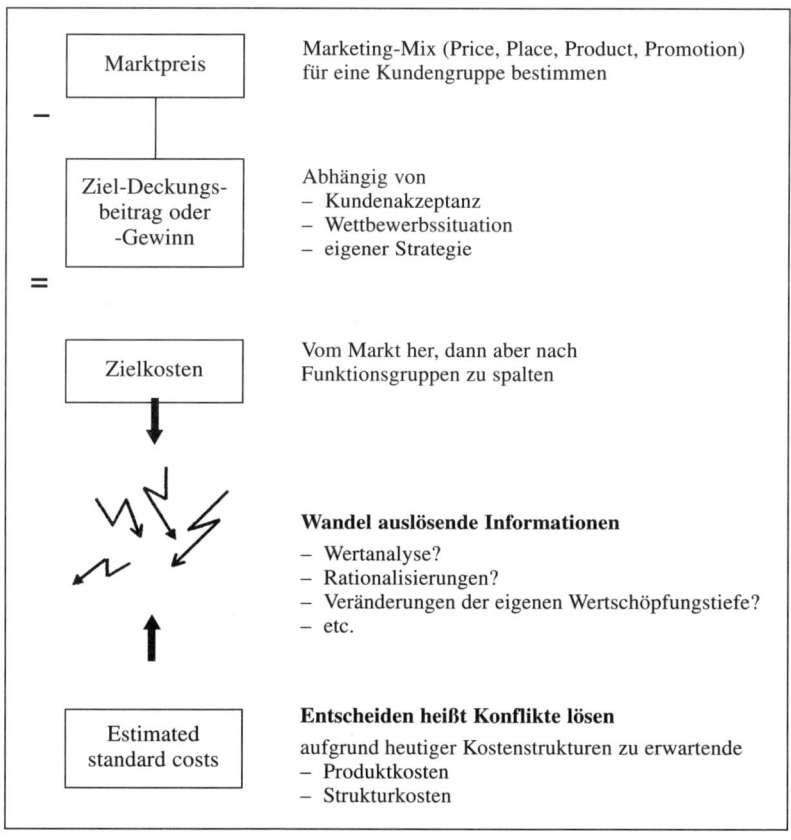

*Abbildung 10: Unterschiede erzeugen durch Target-Pricing/Costing: Controlling-Instrumente stoßen organisatorischen Wandel an.*

stenstrukturen der eigenen Fertigungsstätten passen würden. »Informa-tion ist der Unterschied, der einen Unterschied macht«. Informationen sind die Grundlage für Entscheidungen, die Wandel einleiten. Der Rest ist Geschichte: Mercedes-Benz hat im Elsaß ein Grundstück gekauft, auf dem drei Zulieferer die gesamte Produktion managen. MB zog sich beim SWATCH-Mobil erstmals völlig aus der Herstellung zurück (Wandel 2. Ordnung!) und beschränkte sich auf die Kernkompetenzen Forschung und Entwicklung sowie Vertrieb. Pikantes Detail: Allein die unterschiedliche Anzahl der Arbeitstage in Deutschland im Vergleich

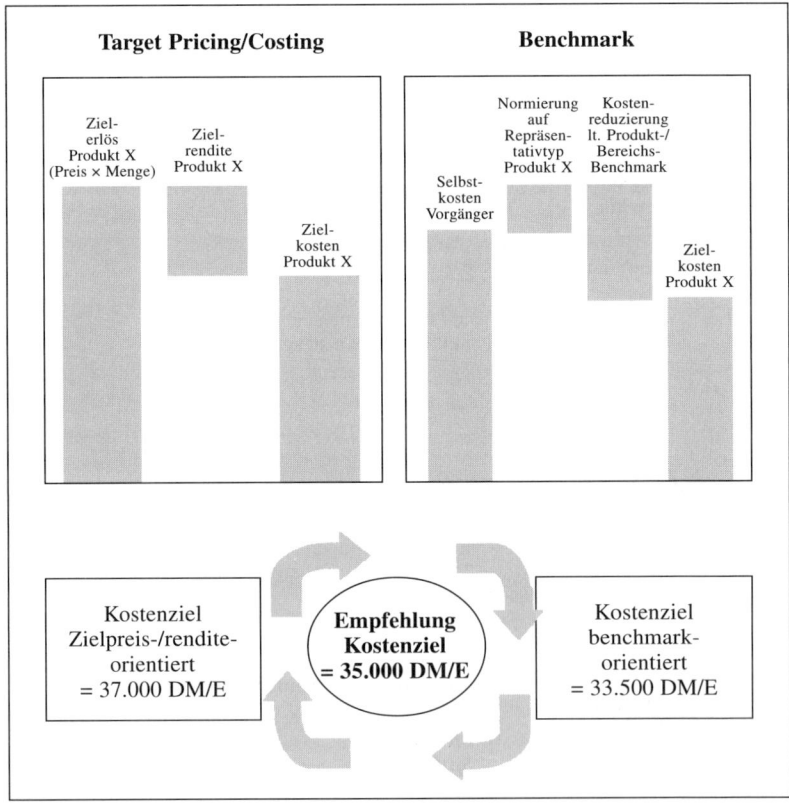

*Abbildung 11: Target Pricing/Costing sowie Benchmarks bilden die Grundlage für die Formulierung des Kostenziels auf der Ebene Gesamtfahrzeug (E)*

zu Frankreich ergab einen zweistelligen Herstellungskostenvorteil zugunsten von Frankreich. Information ist der Unterschied, … na ja, Sie wissen schon (siehe Abbildung 10).

Eine weitere und das Thema abschließende Strategie zur Erzeugung von Unterschieden besteht aus der Konfrontation der Ergebnisse unterschiedlicher Controlling-Instrumente. Im nachfolgenden Beispiel ist es der Unterschied im Kostenziel, einmal errechnet über Target-Pricing/-Costing, einmal über Benchmark (siehe Abbildung 11). Das empfohlene Kostenziel (DM 35.000 pro Einheit) ist in Abbildung 12 auf die einzelnen Funktionsgruppen heruntergebrochen. Ein Prozeß, der so bis zum letzten Bauteil fortgesetzt wird. Mit Folgen beispielsweise für die Art, wie der Einkauf gemanagt oder Zulieferer evaluiert werden.

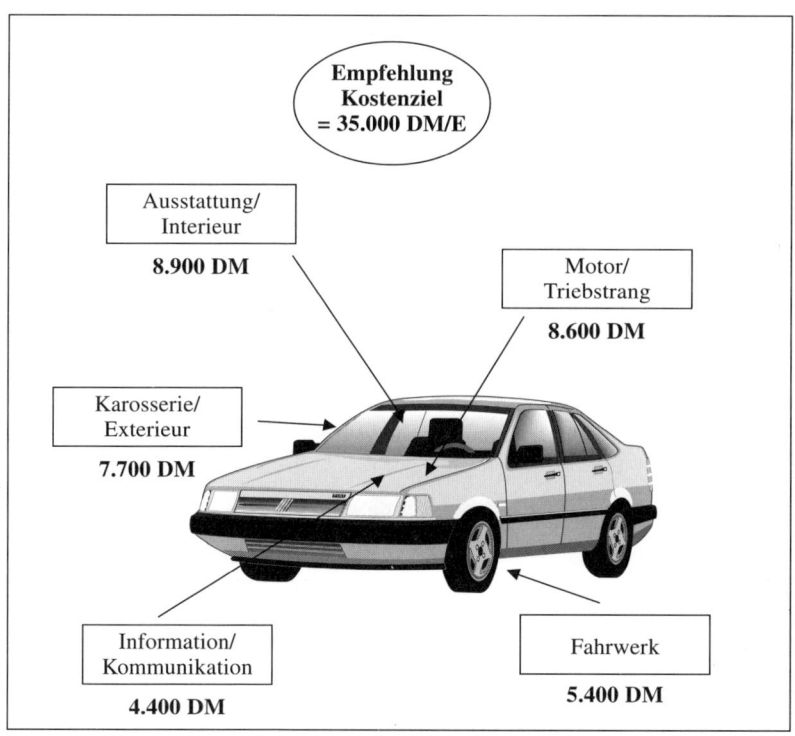

*Abbildung 12: Die Teilziele der einzelnen Funktionsgruppen bilden den kostenseitigen Rahmen für die Konzeptausgestaltung*

## 2.3 Controller erzeugen Unterschiede aus drei wesentlichen Themenfeldern

Drei Themenfelder des Controlling haben jeweils ihre eigenständige Bedeutung und Rolle als Grundlage für den organisatorischen Wandel. Controlling begann eigentlich bereits im letzten Jahrzehnt des 15. Jahrhunderts. Luca Pacioli – er war Mathematiker und Franziskaner-Mönch – hat damals die doppelte Buchhaltung formuliert. Die Gewinn- und Verlustrechnung mit Aufwand und Ertrag als Unterkonto der Bilanz mit ihrer Mittelherkunfts- und Mittelverwendungsseite war für die folgenden 400 Jahre der Platzhalter des Controlling (A. Deyhle 1996, Band I, S. 197) (vgl. Abbildung 13).

Dieses Ursprungsfeld umfaßt heute eine sehr reichhaltige Themenpalette, die über das internationale Finanzmanagement bis hin zu internationalen steuerrechtlichen Fragen reicht. Verrechnungspreisbildung,

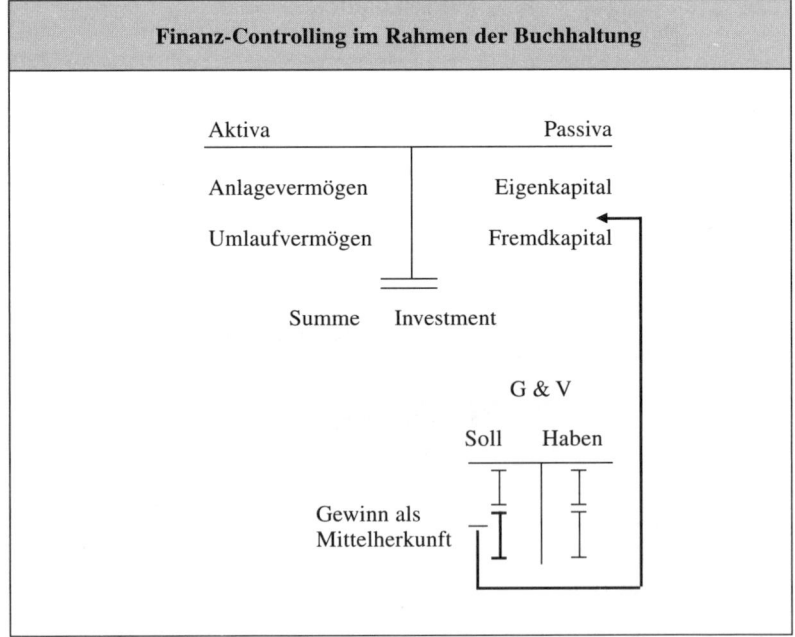

*Abbildung 13: Buchhaltung*

Leasingthemen, Kursrisikoabsicherungen, Firmenbewertungen, finanzwirtschaftliche Konkurrenzanalyse oder Shareholder-Value-Überlegungen sind einige Stichworte.

Historisch vom Finanzfeld kommend, entwickelte sich Anfang unseres Jahrhunderts das Ergebnis-Controlling über Deckungsbeiträge. Die Ergebnisrechnung mutiert dabei zu einer Teilkostenrechnung mit aussagefähigen und entscheidungsgeeigneten Zwischeninformationen. Aus dem »general accounting« der Finanzbuchhaltung wird das »management accounting« des betrieblichen Rechnungswesens. Zahlen für den Manager, für seine Entscheidungsfindung und Führung stehen im Vordergrund. Das kommende Jahr wird zunehmend wichtiger als das abgelaufene (vgl. Abbildung 14).

Damit aber eine solche stufenweise Management-Erfolgsrechnung möglich wurde, bedurfte es als Hintergrund neuer kostenrechnerischer Fundamente, die durch die flexible Kostenplanung gelegt wurden. Der alte BAB mit kostenstellenweisen Umlagen der Umlagen der Umlagen wurde allmählich ersetzt durch moderne Kostenrechungsverfahren mit Hilfe moderner Software.

Daß auch dieses Feld viele Themen umfaßt, dürfte klar sein. Ihr Fokus liegt auf dem Umsatz- und Kostenmanagement. Im Vordergrund stehen Fragen wie: Eigenfertigung/Fremdbezug, Investitionsrech-

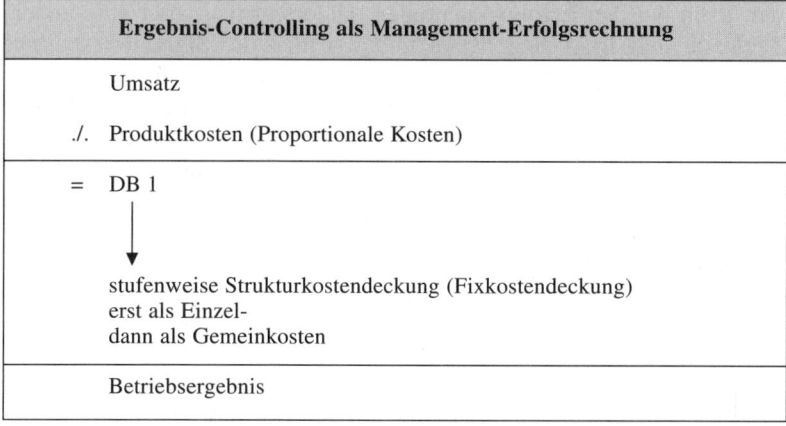

*Abbildung 14: Erfolgsrechnung*

nungsmethoden, die Organisation der internen Leistungsverrechnung, die Beherrschung der Strukturkosten über Leistungskennzahlen, Prozeßkosten – Projekte zur Kostenoptimierung im Rahmen der strategischen Planung oder analytische Kostenvergleiche mit Konkurrenzprodukten.

Das dritte Themenfeld, auf dem Controlling betrieben wird, ist das Feld unserer Problemlösungspotentiale für Kunden. In der siebziger Jahren kam so als neues Controlling-Instrument die strategische Planung auf, mit ihren Modulen Eigen-, Konkurrenz- und Marktanalyse; jeweils als Ist-Analyse und als Szenariobeschreibung.

Themen, die mit diesem Werkzeugkasten angegangen und geklärt werden, sind etwa Standortfragen, Investitions- und Desinvestitionsentscheidungen bei Produkten, Märkten, Technologien. Grundsätzliche Reorganisationsfragen haben strategischen Charakter oder die Entscheidung über Wertschöpfungstiefen.

Wiewohl in diesen Fragenkomplexen den Meinungen und Ansichten, der Intuition und Vision notwendigerweise ein großes Gewicht zukommt, gilt es doch in multifunktionalen Teams Alternativen zu erfinden und diese durchzurechnen. Was kostet's, was bringt's? Und gerade die Zahlen selbst erzeugen ja wieder Unterschiede, die ihrerseits eine Kraftquelle sind für Entscheidungen, die scheiden und wandeln sollen.

Historisch haben sich diese Controlling-Instrumente so entwickelt: Steuerung und Regelung erst bei den Finanzen, dann bei den Ergebnissen, dann bei den Erfolgspotentialen. Unterlegt man aber eine andere Zeitleiste und fragt sich, wann und wo man die Stärken respektive Schwächen als Systemzustand ablesen kann, dreht sich die Reihenfolge um: Die Hochs und Tiefs erscheinen zuletzt bei den Finanzen. Heutige erfreuliche Bilanzen sind die Folge eines oft längst vergangenen Aufbaus strategischer Erfolgspotentiale, die heute genutzt werden. Und gleichzeitig kann eine Firma mit glänzenden Bilanzen bereits strategisch angeschlagen, im Extremfall tot sein. Sie weiß es vielleicht noch gar nicht und freut sich über einen Super-Shareholder-Value und ausgezeichnete Betriebsergebnisse. Und selbst wenn letztere schon etwas kränkeln, gibt es ja immer noch, wenigstens eine Zeitlang, die Möglichkeit bilanzkosmetischer Maßnahmen.

Ich denke, es war Michael Porter, der von »weak and strong signals«, von weichen Meinungen und harten Fakten sprach. Vieles im Strategiebereich ist vorwiegend weich und wird auf dem Weg über die Ergebnisse bis hin zur Bilanz zunehmend härter. Aber vieles im Strategiebereich läßt sich auch im Sinne eines »es aufschieben« und »es vertagen« ignorieren, tabuisieren, verdrängen. Diese Dinge sind zwar wichtig, aber häufig zunächst nicht dringend. Werden sie aber zu lange aufgeschoben, erwachsen daraus garantiert und folgerichtig erst Ergebnis- und später, so nichts Entscheidendes geschieht, Finanzprobleme. So verweisen die Finanzkrisen von heute regelmäßig auf nicht oder schlecht gelöste Strategiekrisen von gestern. Und umgekehrt: Manch ein guter Bilanzgewinn »gehört« den inzwischen schon pensionierten Mitarbeitern.

Gerade aber in der Abfolge der drei Themenfelder wird ihre Wertigkeit für den organistorischen Wandel nochmals deutlich. Probleme auf dem Strategiefeld zu lösen heißt, proaktiv zu handeln. Ergebnis-Proble-

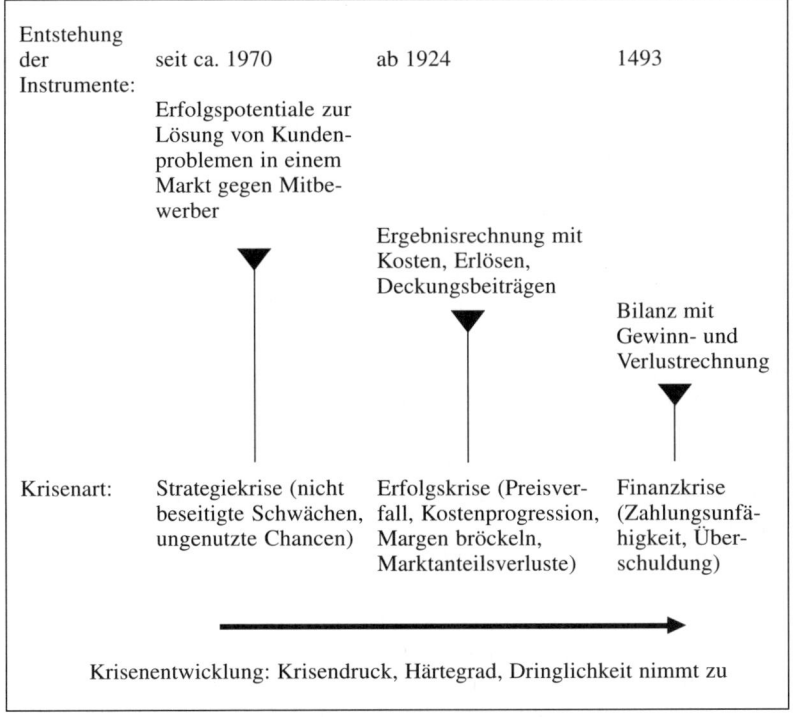

*Abbildung 15: Die Entwicklung der Controlling-Instrumente*

me von gestern, heute auf dem Finanzfeld zu lösen, bedingt ein reaktives Bewältigen, jetzt auch Sanieren genannt. Auf dem Strategiefeld aber sind die meisten Ideen Glaubenssache und viele Zahlen weich. Hier geht es um Zukunftsentwürfe, und es gibt keinen »wirklich« richtigen. Das ist so bei Kreationen. Oder können Sie mir sagen, ob Beethoven die richtige Neunte Symphonie komponiert hat? Planungen sind auch Kreationen und so lange wahr, wie man kollektiv an sie glaubt.

2.4 Den Glauben an bedeutungsvolle Zahlen erhalten und stärken

Die gedankliche Herleitung für diese Aussage habe ich weiter vorne schon geleistet (vgl. 1.3). An dieser Stelle will ich deswegen stellvertretend auf ein Controlling-Instrument Bezug nehmen und aufzeigen, wie seine Handhabung den Glauben entweder nicht entstehen läßt oder schwächt. Und damit die im Instrument potentiell vorhandene Kraft für den organisatorischen Wandel verpufft. Im Rahmen der Jahresplanung finden auf den unterschiedlichen hierarchischen Ebenen Zielvereinbarungsgespräche statt. Quantitative Ziele spielen dabei eine hervorragende Rolle. Die Prozedur des Vereinbarens von Zielen sieht den dualen Ansatz von Top-down- und Bottom-up-Planung vor. Unterschiedliche Zahlen aus diesem Gegenstromverfahren sind Informationen, sind Konflikte. Verlangen nach einer Einigung: Goal, Target, Objective.

So die Theorie. In der Praxis beobachte ich aber häufig, daß die Top-down-Ziele rabiat durchgedrückt und die Bottom-up-Ziele ebenso konsequent weggedrückt werden. Informationen im Sinne von Unterschieden gehen so verloren. Komplexität auch. Konflikte werden unterdrückt statt kreativ ausgelebt. Statt einer Vereinbarungskultur herrscht eine primitive, machtorientierte »Der Ober sticht den Unter«-Kultur. Und da sollen die Leute noch an Zahlen glauben, sich für diese Zahlen engagieren? Nein! Sie werden zu leblosen, kraftlosen, bedeutungslosen Zahlenfriedhöfen!

Für mich ist der Umgang mit der Zeit ein sehr guter Seismograph für den Glauben an vereinbarte Zahlen. Beginnen Besprechungen pünktlich und mit allen Beteiligten? Oder tröpfeln die Leute so allmählich zusammen, dann auch nach dem Motto: Wer schon zu spät kommt, kann auch früher gehen! Haben die Sitzungen ein definiertes Ende, das auch eingehalten wird? Controller, die das in den überwiegenden Fällen nicht zu leisten vermögen, sind unglaubwürdig und der lebende Beweis dafür, daß Zahlen weder ernst zu nehmen sind noch irgendwie verpflichten.

(Self-)Commitment ist ja gerade in aller Munde – hier ist es der Glaube an bedeutungsvolle Zahlen in der Ausprägung von Zeitbudgets. Wer öfters anders ansagt (Plan) als er dann konkret handelt (Ist), wirkt unglaubwürdig und zieht sich so den Teppich unter den eigenen Füßen weg.

## 2.5 Abweichungen als Grundlage für Veränderungen nutzen

Weil Planung keine Hellseherei ist, ist die Abweichung normal. Also warum die ganze Aufregung um »gute«, aber insbesondere »schlechte« Abweichungen? Abweichungen sind weder Schuldbeweise noch Anlässe um Lorbeerkränze zu flechten, sondern Regelungsimpulse. Hier gilt es »cool« und nüchtern zu bleiben. Der kompetente Umgang mit Abweichungen ist viergliedrig und von vier Fragetypen begleitet (vgl. Abbildung 16).

Während also die beiden ersten Schritte problemorientiert sind, sind die nächsten beiden lösungsorientiert. Systeme aber, die als Verhaltensmuster anfangen, Abweichungen »wegzumachen«, zu glätten, sie argumentativ auf die Seite zu räumen, zu ignorieren, zu vertagen und darüber hinwegzusehen, solche Systeme leben gefährlich. Weil ohne zugelassene, ja willkommen geheißene Unterschiede keine Informationen mehr entstehen, und eine Firma ohne Informationen sich damit von einem der wichtigsten produktiven Faktoren loskoppelt. Sollte das eine kulturprägende Mentalität sein, entsteht dadurch ein immenses Gefährdungspotential, das allzuoft erst wahrgenommen wird, wenn die Probleme sich auf das Finanzfeld vorgeschlichen haben. Spätestens dann sorgen Aufsichtsgremien, Holdings oder Banken dafür, daß die Wahrnehmungsfilter gereinigt oder ausgewechselt werden und die Schönrednerei ein Ende hat.

Gerade auch für den konstruktiven Umgang mit Abweichungen will ich nochmals anmahnen: Wer keine Vergangenheit hat, hat keine Gegenwart. Wer aber keine Gegenwart hat, hat keine Zukunft. Lebendige Systeme sind stets vergangenheitsabhängig. Und jede noch so bedeutungsvolle Vision muß im Heute gestaltet werden.

| Problemlösungsschritte | Fragetypen | Ziel der Frage |
|---|---|---|
| **Die Situation** besteht aus Plan- und Istzahlen, die jeweils aus einem Plan- und Istkontext heraus entstanden sind. Kontext klären! | **Explorierendes Befragen** Was passiert oder geschieht? Wie war der Hergang? Was war zuerst? | Fakten sammeln |
| **Die Situation,** ihre Geschichte und Ihre Entwicklungsdynamik verstehen. Was sind die Wirkfaktoren, was die wichtigen Beziehungen, was die Entwicklungs-Muster? | **Diagnostizierendes Befragen** Warum geschieht es? Wie? Wann? Wo? | Gründe finden, Hypothesen konstruieren |
| **Handlungsoptionen entwickeln** Was sind mögliche Lenkungseingriffe, wo und was die erwarteten Wirkungen? Wollen wir das so? Reicht eine Veränderung 1. Ordnung oder ist es ein Problem 2. Ordnung (z. B. strategisch)? | **Aktionsorientiertes Befragen** Was könnten Sie tun? Was bedeutet das? Was geschieht, wenn …? Wie würde A auf B reagieren, wenn er wüßte, daß C …? | Veränderungskorridor klären |
| **Entscheiden und geplante Auswirkung festhalten** Was tun/lassen wir konkret? Was kostet's/bringt's? Bis wann? Wer tut's? | **Direktives Befragen** Haben Sie daran gedacht, folgendes zu tun? Wie lautet Ihre Entscheidung? | Vorschläge entscheiden, Lösungen beschließen |

*Abbildung 16: Problemlösungsschritte beim Gestalten durch Soll-Ist-Vergleiche*

## 2.6 Den Wald und die Bäume sehen

Die Bäume sind die konkreten Ereignisse, sind die Symptome. Den Wald aber bilden die Muster und die »basic beliefs«. Controlling vermag nur dann Wandel anzustoßen, wenn sowohl das Zahlendetail berücksichtigt wird als auch der Gesamtüberblick nicht verloren geht. Das Einzelereignis (Zahl) und der Entwicklungstrend (Muster) sind gleichermaßen wichtig.

So wäre eine konkrete Abweichung wie ein einzelner Baum zu sehen. Die vier vorgeschlagenen Problemlösungsschritte müßten aber den Wald dem Entscheidungskontext hinzufügen. Was ist damit konkret gemeint? Ich will es mit der Abweichung erklären: Umsatzplan = 70, im Ist erreicht 60. Das Symptom ist also eine Umsatzabweichung von 10. Bei oberflächlicher, also symptomatischer Betrachtung mag man die Höhe des Marketing-Etats als Problemquelle ausmachen und ihn erhöhen (»mehr oder weniger desselben«). Das bringt vielleicht kurzfristig Linderung. Man denkt: Problem gelöst. Dann ist es wieder da: Die Dosis »Marketing-Etat« muß weiter gesteigert werden. Bis man merkt, daß die versuchte Lösung das Problem ist, den Blick auf die grundsätzliche Lösung verstellt und deren Bearbeitung verzögert hat. Weil beispielsweise die Qualifikation des Profit-Center-Leiters verändert oder die Außendienstorganisation umgestellt werden müßte. Je weniger der Blick frei ist auf grundsätzliche Lösungen, um so mehr Problemsymptome tauchen auf, die durch symptomatische Lösungen momentan »gelöst« werden. Ein Vorgang, der letztlich aber so viel Kraft benötigt, daß man immer weniger Power hat, um sich hinter die eigentlichen Problemquellen zu klemmen.

Auch die Zielerosion funktioniert so, ist eine Problemverschiebung. Statt auf die Umsatzabweichung mit vermehrter, vielleicht eben auch andersartigen Anstrengungen zu reagieren, löst sie Aktivitäten der Zielanpassung aus. Das Ziel wird im Anspruchsniveau verkleinert, damit die Abweichung beseitigt und so das Problem »gelöst«.

Den Wald und die Bäume sehen, Analyse und Synthese betreiben – ich kenne kein besseres Symbol dafür als dieses (siehe Abbildung 17).

Die Summe der kleinen Quadrate und Rechtecke, die Summe der analytischen Arbeiten bleibt so lange ohne Muster oder ohne Gesamtgestalt, wie es nicht aus der Ferne (2–3 Meter oder Augen zukneifen) betrachtet wird. Erst dann ist der »rote Faden« sichtbar und wir sagen: Einstein. Diese Synthese aber gelingt nur dank der analytischen Detailarbeit – bringen wir aber in diese nicht Unschärfe (hier: Abstand) hinein, bleibt der Wald unerkannt. Erst wo die Einzelheiten zurücktreten, können die Beziehungen hervortreten. Das Ganze wird sichtbar. Der Wandel 2. Ordnung hat eine Chance.

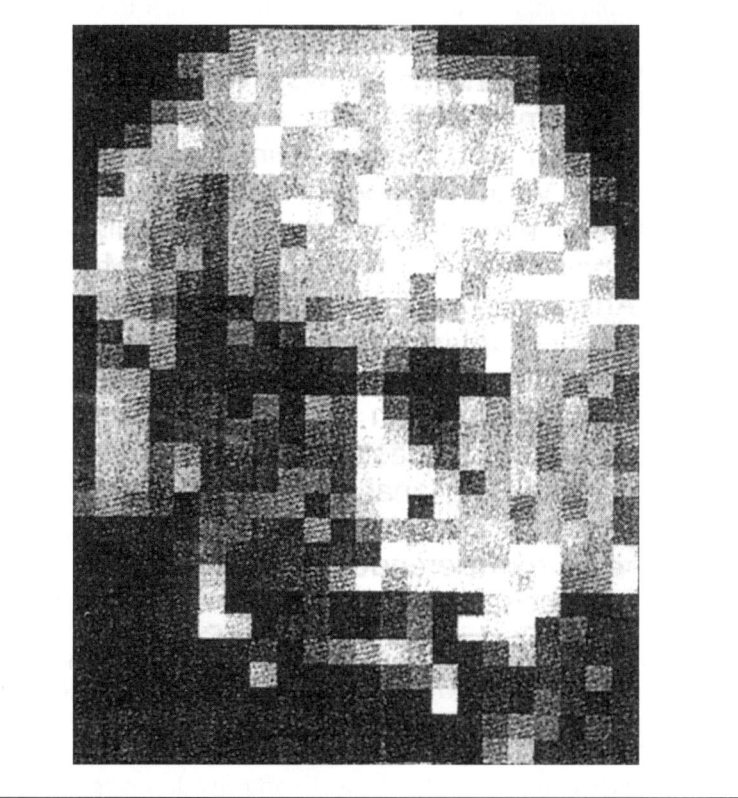

*Abbildung 17: Einstein von nah – Einstein von fern: Einstein als viele kleine Bäume (Analyse) und als Wald (Synthese)*

## 2.7 Frühzeitig und kraftvoll durch Controlling Krisen auslösen

Klar, daß wir laufend und ziemlich rigoros Signale aus unserer Innen-und Umwelt herausfiltern, nur wenige in unsere Schaltzentrale »rein-lassen« und damit eine radikale Informationsauswahl betreiben. Das Stellglied dafür, so Robert Ornstein, Professor für Humanbiologie an der Standford-University, das Stellglied also dafür, was ins Bewußtsein

trete, stamme aus der Evolution. Und diese kenne keine langfristigen Entwicklungskonzepte, sondern sei stets am kurzfristigen Überleben orientiert. Und daran richte sich unsere Datenselektion auch aus. So filtere unser »mentales Betriebssystem« vierfach (Ornstein 1989).
Was war gerade eben los? Alles Neue also findet Eingang. Während GWA und Lean Management längst alte Hüte sind, mobilisieren Themen wie Datawarehouse und Balanced Scorecard. Schaffen Sie als Change-Agent stets Aktualität!
Was ist aufregend? Unser Nervensystem leitet Schwankungen weiter, nicht aber konstante Intensitäten. So ist es verstehbar, daß beispielsweise die Havarie eines Öltankers viel mehr Aufmerksamkeit erhält als etwa die schleichende Vergiftung von Gewässern durch das Auswaschen von Tankern auf offener See. Oder: Schmelzen die Deckungsbeiträge konstant, aber nur sachte, wird das weniger oder später zum Problem, als wenn dasselbe plötzlich und stark passiert. Wer als Controller aufwecken will, regt auf und an!
Wie ist es im Vergleich zu …? Vergleiche erzeugen wahrgenommene Probleme, die anschließend Problemlösungen anstoßen. Controller Meier hat mit seinen 36 Jahren ein schönes Jahresgehalt von 120 TDM. Ein guter Job, ein gutes Gehalt – »no problem«. Bis er hört, daß sein Studienkollege, der auch Controller geworden ist, in einer ähnlichen Funktion 170 TDM verdient. Und ab sofort hat Herr Meier ein Problem. Daß Vergleiche Problemerzeuger erster Güte sind, wissen gerade Controller: Wozu dient der Plan-Ist-Vergleich? Oder der Ziel-Ist-Vergleich? Oder eine Deckungsbeitragsanalyse auf Produkte- oder Kundenebene? Und wozu dienen die Benchmarks? Mobilisieren Sie also durch Vergleiche!
Was ist die Bedeutung einer Sache? Wir nehmen Ereignisse wahr und bearbeiten sie, so sie für uns irgendwie bedeutungsvoll sind. Was also bitte sehr ist der Sinn für mich? Fluggesellschaften wissen, daß, wenn erst einmal ein Flugzeug eines bestimmten Typs abstürzte, viele Fluggäste sich nach dem Maschinentyp erkundigen, mit dem sie selber in einigen Tagen befördert werden sollen und gegebenenfalls auch umbuchen. Für diese Gäste hat der Absturz eben eine andere Bedeutung als für jemanden, der in der nahen Zukunft keine Flugreise vor sich hat. Daß die deutschen Genehmigungsverfahren für den Einsatz von gentechnisch veränderten Pflanzen und Tieren langwierig sind – na ja, was soll's? Wenn dann aber ganze zukunftsträchtige Industriezweige, natür-

lich schleichend, beginnen abzuwandern, wird die Sache doch bedeutungsvoll. Zeigen Sie den Sinn der Sache auf! Controller, die sich auf die Zahlenlieferanten-Rolle zurückziehen und die Bedeutung der Zahlen offenlassen, versäumen das Herzstück ihrer Arbeit: das Sinn-Management.

## 2.8 Dafür sorgen, daß Fixsterne gebaut werden

»Wenn der Bauer keinen Fixstern hat, vermag er keine gerade Furche zu ziehen.« Nun werden auch im geschäftigen China wenige Bauern nachts pflügen. Im übertragenen Sinn aber hat der Fixstern zwei Funktionen: Er gibt für die gerade zu ziehende Furche Orientierung, bleibt aber unerreichbar, stellt also selber kein Ziel dar.

Auf Unternehmensebene schafft die Vision oder das Unternehmensleitbild Orientierung. Orientierung für die darauf ausgerichteten Planungen. Diese schaffen Verbindlichkeit, Commitment. Die strategische Planung, die operative Mehrjahresplanung, das laufende Budget, die Projektplanung, die Investitionsrechnung, das Berichtswesen mit dem unterjährigen Forecast – das alles repräsentiert die unterschiedlichen Furchen. Und so wie die vorangegangene Furche diejenige, die gerade in Arbeit ist beeinflußt, so beeinflußt auch die strategische Planung die operative und jene das Handeln im Tag. Dieses aber erhält seinen Sinn aus der Vision – aus den zentralen Werten, die wir als System verkörpern und die uns mal antreiben, mal locken, aber stets bewegen. Fixsterne aus dem Controlling heraus mit aufzubauen ist ein zentraler Beitrag, ist der oft quantitative Mürbteig für den Wandel.

## 3. Zusammenfassung

Controlling steuert zum organisatorischen Wandel Informationen bei. Informationen sind Unterschiede, die irgendwie bedeutungsvoll sind. Die Techniken reichen von Ist-Ist-Vergleichen bis zum Benchmarking oder Target-Costing/Pricing.

Die Themenfelder, aus denen heraus Unterschiede erzeugt werden, sind das Potential-, Ergebnis- und Finanz-Controlling. In dieser Reihenfolge entstehen auch im zeitlichen Ablauf die Krisen. Die Neigung besteht, die strategischen Erstinformationen und »weichen« Signale nicht zu verarbeiten und wertvolle Zeit an Mitbewerber zu verschenken.

Wer in einem System Controlling als Unterstützung für den organisatorischen Wandel einsetzt, ist angewiesen auf den »basic-belief«, daß bedeutungsvolle Zahlen etwas Wertvolles sind und eine wichtige Funktion erfüllen. Wer auf der konkreten, erlebbaren Handlungsebene sich nicht kongruent verhält, torpediert den Grundwert.

Abweichungen sind keine Fehltritte, sondern Regelungsimpulse. Auch Abweichungen sind Unterschiede und damit, so sie bedeutungsvoll werden, Informationen. Sie zu ignorieren oder zu glätten unterdrückt die Probleme, ohne sie zu beseitigen.

Organisatorischer Wandel gelingt dann nachhaltig, wenn der einzelne Baum im Kontext des Waldes gesehen wird. Analyse ist in dem Maße wertvoll, wie sie um die Synthese ergänzt wird.

Es gilt mit Controllinginstrumenten frühzeitig Krisen auszulösen. Planen ist ein Zugriff auf das Morgen und kreiert frühzeitig aufregende, bedeutungsvolle Aktualität.

Fixsterne schaffen Orientierung und Sinn im Arbeitsalltag. Die Vision schafft Orientierung für die strategische Planung, an der sich wiederum das Budget ausrichtet. Eine Planung ohne Maßnahmenkatalog (was, wozu, wer, bis wann etc.) entartet zu einem Wolkenkuckucksheim und ist nicht regelungsfähig. Wandel aber braucht beides: Feedforward und Feeback.

*Literatur*

Bateson, G.: Geist und Natur, Frankfurt a. M. 1995.
Deyhle, A.: Controller Handbuch, Gauting b. München 1996.
Gumin, H., Mohler, A.: Einführung in den Konstruktivismus, München 1985.
Hinnen, P., Stamm, M.: Seminarunterlagen zu »Das erfolgreiche Team«, Gauting b. München 1995.
Ornstein, R.: Multimind, Paderborn 1989.
Pietschmann, H.: Die Wahrheit liegt nicht in der Mitte, Stuttgart und Wien 1990.
Sprenger, R. K.: Das Prinzip Selbstverantwortung, Frankfurt/New York 1995.
Stamm, M., Titscher, S.: Seminarunterlagen zu: »Projekte erfolgreich durchsetzen«, Gauting b. München 1996.

*Weiterführende Lektüre zum Thema*
Doppler, H., Lautenburg, Ch.: Change-Management, Frankfurt/New York 1994.
Dörner, D.: Die Logik des Mißlingens, Reinbeck b. Hamburg 1989.
Senge, P. M.: Die fünfte Disziplin, Stuttgart 1996.
Stamm, M.: Als Team Probleme lösen, Gauting b. München 1998 (in Vorbereitung).

*Trainingsmöglichkeiten*
Controller Akademie, Gauting b. München
Controller's-Problemlösungs-Workshop, Stufe V
Das erfolgreiche Team
Projekte erfolgreich durchsetzen
Change-Management durch Controlling

# Teil 2
# Die Beispiele

# Das Change-Ziel »höhere Kundenzufriedenheit«

## Das Beispiel ESPRIT

*Thomas Grote*

## 1. Das Unternehmen ESPRIT

ESPRIT ist ein weltweit agierendes Unternehmen, das seit mehr als 20 Jahren Mode- und Lifestyleprodukte entwirft und vertreibt. Die Marke ESPRIT ist in 45 Ländern auf allen Kontinenten präsent und darf sich getrost in die Kategorie der »Global Brands« wie zum Beispiel Levis, Benetton, Gucci etc. einreihen.

Signifikant für die Marke ist nicht nur der außerordentlich hohe Bekanntheitsgrad in nahezu alle Märkten der Welt, sondern auch die hohen Sympathiewerte, die der Endverbraucher mit dem Namen ESPRIT verbindet. Ergebnisse mehrerer Studien in den letzten Jahren belegen, daß Begriffe wie Lebensfreude, Innovation, Qualität, tragbare Mode mit Pfiff und Liebe zu Details, Sportivität sowie Trendsicherheit die wesentlichen Attribute sind, die der Konsument mit dem Label ESPRIT verbindet. Unter dem Markennamen ESPRIT werden neben Young-Fashion-Kleidung für Frauen und Männer ebenfalls Kinderbekleidung, Schuhe und Accessoires sowie verschiedene Lizenzprodukte wie Armbanduhren, Sonnenbrillen, Heimtextilien, Socken und Strumpfhosen angeboten. Jede Produktlinie zeichnet ein unverwechselbares »Corporate Design« der Marke ESPRIT aus.

Die Geschäftsbereiche der einzelnen Kontinente sind durch die ES-PRIT Holding Ltd. mit Sitz in Hongkong miteinander verbunden. Hauptaktionäre der Holding sind Michael Ying, vormals Inhaber der ESPRIT Far East Gesellschaft. sowie Jürgen A. Friedrich, früher Geschäftsführer und Mitbegründer der ESPRIT de Corp. GmbH, Deutschland mit Sitz in Düsseldorf. Michael Ying und Jürgen A. Friedrich halten gemeinsam etwa 70 Prozent der Firmenaktien. Die verbleibenden Aktien sind in Händen von leitenden Mitarbeitern sowie externen Anteilseignern. Weltweit wurde 1996 mit ESPRIT-Produkten ein Einzelhandelsumsatz von über 2,5 Milliarden DM erzielt. Größter und profitabelster Einzelmarkt für ESPRIT ist Deutschland.

Die ESPRIT de Corp. GmbH, Düsseldorf, erzielt mehr als 30 Prozent des gesamten ESPRIT Weltumsatzes. Gleichzeitig ist Düsseldorf Sitz des ESPRIT Europa Managements sowie des Design- und Produktentwicklungscenters.

Die ESPRIT de Corp. GmbH beliefert rund 2.000 Einzelhandelskunden im deutschen Markt und betreibt 42 eigene ESPRIT-Einzelhandelsgeschäfte. An 315 Verkaufsstellen betreiben Einzelhandelspartner sogenannte ESPRIT-Shop-in-Stores, auf deren Flächen ausschließlich ESPRIT-Produkte in einem von ESPRIT entwickelten Ladenbaudesign vermarktet werden. ESPRIT war das erste Unternehmen der Young-Fashion-Branche, das diese konsequente Vermarktung der Produktlinien in Deutschland erfolgreich eingeführt hat. Das Unternehmen, im Jahr 1977 gegründet, entwickelte sich kontinuierlich weiter und galt in der zweiten Hälfte der achtziger Jahre bis in die frühen neunziger Jahre als unumstrittene Nummer eins im Young-Fashion-Segment des deutschen Marktes. Sowohl das innovative Produktdesign und die Gestaltung der monatlichen Auslieferungsprogramme als auch vorzügliches Marketing zeichneten das Unternehmen aus und trafen genau die Bedürfnisse des Konsumenten und ließen es beispielhaft für viele Nachahmer werden. Ein führender deutscher Handelsmanager sagte einst: »ESPRIT ist eine der genialsten Marketingleistungen der achtziger Jahre und für mich das Original.«

Im folgenden wird beschrieben wie die ESPRIT de Corp. GmbH die Marktführerschaft durch fehlenden Kundenfokus verloren hat, Veränderungen im Markt nicht rechtzeitig erkannt hat, und wie sie durch erfolgreiches Change-Management zurück an die Spitze kommen will.

## 2. Situation 1995

Nach den so erfolgreichen achtziger Jahren und einem kontinuierlichen Wachstum bis in die frühen neunziger Jahre war das Unternehmen in seinem Kerngeschäft, der DOB, im Jahr 1995 auf seinem bisherigen Tiefpunkt angelangt. Nur die äußerst gute Entwicklung in anderen Produktbereichen, wie z. B. Accessoires und im Lizenzgeschäft (Uhren, Socken), linderte die Auswirkungen des Umsatzeinbruches im DOB-Bereich auf das Gesamtergebnis der Unternehmung. ESPRIT, im Jahr 1992 noch die Nummer 1 im deutschen Young-Fashion-Markt Damen, mußte bis zum Jahr 1995 einen Umsatzeinbruch von ca. 30 Prozent hinnehmen.

Was waren die Gründe für diesen erheblichen Verlust von Marktanteilen? Nun, wie man weiß, birgt eine Marktführerschaft häufig Gefahren in sich. Man ist geneigt, den Markt nicht mehr so genau zu beobachten, man vertraut mehr auf die eigene Stärke, als auf die Bedürfnisse der Konsumenten zu achten, und verliert plötzlich die Bindung zum Markt. Marktveränderungen, wie verändertes Kaufverhalten der Konsumenten sowie das Aufkommen neuer Mitbewerber und Kopisten, werden nicht rechtzeitig wahrgenommen, um Gegenmaßnahmen einzuleiten. So auch im Unternehmen ESPRIT. Die Hauptursachen für den Geschäftsrückgang im einzelnen:

1. Die Produkt- und Kollektionsentwicklung ging völlig an den Bedürfnissen des Handels und der Konsumentin vorbei, weil man lieber eigene Produkt- und Designphilosophien umsetzen wollte, anstatt die Produktanforderungen des Einzelhandels intensiver zu berücksichtigen. Man verlor eine der ursprünglichen Stärken des Unternehmens ESPRIT, nämlich eine ausgewogene Balance zwischen Innovationskraft, Designanspruch sowie Tragbarkeit und Verkäuflichkeit der Produkte.

2. Der Managementfokus im Unternehmen war falsch. Die eigene Internationalisierungs- und Globalisierungsstrategie, nicht der Kunde, stand im Mittelpunkt des Handelns. Das Ohr war nicht nah genug am Markt, um lokale Veränderungen rechtzeitig wahrzunehmen und entsprechende Maßnahmen einzuleiten. (Think global, act global!)

3. Geschäftsunterstützende und periphere Unternehmensbereiche, wie z.B. Architektur, Visual Merchandising, Shop-in-Store-Entwicklung und Retailentwicklung hatten teilweise mehr Bedeutung und Fokus im Unternehmen als die Produktentwicklung.

Als Resultat dieses Handelns, offerierte man dem Einzelhandel Produktlinien, die immer weniger den Bedürfnissen der Konsumentin in bezug auf Tragbarkeit, Qualität, Design und Preis-/Leistungsverhältnis gerecht werden konnte. Konsequenterweise sanken die Erträge, die der Einzelhandel mit dem Produkt ESPRIT Woman erzielte, auf ein nicht mehr akzeptablen Niveau ab. Sinkende Quadratmeterumsätze und überdimensional hohe Abschriften waren die Regel. Folglich quittierte der Handel die schlechten Ergebnisse und reduzierte seine Aufträge entsprechend drastisch. Lediglich die Zugkraft der Marke ESPRIT sowie die hohen Sympathiewerte der Marke beim Endverbraucher und vielleicht die Hoffnung, daß die Marke, wie in der Modebranche nicht ungewöhnlich, nur ein Tal durchschreite, hat viele Händler veranlaßt, das Produkt nicht ganz aus den eigenen Verkaufsräumen zu verbannen. Trotzdem gelang es Mitbewerbern, nicht zuletzt durch die Schwäche des einstigen Marktführers, Marktanteile zu gewinnen und zumindest vom Volumen her an ESPRIT vorbeizuziehen.

## 3. Das Change-Ziel

Was mußte also geschehen im Hause ESPRIT, um die weitgehend unzufriedenen Kunden wieder zufriedenzustellen? Anfang 1996 begann das Unternehmen unter der Leitung des damaligen Deutschland-Chefs Heinz J. Krogner (heute Chief Executive Officer ESPRIT, Europe), zahlreiche Umstruktuierungsmaßnahmen und Change-Prozesse in Gang zu setzen. Nachdem die maßgeblichen Fehler erkannt worden waren, galt es, entsprechende Maßnahmen und Ziele zur Veränderung zu formulieren. Es war offensichtlich, daß die Produkte der Firma ESPRIT, zum Teil kraß an den Erwartungen und den Bedürfnissen der Konsumentin vorbeigingen. Hier mußte der Hebel angesetzt werden. Die Bedürfnisse unserer Kunden sollten fortan in den Mittelpunkt der gesamten Unternehmung, insbesondere in der Produktentwicklung, rücken. Die ursprünglichen Stärken des Produktes wie Qualität, Tragekomfort, Trendsicherheit und gutes Preis-/Leistungsverhältnis sollten wieder erweckt werden. Nicht komplexe Sachverhalte und Strategien, sondern die simple und pragmatische Fokussierung auf die Bedürfnisse der ESPRIT-Konsumentin und auf die Bedürfnisse des ESPRIT-Handelspartners sollten die Wende zum Besseren bringen. Zunächst wurden die wesentlichen Primärziele definiert und in den Mittelpunkt des Handelns gestellt.

## 3.1 Primärziele

1. Jedes ESPRIT-Produkt wird mit Bezug auf die Erfüllung der Primärbedürfnisse der Konsumentin entwickelt. Die Primärbedürfnisse sind:
- Hoher Anspruch an Preis-/Leistungsverhältnis, wobei Qualität (Oualität = Stoffqualität + Verarbeitung + Paßform) im Vordergrund steht (Leistungs-/Preisverhältnis).
- Die Konsumentin erwartet Mode mit »ESPRIT«, die dem Zeitgeist entspricht, zugleich tragbar und beanspruchbar ist. Sie möchte ständig neue Inspirationen, erwartet Trendsicherheit, aber kein Trendsetting.

Daraus lassen sich folgende Teilziele ableiten:

- Verbesserung Leistungs/Preisverhältnis,
- Ausgewogenheit von Innovation und Designanspruch sowie Kommerzialität und Tragbarkeit.

Uns war klar, wenn diese Ziele erreicht werden bzw. diese Grundsätze befolgt werden, wird sich der Erfolg automatisch einstellen. Auch die Erreichung des primären Ziels des Einzelhandels, nämlich eine profitable Vermarktung von ESPRIT-Produkten, würde eine natürliche Konsequenz unserer Leistungsverbesserung sein. Die primären Change-Ziele klingen nicht nur sehr einfach, sie sind auch sehr einfach. Allerdings ist der Weg zur Zielerreichung wesentlich schwieriger und komplexer, nicht zuletzt aufgrund der großen Angebots- bzw. Produktpalette und der Probleme, die das Tagesgeschäft häufig mit sich bringt.

3.2 Sekundärziele

An dieser Stelle sei gesagt, daß es sich bei den Sekundärzielen für unser Unternehmen heute wirklich um zweitrangige Ziele handelt. Natürlich sind Dinge wie Werbung, Visual Merchandising und Ladenbau wichtig für uns, sie sollen aber nie mehr zu Lasten der Produktleistung im Vordergrund der Unternehmung stehen. Fundament für unser Unternehmen soll ganz klar eine marktgerechte Produktleistung sein. Werbung und Image sind für uns das »Sahnehäubchen« auf die Leistungsstärke der Marke ESPRIT, sie geben einen »added value« für den Konsumenten.

Die Sekundärziele im einzelnen:

– Erhalten und Fördern der Imagewerte der Marke ESPRIT durch zielgruppengerechte Werbung und Kommunikation,
– Optimierung der Warenpräsentation,
– verbesserter Kundenservice.

Es mag ein wenig überraschen, daß wir erst hier über Service sprechen, was nicht heißen soll, für uns sei Service nicht wichtig, nein, ganz im Gegenteil, nur für uns ist Service nicht primär die nette Stimme am Telefon, sondern zunächst die Erfüllung der Primärbedürfnisse.

## 4. Implementierung der Zielvorgaben sowie der Maßnahmen zur Zielerreichung

Nach dem Erkennen der Schwachstellen und dem Definieren der Change-Ziele ist eine erfolgreiche Implementierung der Maßnahmen die wichtigste und entscheidende Phase im Change-Prozeß. Es reicht sicherlich nicht aus, die formulierten Ziele per Rundschreiben an alle Mitarbeiter zu kommunizieren oder sie ans Schwarze Brett zu heften und zu glauben, jetzt sei schon alles verändert. Wichtigste Voraussetzung für eine erfolgreiche Implementierung ist zunächst einmal, daß die Einstellung eines jeden Mitarbeiters und des Managements mit den Zielen in Einklang steht. Selbst bei noch so plausiblen Zielen gibt es in Großunternehmen immer Teilbereiche, die die negativen Auswirkungen eines Change-Prozesses zu spüren bekommen, z. B. durch Personalabbau,

Budgetkürzung oder Veränderung der Kompetenzen. So mußten auch im Hause ESPRIT zahlreiche vermeintlich unpopuläre Entscheidungen getroffen werden, um den Change-Prozeß einleiten zu können. Für das primäre Ziel (Verbesserung Leistungs-/Preisverhältnis) war es zwingend notwendig, die Organisation zu verändern und schlanker zu gestalten. Im Laufe der erfolgreichen Jahre hatte das Unternehmen ESPRIT »Speck« angesetzt. Es wurden viele sogenannte Serviceabteilungen aufgebaut, wie z. B. eigene Architektur, Market-Research-Abteilung, Visual Merchandising, Communications etc., die zum Teil personell und kostenmäßig völlig überdimensioniert waren. Diese hohen Kosten für all die peripheren Unternehmensbereiche trugen natürlich wesentlich zur Verteuerung der Produkte bei. Der Spielraum in der Preiskalkulation für Investitionen in das eigentliche Produkt, sprich in die Qualität, wurde immer geringer, da der Young-Fashion-Markt, auch für Markenprodukte, zusehends preissensibler wurde. Daher konnte es nur einen simplen Ansatz geben, um die erste Voraussetzung für eine Verbesserung des Leistungs-/Preisverhältnisses zu schaffen: »periphere Kosten senken«, um mehr Spielraum für verbesserten Wareneinsatz zu gewinnen.

*Fazit:* Das Unternehmen mußte »lean« werden, um dem Wettbewerbsdruck des Marktes gewachsen zu sein. Konsequenterweise wurden verschiedene Unternehmensbereiche neu organisiert bzw. ausgelagert. (Outsourcing). Ein wesentlicher Faktor für das Gelingen dieser Veränderung bestand darin, das Bewußtsein aller Mitarbeiter für die Notwendigkeit dieser Maßnahmen zu stärken. Jeder mußte verstehen, daß eine schlanke Kosten- und Unternehmensstruktur für unser Unternehmen überlebenswichtig geworden war, um die Nachteile gegenüber Mitbewerbern und vor allen Dingen den immer stärker werdenden vertikalen Handelsunternehmen auszumerzen. Dieser Prozeß war in einem Unternehmen wie ESPRIT, welches nie einen so ausgeprägten Kostenfokus hatte, ein nicht ganz einfaches Unterfangen. Um diesen Prozeß, der bis heute andauert und wahrscheinlich ein kontinuierlicher Prozeß bleiben wird, zu initiieren war viel Überzeugungsarbeit des Managements nötig, das übrigens als erstes »schlanker« wurde. Hiermit wurde die erste Vorraussetzung für die mögliche Erreichung unserer Primärziele gesetzt. Die zweite wesentliche Vorraussetzung für die Zielerreichung war eine wesentlich engere Einbindung des Handels in die Produktentwicklung, um das Produkt marktgerechter ausrichten zu können. Zwar sind

Design und Innovation weiterhin wesentliche Erfolgsfaktoren für das Produktkonzept von ESPRIT, doch steht heute die Qualität, Funktionalität und Verkäuflichkeit an erster Stelle Prioritätenskala. Auch in diesem Bereich mußten wir unsere Einstellung völlig ändern und unser Unternehmen mehr öffnen. Unsere frühere Einstellung, den Handel ja nicht zu früh über den Stand der Produktentwicklung zu informieren (aus Angst kopiert zu werden), mußte ad acta gelegt werden. Heute wissen wir, daß frühe Gespräche mit Handelspartner uns wertvolle Hinweise auf die richtige Gestaltung unserer Kollektion geben und ein wesentlicher Grund für die konsumentengerechtere Ausrichtung unserer Produkte sind.

Aber auch der Prozeß der Produktentwicklung, der seit Jahren unverändert war, mußte optimiert und den heutigen Marktgegebenheiten angepaßt werden. Das immer schneller wechselnde Verbraucherverhalten und die damit verbundenen Marktveränderungen erfordern eine flexible Organisation, die Produktentscheidungen z. B. über Farben, Styling etc. möglichst nah am eigentlichen Verkaufszeitpunkt treffen kann. So wurden interne Abläufe und Prozesse überprüft und optimiert, um die mittlerweile entstandenen Wettbewerbsnachteile gegenüber einigen »schnellen« Lieferanten wettzumachen. Der Order- und Auslieferungsrhythmus konnte somit von vier auf sechs Ordertermine mit zwölf Auslieferungsprogrammen verändert werden. Der Handel kann jetzt komprimierter und mit kürzeren Lieferzeiten seine Programme ordern. Unterstützend wurde eine »Speed-Linie« eingeführt, die den Handel kurzfristig mit aktueller und trendgerechter Ware versorgt. Weiterhin wurden »Basic Styles«, insbesondere im Jeansbereich, im NOOS-Programm (Never out of stock) angeboten, um eine kontinuierliche Warenversorgung des Handels in diesem Artikelbereich sicherzustellen. Eine Erweiterung dieses Programmes im Oberteilbereich ist für Ende 1997 geplant. In diesem Bereich wurden einige vertikale Kooperationen mit wichtigen Handelspartnern initiiert. Eine warenwirtschaftliche Verknüpfung mit führenden deutschen Handelshäusern sorgt hier für ein automatisiertes Ordergeschäft, basierend auf den tatsächlich erzielten Abverkäufen der Produkte. In diesem Vertikalisierungsprozeß, im besonderen im Austausch von warenwirtschaftlichen Daten und Informationen, sehen wir weitere Chancen, uns enger mit dem Handel zu verknüpfen und wertvolle Informationen für die Kollektionsgestaltung sowie für eine abverkaufsgerechte Sortiments- und Einkaufsplanung zu nutzen.

## 5. Situation 1997

Nach dem Initiieren der Change-Prozesse, die bis heute in vollem Gang und keineswegs abgeschlossen sind, befindet sich die Unternehmung nach eigener Einschätzung in einem Stadium der Zielerreichung von ca. 50–60 Prozent der angestrebten Leistungsfähigkeit. Daß sich die Unternehmenssituation trotzdem relativ schnell zum Positiven gewandelt hat, zeigt welch großes Potential in der Marke und dem Unternehmen ESPRIT steckt. Der Wandel wird besonders deutlich, wenn man die stark verbesserten Erträge, die unsere Handelspartner mit ESPRIT-Produkten erzielen, betrachtet. Binnen eines Jahres konnte die Abverkaufsquote erheblich verbessert werden. Gleichzeitig gelang es aufgrund der marktgerechteren Ausrichtung und der qualitativen Verbesserung der Produkte, die Abschriftenquote im Schnitt zu halbieren. Die Nettoerträge liegen derzeit in der Spitzengruppe der Young-Fashion-Branche. Die Orderbereitschaft des Handels hat sich um ca. 30 Prozent gegenüber dem Vorjahr verbessert. Dies ist für uns lediglich ein Zeichen, das die initiierten Veränderungsmaßnahmen etwas bewegt haben und wir verlorenen Kredit der Händler teilweise zurückgewonnen haben, keineswegs ein Grund, sich zufrieden zurückzulehnen.

Es bedarf einer weiteren konsequenten Fortsetzung der Change-Prozesse sowie der Einstellung des Unternehmens und seiner Mitarbeiter, sich ständig zu verbessern und das Ohr so nah wie möglich am Markt zu haben. Nur eine flexible Organisation wird in der Lage sein, auf Marktveränderungen entsprechend schnell zu reagieren und gewappnet zu sein für den zusehends härter werden und vor allen Dingen von vertikalen Handelsunternehmen verursachten Wettbewerb. Wir sind überzeugt, daß gerade in der Young-Fashion-Branche Change-Management für erfolgreiche Unternehmen keine punktuelle oder temporäre Angelegenheit sein kann, sondern ein ständiges »sich verändern« kontinuierlicher Bestandteil der Unternehmensstrategie sein muß. Eigentlich muß man nur ein simples Ziel verfolgen:

*Zufriedene Kunden*

# Die Bedeutung der Unternehmenskultur: Die Einführung von Efficient Consumer Response

## Das Beispiel Jacobi Allied Domecq

*Jürgen Stein*

*Inhalt*

## 1. ECR – die Herausforderung für Kosumgüterindustrie und Handel

Gemeinkostenwertanalysen, Bench Marking oder Business-Process-Reengineering – dies alles waren Ansätze, mit deren Hilfe in der Vergangenheit die Kosten und Wettbewerbsposition im Handel und in der Kosumgüterindustrie verbessert werden sollten. Sie konzentrierten sich jedoch darauf, unabhängig voneinander den Waren- und Informationsfluß zu verbessern. Suboptimale oder zumindest nicht abgestimmte Lösungen waren dabei meist die Folge – oftmals auf Kosten des jeweils anderen Partners. Effizienzpotentiale an der Schnittstelle von Handel und Industrie wurden dabei vernachlässigt.

Efficient Consumer Response (ECR) – das ist die neue Strategie, um schneller auf Kundenwünsche zu reagieren und die Kosten der gesamten Wertschöpfungskette nachhaltig zu senken sowie Absatzpotentiale besser zu erschließen. Heute und in Zukunft wird es darum gehen, die gesamte Wertschöpfungskette integriert zu gestalten – von der Beschaffung in der Industrie bis hin zum Kunden am Point of Sale. Nur auf diese Weise – ganzheitlich eben – lassen sich bisher nicht genutzte Effizienzpotentiale erschließen. Der zunehmende Wettbewerb zwingt dazu.

Jacobi Allied Domecq hat frühzeitig damit begonnen, das Unternehmen auf ECR auszurichten. Das Ziel war, sich auch in diesem Feld als kompetenter Partner des Handels zu positionieren und in gemeinsamen Projekten mit dem Handel effizienter zu werden und das Unternehmen noch stärker nach den Kundenwünschen auszurichten. Dabei hat Jacobi Allied Domecq sich von zwei grundsätzlichen Überzeugungen leiten lassen:

1. Die zu erschließenden Effizienzsteigerungspotentiale müssen zielorientiert analysiert und als klare Vorgaben für gemeinsame ECR-Projekte mit dem Handel festgelegt werden. Folgende Fragen waren deshalb zuerst zu beantworten:
   – Was bringt ECR konkret für unser Unternehmen? Wo liegen die Potentiale? Wie hoch sind sie?
   – Welche Potentiale sind das? Wie müssen wir vorgehen, um die Potentiale erfolgreich erschließen zu können? Womit sollen wir anfangen?

2. Die Erschließung der Potentiale erfordert eine gezielte organisatorische Ausrichtung darauf. In diesem Aufgabenfeld stellten sich zunächst diese Fragen:
   – Wie müssen wir uns organisieren, damit die Potentiale erschlossen werden können?
   – Mit welchen Widerständen und Ängsten müssen wir intern rechnen? Wie sollen wir damit umgehen?
   – Welche Daten benötigen wir? Ist unser DV-System geeignet, diese Daten zu liefern? Wie soll die Zusammenarbeit mit dem Handel strukturiert werden?

Die Beantwortung dieser Fragen stellte das Aufgabenfeld des ersten Schrittes in Richtung ECR dar: die Vorbereitung aller Beteiligten auf den Einsatz des ECR Konzeptes bei Jacobi Allied Domecq.

## 2.  Die Ausrichtung von Jacobi Allied Domecq auf ECR

### 2.1  Vorbereitung aller Führungskräfte

ECR – das heißt, prozeßorientiert, über alle Abteilungs- und Unternehmensgrenzen hinweg zusammenarbeiten. Dies setzt in vielen Unternehmen ein erhebliches Umdenken voraus. ECR erfordert so zum Beispiel die Koordination des Key Account Managements, der Logistik, des Innendienstes, des Marketing und Product-Managements sowie des Controlling.

Die Einstimmung darauf war das Ziel eines »ECR-Workshops«, der mit Hilfe externer Unterstützung alle beteiligten Führungskräfte vorbereiten sollte. An einem Tag standen Fragen zu ECR, Unsicherheiten über zu erwartende Ergebnisse, Unternehmensziele und Anforderungen der Handelsunternehmen im Mittelpunkt. Alle Bereiche des Unternehmens sollten gemeinsam über die bevorstehenden Arbeiten informiert werden. Erstens mußte ein gemeinsames Verständnis für ECR hergestellt werden. In diesem Zusammenhang wurden auch die drei Säulen »Category Management«, »Supply Chain Management« und »Enabeling Technologies« vorgestellt und im Detail erläutert. Zweitens wurde das Vorgehen zur Prozeßanalyse und zum »Activity Based Costing« besprochen. Dieser Aufgabenkomplex stellt schon in der Analysephase hohe Anforderungen an die abteilungsübergreifende Zusammenarbeit.

Wichtig war es darüber hinaus, die hohe strategische Bedeutung des Vorhabens zu erläutern und gleichzeitig eine offene Diskussion der Fragen und Probleme zu ermöglichen. Abbildung 1 zeigt eine Übersicht über die im Workshop behandelten Themen.

Zusammenfassend wird hier deutlich, daß zu Anfang der Arbeiten eine gehörige Portion Skepsis bezogen auf das Konzept und bezogen auf den Umgang des Handels mit diesem Thema, aber auch erhebliche Unsicherheiten über die Auswirkungen im eigenen Unternehmen vorhanden waren.

Wichtig war, dies von Anfang an erkannt zu haben und breit und offen darüber zu diskutieren. Nur so gelang es, einen realistischen und pragmatischen Umgang mit der Aufgabenstellung sicherzustellen. Und es gelang ebenso, eine erste Vertrauensbasis mit der Beratung aufzubauen.

| Chancen | Risiken |
|---|---|
| – Effizienzverbesserungen in Prozessen<br>– Mehr Zeit für Kunden<br>– Kostensenkung und steigende Profitabilität<br>– Wettbewerbsvorsprung<br>– »Neue Beziehungen« Handel/Industrie<br>– Beschleunigung von Abläufen | – Kosten/Nutzen unklar<br>– Potentiale zu euphorisch<br>– Kostensenkung wichtiger als Konsumentenorientierung<br>– Einseitige Vorteile bei Handel<br>– Personalabbau<br>– Einige Vorteile nur wenn kritische Masse erreicht wird |

*Abbildung 1: Übersicht Fragen und Probleme zum Start von ECR*

## 2.2 Externe und interne Effizienzverbesserung

Im Mittelpunkt von ECR steht die unternehmensübergreifende Zusammenarbeit von Handel und Industrie. Diese oftmals propagierte »Partnerschaft« soll helfen, neue Effizienzverbesserungen zu erreichen und das Marketing enger abzustimmen. Doch wir alle kennen die Probleme dieser Partnerschaft – häufig zeigte sich bisher mehr Konfusion als Kooperation. ECR erfordert meines Erachtens eine gehörige Portion Realismus. Denn wie soll eine Wertschöpfungspartnerschaft funktionieren, wenn schon die Zusammenarbeit innerhalb vieler Unternehmen eher durch Konfrontation als Kooperation gekennzeichnet ist?

Ich lege in diesem Zusammenhang Wert darauf, ECR quasi umfassend zu definieren: Alle Optimierungsansätze, die wir selbständig durch Prozeßoptimierungen erreichen können, sollten mit erster Priorität bearbeitet werden – unabhängig von möglichen Partnerprogrammen. Parallel dazu müssen jene Optimierungspotentiale erarbeitet werden, die ausschließlich mit Handelspartnern erschlossen werden können.

Vor diesem Hintergrund wurde zunächst die Organisation der Geschäftsprozesse wie z.B. Auftragsbearbeitung, Transportabwicklung, Einkauf, Außendienst oder Planung und Controlling analysiert. Jeder Geschäftsprozeß wird in Einzelschritte zerlegt und es wird dann untersucht, welche Abteilung wie und in welchem Ausmaß involviert ist. Anschließend wird gemeinsam festgestellt, wie die Prozesse effizienter gestaltet werden können.

Diese Arbeiten erfordern ein hohes Maß an gemeinsamem Verständnis der Abläufe. Deshalb werden sie in abteilungsübergreifenden Workshops erhoben. Voraussetzung dafür ist eine größtmögliche Offenheit aller Beteiligten, eine selbstkritische Reflexion dessen, wie zur Zeit Prozesse bearbeitet werden, und ein hohes Commitment, die Effizienzpotentiale nicht nur zu erarbeiten, sondern auch zu realisieren. Deshalb war die intensive Vorbereitung darauf notwendig.

Ein Beispiel zur internen Optimierung ist der Aufbau eines internen elektronischen Datenaustausches – von der Disposition des Außendienstmitarbeiters über dessen Besuchsberichte hin zur internen Auftragsbearbeitung und dem Key Account Management bis zur Logistik und dem Controlling. Dies führte sowohl zu einer Beschleunigung der Auftragsbearbeitung und des internen Informationsflusses, aber auch zu Effizienzverbesserungen im Prozeß. Und dies war gleichzeitig eine Vorbereitung und Investition für den elektronischen Datenaustausch mit Handelspartnern. Ohne eine reibungslose, abteilungsübergreifende Zusammenarbeit auf der Grundlage des bereits erwähnten gemeinsamen Prozeßanalyse sind derartige Erfolge kurzfristig nicht realisierbar.

Wie soll ein Unternehmen im Laufe von ECR-Partnerschaften mit dem Spannungsfeld Kooperation und widerstreitender Interessen umgehen, wenn es nicht selbst gelernt hat, intern derartige Situationen zu gestalten? Die Erfahrungen der Problem- und Konfliktlösung im Rahmen der Prozeßoptimierung im eigenen Haus ist deshalb eine Voraussetzung für erfolgreiche Partnerprogramme. Die interne Ausrichtung von ECR sichert nach unseren Erfahrungen den externen Erfolg. Unser stufenweises Vorgehen verdeutlicht Abbildung 2.

## 2.3 Category-Management

Über die Erarbeitung von Effizienzverbesserungen hinaus ist es das Ziel von Jacobi Allied Domecq, dem Handel als innovativer und zukunftsorientierter Marketingpartner zur Verfügung zu stehen. Deshalb war für uns die Frage zu beantworten, wie das Unternehmen sich auf »Category-Management« einstellen soll. Eine »Category« ist nach meinem Verständnis eine Warengruppe, die als eine eigenständig steuerbare, entscheidbare Gruppe von Waren und auch Dienstleistungen defi-

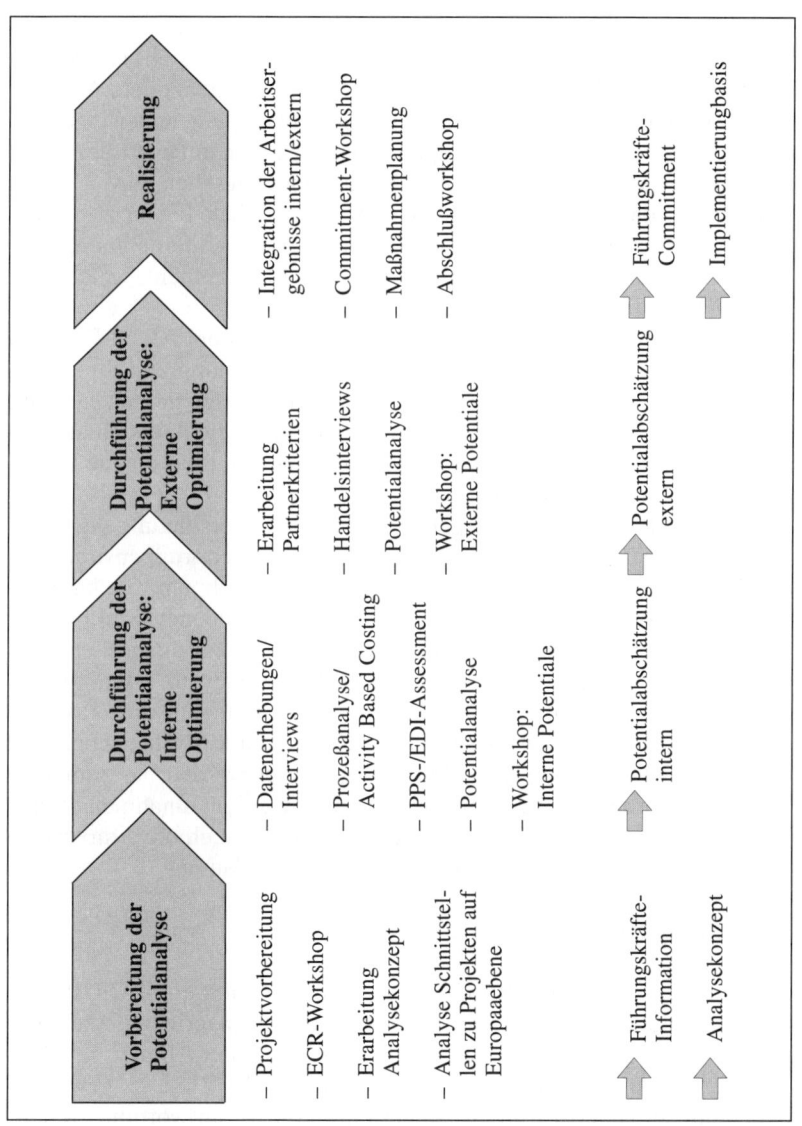

*Abbildung 2: Stufenweises Vorgehen zur ECR-Ausrichtung von Jacobi Allied Domecq*

niert wird und von den Konsumenten als eine zusammenhängende Einheit wahrgenommen wird. Das Problem aus Herstellersicht ist: All unser Denken und Handeln ist zunächst immer produktbezogen. Aufgabe der Hersteller muß es in Zukunft meines Erachtens sein, neben das eigene Produkt auch jene Category in alle Überlegungen mit einzubeziehen, in die das Produkt aus Kundensicht beim Handel gesehen wird. Es geht schlichtweg darum, den Verbraucher am Point of Sale besser zu verstehen. Das erfordert aber ein Umdenken im eigenen Unternehmen. Welche Rolle spielt denn dann noch das Product-Management, welche das Trade-Marketing?

Kernaufgabe des Category-Managements bei Jacobi Allied Domecq ist die Unterstützung des Händlers bei der Entwicklung und Steuerung von Warengruppengeschäftsplänen zur Erfüllung der gemeinsam mit ihm vereinbarten Category-Ziele. Seine Aufgaben richten sich sowohl auf den Handel (externe Hauptaufgaben) als auch auf das eigene Unternehmen (interne Hauptaufgaben).

Zu den externen Aufgaben gehören u. a. die Unterstützung der Category-Analyse des Handels, die Ermittlung der Warengruppenstrategien und Taktiken der unterschiedlichen Handelsunternehmen und händlerspezifische, vergleichende Analysen der Warengruppenentwicklung.

Die internen Aufgaben sind als ebenso bedeutsam anzusehen. Das Category-Management des Herstellers muß alle relevanten Funktionen im eigenen Unternehmen über die Catagory-Strategien und Taktiken der Händler informieren und dafür sorgen, daß alle strategischen und operativen Maßnahmen darauf hin ausgerichtet werden; so zum Beispiel die Merchandising-Finanzierung und Werbemaßnahmen. Soll-/Ist-Vergleiche der Kundenetats gehören dazu und auch die strategische Unterstützung der händlerspezifischen Aktionenplanung.

## 2.4 ECR-Team

Jacobi Allied Domecq hat ECR nicht an einen internen »ECR-Beauftragten« delegiert und hat keine Stabstelle dafür eingerichtet. Vielmehr haben wir das Ziel verfolgt, alle Funktionen des Unternehmens mit dem Thema vertraut zu machen, sie gemeinsam für die Ziele zu gewinnen und sie differenziert für die Realisierung in die Verantwortung zu nehmen. Deshalb wurden je nach Aufgabenstellung unterschiedliche ECR Teams gebildet.

Der erste Aufgabenkomplex umfaßte die Analyse und Strategiefindung.

Hier wurden die Prozeßorganisation und die Prozeßkosten untersucht. Es wurden die Voraussetzungen dafür geschaffen, nicht mehr nur zu reagieren, sondern das Agieren mit eigenen Zielvorstellungen vorzubereiten. In dieser Phase trafen sich alle Führungskräfte des Unternehmens, um Analyseergebnisse zu diskutieren und darauf aufbauend erste strategische Grundsatzentscheidugen zu treffen. Hier wurden konkrete Effizienzverbesserungsziele mit den entsprechenden Maßnahmen verabschiedet. Beispielsweise wurde in dieser Phase eine Kundendeckungsbeitragsrechnung nach Prozeßkosten erarbeitet, die zum Teil zu einer neuen Beurteilung der Leistungbeiträge unserer Kunden führte. Hierfür war es elementar, daß die Führungskräfte aller Abteilungen diese Ergebnisse gemeinsam besprechen und beurteilen konnten. Nur so war eine gemeinsame Zielorientierung sicherzustellen. Das erste »ECR-Team« bestand im Kern aus allen Abteilungleitern und der Geschäftsführung. Dessen Aufgabe war es, die strategischen Grundlinien für die Zusammenarbeit mit Handelspartnern und Prioritäten für interne und externe Optimierungen sowie Investitionen festzulegen.

Der zweite Aufgabenkomlpex beinhaltet alle Realisierungsmaßnahmen.

In dieser Phase müssen die internen und die externen Potentialziele erarbeitet werden. Hierfür wurde eine unterschiedliche Vorgehensweise gewählt. Die Realisierung interner Verbesserungen wurde prozeßorientiert organisiert. Für jeweils unterschiedliche Prozesse wurden einzelne Prozeßteams bestehend aus allen Hierarchieebenen gebildet. Prozeßverantwortliche wurden festgelegt, die für die Umsetzung der beschlossenen Maßnahmen verantwortlich waren. Sie realisierten mit allen jeweiligen Prozeßbeteiligten – unterstützt von der Unternehmensberatung – innerhalb eines viertel Jahres rund dreißig einzelne Effizienzverbesserungsmaßnahmen.

Die Realisierung externer Verbesserungen erfolgt über Partnerprogramme, die einen längerfristigen Zeithorizont umfassen. Diese Aufgaben wurden ebenfalls an ein »ECR-Team« delegiert. Ihm gehören Mitarbeiter unterschiedlicher Hierarchieebenen aus den Bereichen Key-Account-Management, Logistik, IT, Controlling und Category-Management an. Aufgabe des »ECR-Team« ist es, einzelne Partnerprogramme auszuarbeiten, sie mit dem Handel zu verhandeln und umzusetzen. Neu dabei ist, daß heute nicht mehr nur der Key-Account-Manager der unmittelbare Gesprächs- und Verhandlungspartner des Handels ist. Je nach Aufgabenstellung sind jetzt beispielsweise auch der Logistiker oder der IT-Verantwortliche für unmittelbare Kundengespräche gefragt.

## 3. Elemente der Unternehmenskultur

### 3.1 Positive Erfahrungen mit Veränderungsprozessen

Jacobi Allied Domecq kann auf eine lange Unternehmensgeschichte zurückblicken, die von vielen Umbrüchen und Anpassungen gekennzeichnet ist. Deshalb verfügen das Unternehmen und die Mitarbeiterinnen und Mitarbeiter über eine Reihe positiver Erfahrungen mit Veränderungsprozessen. Die Entwicklung läßt sich in sechs Phasen abgrenzen:

1. Aufbau und Ausbau,
2. Konzentration auf das Kerngeschäft,
3. Internationalisierung des Sortimentes,
4. Internationalisierung des Unternehmens,
5. Neugestaltung des Sortimentes,
6. Vorbereitung auf zukünftige Herausforderungen.

*1. Aufbau und Ausbau*

Das Unternehmen wurde bereits im Jahre 1880 als Weinbrennerei JACoBI gegründet. Das Gründungsdatum wurde zum Markenzeichen: JACoBI ›1880‹ Alter Weinbrand. Unterstützt durch Werbung kam die Marke schnell voran, besonders im damaligen Osten von Deutschland und in Berlin. Nach dem Krieg, die damaligen Eigentümer Hugo und Hermann Jacobi emigrierten in die USA und nach Brasilien, produzierten die Geschäftspartner Stein und Bömers zuerst JACoBI ›1880‹ in Lizenz und erwarben 1953 dann die gesamten Markenrechte.

Zu der damaligen Zeit besaßen sie bereits die Vertriebsrechte der italienischen Spirituosenspezialität Fernet Branca und später kam dann noch das Schwesterprodukt Branca Menta hinzu. Die Produktion erfolgte aus Gründen der Frachtkosten und der Zollersparnis in Lizenz in Weinstadt Großheppach. Auf diesen Markensäulen ruhend entwickelte sich das Unternehmen kontinuierlich weiter, ergänzt durch eine Breite Palette hauseigener Spirituosenprodukte.

## 2. Konzentration auf das Kerngeschäft

Mitte der siebziger Jahre stand das Unternehmen vor der ersten größeren Herausforderung: Es ging um eine Konzentration auf die stärksten Marken – das überbreite Sortiment wurde Zug um Zug gestrafft. Hauptaufgabe war, die bisherige Regionalmarke JACoBI ›1880‹, mit Absatzschwerpunkten im Raum Baden-Württemberg, Berlin, Hamburg und Hannover, mittels einer aggressiven und konsequenten Vertriebspolitik zur nationalen Weinbrandmarke von Bedeutung zu entwickeln. Nach fünf Jahren harter Vertriebsarbeit und erheblichen Werbeinvestitionen wurde sie zur Nummer 2 im Segment der alten Weinbrände.

## 3. Internationalisierung des Sortimentes

Gleichzeitig erkannte man den Trend der deutschen Verbraucher zu ausländischen Spirituosenmarken, hervorgerufen durch den stark expandierenden Tourismus. Demzufolge bemühte man sich sehr intensiv um weiter Partnerschaften mit ausländischen Spirituosenhäusern. Dies war für die damalige Zeit eine völlig neue Ausrichtung des Unternehmens. Seit Mitte der achtziger Jahre wurde fast jedes Jahr eine Premiummarke in das Sortiment aufgenommen: von Sauza Tequila, der führenden Tequilamarke Mexikos, über Champagne Laurent Perrier bis zu Absolute Vodka, der weltweit erfolgreichsten Spirituosenmarke der achtziger und neunziger Jahre. Parallel dazu wurde Fernet Branca zur umsatzmäßigen Nr. 2 unter allen internationalen Spirituosenmarken in Deutschland entwickelt. Damit stellt Deutschland den mit Abstand größten Auslandsmarkt für Fratelli Branca dar.

## 4. Internationalisierung des Unternehmens

Trotz aller Erfolge – mit 140 Mitarbeitern erzielte JACoBI bis zum Jahre 1993 ein Umsatzvolumen von nahezu 300 Millionen DM – stellte sich die Frage, inwieweit ein Familienunternehmen dieser Größenordnung auch noch im Jahr 2000 erfolgreich sein könnte. Die sich verstärkende nationale und internationale Konzentration, sowohl auf Industrie- als auch auf Handelsseite, führte letztlich zu der Entscheidung, Kooperationen mit den größten internationalen Spirituosenkonzernen zu prüfen. Dazu kamen Strategieveränderungen bei den ausländischen Partnerfirmen. Absolute Vodka beispielsweise, bisher im Besitz des schwedischen Staates, schloß ein internationales Vertriebsabkommen mit dem amerikanischen Getränkekonzern Seagram, das Champagnerhaus Laurent Perrier mit IDV, und Fratelli Branca beabsichtigte trotz aller Erfolge von JACoBI mit seinen Marken in Deutschland eine Anlehnung an United Destillers. 1993/94 entschieden sich die Gesellschafter für eine Partnerschaft mit dem britischen Getränkekonzern Allied Domecq, und zwar deshalb, weil JACoBI bei diesem Unternehmend die Vorteile eines internationalen Konzerns realisieren und gleichzeitig unter dem Konzerndach weiter unternehmerisch selbständig handlungsfähig bleiben konnte.

*5. Neugestaltung des Sortimentes*

In dieser Konstellation und unter dem neuen Firmendach Jacobi Allied Domecq änderte sich das Spirituosenangebot erneut – und zwar dramatisch. Es wurden fast alle internationalen Allied Domecq-Marken aufgenommen, aus dem bisherigen Sortiment blieb lediglich JACoBI ›1880‹ übrig. Courvoisier Cognac, Beefeater Gin, Harveys Bristol Cream und Aperol sind Marken mit einem hohen Bekanntheitsgrad. Dazu kommt das breiteste Whisky-Sortiment, das auf dem deutschen Markt angeboten wird. Mit dem Marktführer Ballantine's, im Gesamt-Whisky-Markt an der Spitze, werden Whiskies irischer, kanadischer und amerikanischer Provenienz geführt und selbstverständlich auch Malt-Wiskies.

*6. Vorbereitung auf zukünftige Herausforderungen*

Das erwünschte selbständige unternehmerische Handeln unter dem Konzerndach von Allied Domecq bestätigte sich in der tatsächlichen Zusammenarbeit im Konzern: So gelang beispielsweise ein langfristiges Vertriebsabkommen mit dem Hause Bismarck für die Distribution der Nummer 1 im Premium-Segment Doppelkorn, Fürst Bismarck fürstlicher Kornbrand.

Ein erster Schritt außerhalb des Spirituosenmarktes gelang mit dem Energy-Drink Warp 4 in Lizenz der Paramount USA.

In diesen Zusammenhang gehört auch die Ausrichtung des Unternehmens auf Effcient Consumer Response. Bereits Anfang 1996 hat Jacobi Allied Domecq gemeinsam mit dem internationalen Consulting-Unternehmen Kurt Salmon Associates auf der Basis der Erfahrungen in den USA mit der internen und externen Implementierung von ECR und dem Aufbau von Category-Management begonnen. Hierdurch verfügt das Unternehmen über einen Wettbewerbsvorsprung, der eine wichtige Grundlage für die Ausrichtung von Jacobi Allied Domecq auf die Anforderungen des Jahres 2000 darstellt.

## 3.2 Flexibilität

Viele der heutigen Mitarbeiterinnen und Mitarbeit von Jacobi Allied Domecq weisen eine überdurchschnittlich langjährige Unternehmenszugehörigkeit auf. Die meisten haben mindestens drei der dargestellten Unternehmensphasen aktiv mitgestaltet.

Hierdurch hat sich im Unternehmen ein Selbstbewußtsein eingestellt, das es ermöglicht hat, diese Veränderungen nicht nur als Risiko zu sehen, sondern auch als Chance. Sie wurden im Unternehmen proaktiv angegangen, mit einem vergleichsweise geringen Diskussionsbedarf im Hinblick auf Widerstände. Dies hat es immer wieder erlaubt, entschieden und schnell in unsicheren Situationen zu handeln. Diese Erfahrungen beziehen auch die flexible Gestaltung der Organisation mit ein. Und – Unternehmensziele und Prioritäten wurden immer klar kommuniziert.»Nichts ist schlimmer als Stillstand« – dies beschreibt als Prinzip die konsequente Ausrichtung des Unternehmens auf den Markt. Dessen Entwicklungen schnell erkennen und ebenso rasch agieren – das hat zu einer hohen Unternehmensflexibilität geführt, die aktuell die Ausrichtung auf ECR maßgeblich unterstützt hat.

## 4. Erfolgsfaktoren der ECR-Einführung

Um die vorhandenen Effizienzsteigerungspotentiale mit Hilfe der ECR-Philosophie erschließen zu können, müssen die funktionsorientierten Organisationsstrukturen um prozeßorientierte ergänzt werden, um Kosten in der gesamten Wertschöpfungskette zu reduzieren oder Bestände im Lager oder in der Filiale zu senken. Diese neuen Strukturen und die übergreifende Zielsetzung verändern zum Teil die bisherigen Aufgaben und Anforderungen an Führungskräfte und Mitarbeiter.

*Erster Erfolgsfaktor: Change-Management*

Die hier einzuleitenden Veränderungsprozesse dürfen nicht allein bei der formalen Stellenbeschreibung ansetzen, sondern es müssen die individuellen Probleme in diesem Zusammenhang intensiv berücksichtigt werden.

Führungskultur, Widerstände und Macht – das sind die wesentlichen und kritischen Faktoren, die Veränderungen erfolgreich machen oder sie scheitern lassen. Es gilt, sowohl beim Start der ECR-Arbeiten als auch im Laufe des Prozesses diese Zusammenhänge zu erkennen und damit konstruktiv umzugehen.

ECR erfolgreich implementieren – das macht ein konzentriertes Change-Management erforderlich.

*Zweiter Erfolgsfaktor: Top-Sponsorship*

Die Initiative, der Anstoß für ECR, muß von der Unternehmensleitung kommen: Erstens ist ein funktionenübergreifendes Zusammenarbeiten nur auf diese Weise durchzusetzen. Zweitens sind sowohl im eigenen Unternehmen, aber auch in der Zusammenarbeit mit den Partnerunternehmen viele strategische Entscheidungen zu treffen und auch Widerstände zu überwinden.

Die Initiative allein reicht jedoch nicht: Nachhaltiges Sponsorship ist nötig. Die Arbeiten mit ECR erfordern ein ständiges fördern und konsequentes managen. Dies macht eine permanente »Legitimation von oben« notwendig.

*Dritter Erfolgsfaktor: Frühe Erfolge*

Frühe meßbare Erfolge und schnell zu realisierende Kosteneinsparungen sind für das ECR-Management unerläßlich. Sie sollen nach innen rasch den richtigen Weg weisen und vor allem Management und Mitarbeiter für die weiteren Arbeiten motivieren.

Vor diesem Hintergrund sollte die gesamte unternehmensindividuelle ECR-Strategie ausgerichtet werden. Die Unterscheidung nach internen und externen Potentialen hilft dabei enorm. In der Regel sind interne Effizienzverbesserungen rascher zu realisieren als jene, die eine neue Form der Zusammenarbeit mit dem Handel erfordern.

*Vierter Erfolgsfaktor: Systeme*

ECR benötigt spezifische Ziel- und Steuerungsgrößen und funktions-übergreifende Planungs- und Steuerungsprozesse. Deshalb muß von Anfang an sichergestellt werden, daß die relevanten Daten zur Verfügung gestellt werden können und das bestehende Planungs- und Controllingsystem dementsprechend ergänzt wird.

Hinzu kommt, daß mit EDI (Elektronischer Datenaustausch) selbst auch Kostensenkungspotentiale erschlossen werden können. Die Systemvoraussetzungen zu erarbeiten, Investitionsvolumina zu ermitteln und Return on Invest-Überlegungen durchzuführen ist dabei selbstverständlich.

*Fünfter Erfolgsfaktor: Kundenorientierung*

Insgesamt ist jedoch ECR in erster Linie von der Konsumenten- und Marktnähe der Umsetzung abhängig. Das Ziel besteht darin, schneller auf Kundenwünsche zu reagieren und die Kundenzufriedenheit nachhaltig zu steigern – das ist der fünfte und nach wie vor bedeutendste Erfolgsfaktor, der bei aller Effizienzorientierung immer wieder in den Vordergrund gerückt werden muß.

# Die Veränderung der Organisations- und Führungskultur: Die prozeßorientierte Neuausrichtung von Verlagen

## Das Beispiel Schroedel Schulbuchverlag

*Thomas Baumann*

*Inhalt*

## 1. Vorbemerkung: Es gibt nichts Gutes, außer man tut es

Häufig führt erst eine krisenhafte Entwicklung zu grundlegenden Veränderungen der Verhaltensweisen. Derartige krisenhafte Entwicklungen eines Unternehmens werden leider oft zu spät durch »überraschend« einbrechende Ergebnisse objektivierbar. Aber sind nicht oftmals durchaus frühzeitig Vorläufer – wie ein steigender Anteil veralteter statt innovativer Produkte am Umsatz, die Zunahme innerbetrieblicher Reibungsverluste oder Informationsdefizite – einer erhöhten Risikolage bei kritischer Prüfung der Unternehmenswirklichkeit zu erkennen? Wer in seinem Wirkungsbereich Veränderungen für notwendig hält, dem möchte dieser Beitrag mit einem »Unternehmens-Lebensabschnittsbericht« Mut machen: Gehen Sie die Dinge an!

## 2. Zu uns: Schroedel Verlag GmbH

Die Schulbuchverlage unter dem Dach der Verlagsgruppe Georg von Holtzbrinck sind die Schroedel Verlag GmbH, Hannover – auf die sich der folgende Erfahrungsbericht bezieht –, der Berufsschulverlag Dr. Max Gehlen, Bad Homburg v. d. H., der österreichische Schulbuchverlag E. Dorner, Wien, und der 1995 hinzugekommene Verlag Moritz Diesterweg, Frankfurt a. M.

Diese Schulbuchverlage erzielten im Jahr 1996 einen gemeinsamen Umsatz von rd. 150 Millionen DM und beschäftigten 400 Mitarbeiter. Es wurden etwa 10 Millionen Bücher verkauft. Jährlich werden ca. 500 neue Produkte (im wesentlichen Bücher, aber auch CD-ROMs und sonstiges Unterrichtsmaterial) auf den Markt gebracht. Insgesamt sind 6.000 Titel lieferbar.

Die Verlagsgruppe Georg von Holtzbrinck hat Schwerpunkte in den Bereichen Buchverlage, Wirtschafts-/Wissenschaftspublizistik, Zeitungen und Hörfunk/Neue Medien. Es werden weltweit mit 10.000 Mitarbeitern mehr als drei Milliarden DM Umsatz erzielt.

## 3. Zum Markt

Der deutsche Schulbuchmarkt, der oligopolistisch geprägt ist, wuchs in den vergangenen zehn Jahren preissteigerungsbereinigt und einschließlich der neuen Bundesländer um rd. 15 Prozent. Nach der Wiedervereinigung blieb jedoch der ehemalige DDR-Monopolist mit Abstand stärkster Verlag in Ostdeutschland, so daß ein wesentlicher Teil des Marktzuwachses von diesem Wettbewerber absorbiert wurde. Das Volumen des Schulbuchmarktes (öffentliche und private Ausgaben) hat 1996 ca. 750 Millionen DM betragen. Es wird inflationsbereinigt, wie in den letzten fünf Jahren, eine weitere leichte Abnahme des Marktvolumens erwartet.

Die weit überwiegende Zahl der Bundesländer leiht Bücher an die Schüler aus. Die Nutzungsdauer eines Buches kann durchaus zehn Jahre überschreiten.

Dort jedoch, wo neue Lehrpläne Neuanschaffungen von Büchern erfordern, herrscht ein außerordentlich starker Wettbewerb der rd. 15 Verlage mit Schulbuch-Schwerpunkt.

Die Produkte sind zu Prüfungszwecken zu Tausenden kostenfrei vor einer möglichen Einführung in den Schulen abzugeben. Die Bücher sind bereits vor konzeptionellen Prüfungen durch die Einführungsgremien ohne Chance auf Erfolg, wenn sie nicht mehrfarbig sind und über ein professionelles Layout verfügen.

Zudem zeigt das föderative Schulwesen in Deutschland erhebliche Auswirkungen: Die Schulsysteme der Länder sind – zum Teil sehr – unterschiedlich, ebenso die Lehrinhalte der Klassenstufen und damit selbstverständlich auch die Bücher. Es werden in Deutschland mehr als 30.000 Titel angeboten. Insgesamt gibt es in den 16 Bundesländern 5.000 verschiedene Lehrpläne und Richtlinien. Jedes Jahr werden mehrere hundert Richtlinien erneuert.

## 4. Die Veränderung der Organisations- und Führungskultur

Vor dem Hintergrund des in den achtziger Jahren rückläufigen Marktvolumens und wachsenden Konkurrenzdrucks zeigte sich eine nicht ausreichende Fähigkeit des Verlages, sich den veränderten Bedingungen erfolgreich anzupassen.

### 4.1 Die Schritte der Veränderung

Seit dem Ende der achtziger Jahre wurden im Unternehmen erste wesentliche Erneuerungs- und Veränderungsprozesse eingeleitet:

- Aufbau von Abteilungen, die operative und strategische Steuerungsinstrumente entwickelten.
- Entstehen eines hausinternen Informationswesens relevanter Unternehmens- und Marktdaten (z. B. Investitionsrechnungen, Kostenstellenberichte, Ist-Daten zum Markterfolg).
- Auflösung der Abteilung Herstellung und Integration der Hersteller, die für die technische Realisierung von Manuskripten verantwortlich sind, in die Redaktionen mit dem Ziel der Verbesserung des Kapazitätseinsatzes und zur Erhöhung der Termintreue.
- Professionalisierung von Marketing und Vertrieb (z. B. Zusammenarbeit mit Agenturen, Laptops für Außendienst, Entwicklung eines Corporate Design, Umorganisation innerhalb des Marketings nach Teilmärkten).

Bestätigt von Markt- und Mitarbeiterbefragungen 1991 und 1993 wurden erhebliche Verbesserungspotentiale für das Unternehmen und insbesondere die Notwendigkeit einer stärkeren Kunden- und Marktorientierung deutlich. Die bestehende Organisations- und Führungskultur mußte einer kritischen Prüfung unterzogen werden.

Zunächst wurde im Verlag eine Corporate Identity erarbeitet, die Führen durch Zielvereinbarung und partnerschaftliches Verhalten nach innen und außen in den Mittelpunkt stellt. 1993 wurde dann die Organisation und der Produktionsprozeß auf ihr Verbesserungspotential hin überprüft und grundlegende Umstrukturierungen realisiert.

Im folgenden wird darauf eingegangen, wie die Entstehungs- und Konzeptionsphasen in der Praxis aussahen und wie die Veränderungen der Führungs- und Organisationsstruktur im Unternehmen umgesetzt wurden.

## 4.2 Erarbeitung der Corporate Identity

Für die beabsichtigte Diskussion über die Richtlinien der Personalführung und das nach innen und außen gelebte Verhalten war es wichtig und notwendig, auf breiter Basis eine offene Informationspolitik zu beginnen. Der Belegschaft wurden die Ergebnisse der Mitarbeiterbefragung bzw. der Untersuchung zur Ist-Unternehmenskultur präsentiert – wichtig dabei: ein Schuß Humor, der in dieser nicht einfachen Phase nicht fehlen darf. So verkörperte eine fiktive Figur den Mitarbeitertypus, der die Ergebnisse der Untersuchung widerspiegelte. Es wurde von der Geschäftsleitung eine Arbeitsgruppe zur Entwicklung einer Ausarbeitung der Corporate Identity des Verlages ins Leben gerufen.

Der Mitarbeiterkreis bearbeitete Themen, die künftig in das Zentrum eines »sichtbar gelebten Wertesystems« gestellt werden sollten: Kompetenz – Partnerschaft – Freude am Erfolg. Diese Verhaltensziele wurden als Eckpunkte eines Dreiecks skizziert. Da gleichzeitig eine in Auftrag gegebene Corporate Design-Entwicklung ein blaues Dreieck als ein neues Firmenlogo vorsah, war eine reizvolle und sichtbare Verknüpfung der Werte und des Firmenlogos gelungen.

Von Arbeitgeber- und Arbeitnehmerseite wurde bekundet und ausführlich im Hause kommuniziert, daß die Veränderung der Unternehmenskultur auf der Basis des dann als »CI-Papier« verabschiedeten Manuals gewollt war.

Ein Kernpunkt der CI ist Führen durch Zielvereinbarung (MbO = Management by Objectives) als Führungsgrundsatz. Im Mittelpunkt dieses Führungs- und Abstimmungsprinzips steht die Vereinbarung von Zielen zwischen Vorgesetzten und Mitarbeitern.

Anfang 1993 wurden drei Projektgruppen mit Mitarbeitern aus allen Abteilungen gebildet, um der Umsetzung des CI-Papiers in ein gelebtes Wertesystem den Boden zu ebnen:

- eine Projektgruppe MbO, die den Auftrag hatte, ein »MbO-Manual« zu erstellen;
- eine Projektgruppe, die einen »Leitfaden für Mitarbeitergespräche« zu entwickeln hatte. Das Gelingen eines Mitarbeitergespräches hängt besonders davon ab, daß das Gespräch in einer offenen und partnerschaftlichen Atmosphäre geführt wird. Der Leitfaden gibt zur Unterstützung der MbO-Umsetzung Vorgesetzten und Mitarbeitern Tips, wie ein derartiges Gespräch organisiert werden kann, was zu beachten ist und was vermieden werden soll;
- ein »CI-Beratungsteam« sollte Anregungen liefern, wie CI aktiv umgesetzt werden kann. Hilfestellung leisteten hier Workshops auf Abteilungsebene, die von externen Moderatoren geleitet wurden.

Die Manuals »MbO/Mitarbeitergespräche« sind Ende 1993 von der Geschäftsführung als Unternehmensrichtlinien verabschiedet worden. 1994 konnte auf freiwilliger Basis das Konzept »MbO/Mitarbeitergespräche« von den Vorgesetzten und Mitarbeitern getestet werden.

Ende 1994 erfolgte der Abschluß einer Betriebsvereinbarung »Umsetzung von MbO«. Mit dem Betriebsrat wurde hier eine stufenweise Einführung von »MbO« nach dem Muster »top to down« vereinbart.

Der Stufenplan sah für 1995 als erste Gruppe die Leitungsebene vor, dann ab dem Jahr 1996 schrittweise die Einbeziehung aller Mitarbeiter der Verlags- und Dienstleistungsbereiche. Für die regional tätigen Außendienstmitarbeiter leistete eine kleine Gruppe »MbO-Umsetzung« Starthilfe.

Ermutigt durch die Erfolge, konnten Ende 1995 zwei weitere Betriebsvereinbarungen abgeschlossen werden, die die Koppelung von Zielvereinbarung mit flexiblen Gehaltsbestandteilen für bestimmte Mitarbeitergruppen vorsehen:

- Tantiemeregelung für Abteilungsleiter und
- Prämienregelung für Außendienstmitarbeiter.

4.3 Entwicklung der Organisation und Veränderung des Produktionsprozesses

Der Verlag arbeitete zu Beginn der neunziger Jahre in funktional getrennten Abteilungsblöcken (Redaktionen/Marketing). Die Kommunikation zwischen diesen Organisationseinheiten und zu anderen Abteilungen war häufig unzureichend. Die Termintreue und das Kostenbewußtsein, besonders aber das abteilungsübergreifende Denken in Gesamtzusammenhängen waren nur schwach ausgeprägt. Es herrschte ein reges »Hausmitteilungs-Wesen«, das der Absicherung und Schuldzuweisung diente. Dieser unbefriedigende Zustand war vielen Führungskräften und Mitarbeitern bewußt, als im Frühjahr 1993 eine Unternehmensberatung eingeschaltet wurde. Auftrag war die Überprüfung der Organisationsstruktur und des Produktionsprozesses. Die Belegschaft und der Betriebsrat wurden ausführlich über die Ziele der Beratung informiert.

In mehreren Workshops wurde gemeinsam mit den Mitarbeitern der Redaktionen (Redakteure und Hersteller), des Marketings und der Zentralabteilungen (Betriebswirtschaft, Einkauf, Strategisches Marketing, Vertrieb) zunächst der Prozeß der Bucherstellung vom Konzept bis zur Vermarktung im Detail aufgearbeitet und analysiert. Dabei wurden insbesondere die Kompetenzen und Aufgaben der am Produktionsprozeß Beteiligten diskutiert und die Probleme der bisherigen Arbeits- und Kompetenzaufteilung sowie des Informationsflusses aufgedeckt. Die Analyse der Ist-Arbeitsorganisation wurde von den Workshop-Teilnehmern in einen Soll-Ablauf der Bucherstellung und Vermarktung überführt. Es wurde erarbeitet, daß ein direktes Zusammenwirken der am Produktions- und Vermarktungsprozeß eines Werkes unmittelbar Beteiligten im Projektteam zur erheblichen Verbesserung des Prozesses »Buchneuerstellung« beitragen dürfte. Wesentliche erwartete Effekte waren: Deutlich erhöhte Termingenauigkeit, Einhaltung der geplanten Kosten, Professionalisierung der Steuerung der Werbeaktivitäten, Verbesserung des Informationsflusses zwischen Vertrieb und Entwicklungsbereichen.

Die Bildung von Projektteams aus Redakteuren, Herstellern und

Marketingmitarbeitern erforderte die Auflösung der funktionalen Organisationseinheiten. An deren Stelle sollten an der Marktstruktur (Grund-, Sekundarschulen) ausgerichtete, neu zu bildende Profit-Center (Verlagsbereiche) treten.

Die Zusammenfassung der Tätigkeiten aus den bisherigen Abteilungen führte zu einem den Produktionsprozeß und die Vermarktung ganzheitlich überblickenden und steuernden Verlagsbereich. Dies wurde durch die Dezentralisierung von Funktionen und Kompetenzen zentraler Unternehmenseinheiten noch gestärkt. So wurde z. B. die Erstellung der Investitionsrechnungen – nach klar definierten Grundsätzen – vom Controlling wie auch das Setzen vertrieblicher Schwerpunkte an die Profit-Center übertragen. Weiter wurde ein Entscheidungsrahmen für von der Bereichsleitung selbständig zu genehmigende Projekte eingerichtet.

Die Anzahl der Mitarbeiter der neuen Verlagsbereiche wurde auf der Basis der geplanten bzw. in Arbeit befindlichen Projekte und des aus Ist-Zahlen abgeleiteten Produktivitäts-Solls bestimmt.

Nach Zustimmung der Gesellschafter-Holding, die die Beratungsphase insgesamt eng begleitete, wurde ein Realisierungsteam gebildet. In dieser neunköpfigen Gruppe wirkten neben Geschäftsführung und Verlagsmitarbeitern Experten aus der Gesellschafter-Holding und Unternehmensberatung mit. Das Konzept konnte innerhalb von drei Monaten komplett mit Einbindung einer Vielzahl von zusätzlichen Arbeitsgruppen zu Einzelfragen umgesetzt werden.

Wichtige Tätigkeiten auf dem Weg zu Profit-Centern und Projektmanagement waren:

– Erstellung bzw. Weiterentwicklung von Stellenbeschreibungen im produzierenden Bereich. Die Stellenbeschreibungen orientierten sich an dem zuvor erarbeiteten Schema des Produktionsprozesses. Die Zielsetzung des Arbeitsplatzes wurde zusammengefaßt und die Aufgaben in der Regel mit sieben bis zehn Schwerpunkten detailliert beschrieben. Dabei wurde besonders Wert auf die Beschreibung der neugestalteten Kommunikationswege und Verantwortungen im Team, Bereich und Verlag gelegt.

– Erstellung von Stellenbeschreibungen für Bereichsleiter und Projektmanager. Profit-Center und Projektmanagement als grundlegende Neuausrichtungen der Ablauf- und Aufbauorganisation des Unternehmens erforderten im Unternehmen neue Berufsbilder.

- An Projektarbeit angepaßte neue Aufgabenbeschreibungen für Redakteure und Hersteller.
- Interne Bewerbungsgespräche und Stellenbesetzungen
- Neufestlegung der Hausnormen für Räume.
  Als Folge dieser Maßnahme, die auch eine Verkleinerung der Räume der Geschäftsführung einschloß, konnten alle Mitarbeiter wieder in das Verlagsgebäude zurückkehren, die zuvor extern untergebracht waren.
- Wöchentliche Informationen des Betriebsrates durch die Geschäftsführung über den aktuellen Stand der Umsetzung.
- Dezentralisierung des internen Berichts- und Planungswesens. Aufbau von Profit-Center-Deckungsbeitragsrechnungen und Kostenstellenberichtswesen in der neuen Struktur.
- Bottom-up-Planung aller Abteilungen und Bereiche durch die Kostenstellenverantwortlichen. Gemeinsame Verpflichtung nur auf glaubhafte Planzahlen. Diese Planzahlen fanden auch Eingang in die MbO-Vereinbarungen der Bereichsleiter mit dem zuständigen Geschäftsführer.
- Schulungen.

Die neue Profit-Center- und Projekt-Organisation erforderte für viele Mitarbeiter nicht nur den Erwerb von zusätzlichem Fachwissen, sondern auch eine Veränderung von Denk- und Einstellungsmustern. Hierfür wurde ein ganzes Bündel von Schulungs-Sofortmaßnahmen eingeleitet. Fortbildungsschwerpunkte waren Grundlagen des Projektmanagements, der Sinn und Einsatz von Controlling- und Marketingsinstrumenten sowie Personalcomputer-Softwareschulungen. Zur Feinjustierung und Lösung von Anlaufproblemen bei der Projektarbeit wurden Workshops mit externer Moderation für die neu geschaffenen Verlagsbereiche durchgeführt.

Innerhalb eines Vierteljahres nach der Entscheidung zur Organisationsveränderung war der Übergang von der funktionalen Organisation zur Profitcenterorganisation mit Projektteams und Projektmanagement Wirklichkeit geworden.

Die Verantwortung des einzelnen für das Ganze war spürbar angestiegen. Es war eine Symbiose von gemeinsam geteilten Werten (CI) und Organisationsform gelungen. Mit zusätzlichen Schulungen, insbesondere zum Projektmanagement, konnte die Kompetenz und Motivation der Mitarbeiter weiter verbessert werden. Der Erfolg ließ nicht lange auf sich warten. Termin- und Kostenüberschreitungen sind für uns kein wichtiges Thema mehr. Die Kommunikation zwischen Vertrieb und Verlagsbereichen hat sich sehr gut entwickelt. Die Vertriebs- und Marketingaktivitäten werden professionell abgestimmt und realisiert.

Zur Sicherstellung eines gemeinsamen Informationsstandes und Abstimmung der Unternehmens- und Bereichsziele wurde eine unternehmensübergreifende Gremienorganisation verabschiedet. Nach anfänglich zwölf jährlichen Meetings sind inzwischen nur noch fünf Treffen im Jahr institutionalisiert.

## 5. Veränderung macht Veränderung

Der erhebliche Zuwachs an Können in den Verlagsbereichen (Profit-Centern) löste auch sofort einen positiven Veränderungsdruck auf die Dienstleistungsbereiche aus. In wenigen Monaten wurden 1993/1994 der Kundeninnendienst und der Einkauf grundlegend reformiert. Im Frühsommer 1994 wurde der Umstieg von einer veralteten und teuren Mainframe-EDV auf eine Client-Server-Technologie beschlossen. Die (neue) Branchen-Software mit einer speziellen Vertriebskomponente für die Bedürfnisse unserer Branche wurde mit dem Schroedel Verlag als Pilotkunden entwickelt. Das Projekt wurde nach neunzehn Monaten im Kosten- und Zeitplan Anfang 1996 aktiv.

Zwei Monate nach Einführung der neuen EDV-Lösung wurde der neu zur Verlagsgruppe von Holtzbrinck gestoßene Verlag Moritz Diesterweg ebenfalls an dieses System angeschlossen. Zur gleichen Zeit ist die Auslieferung der Verlage (mit in den Spitzenmonaten mehr als 60.000 Paketaussendungen) bei einem externen Dienstleister zusammengelegt worden. Das Projekt wurde innerhalb eines Jahres realisiert. Zur Jahresmitte 1996 sind die Außendienste der Schulbuchverlage in einer gemeinsamen Vertriebsorganisation verschmolzen worden.

Der offene Informationsfluß, die Dezentralisierung der Kompetenzen und die Selbstverständlichkeit der Arbeit in Projektteams haben eine von allen Bereichen getragene, selbständige Hinwendung zur Kunden- und Marktorientierung ausgelöst.

Die Flexibilität des Verlages, z. B. bei der Anpassung an und der Nutzung von Marktveränderungen ist deutlich gewachsen.

# Das Implementierungsmanagement:
# Die Einführung von Projektmanagement

Das Beispiel LEG Landesentwicklungsgesellschaft Nordrhein-
Westfalen GmbH, Düsseldorf

*Barbara Clemens*

*Inhalt*

Vor dem Hintergrund zunehmender Globalisierung sowie wachsendem
Kosten-, Wettbewerbs- und Termindruck versuchen die Unternehmen
weltweit seit einigen Jahren durch grundsätzliche strategische Neuausrichtungen, Konzentrationen auf die Kerngeschäfte und Optimierungen
ihrer Kernprozesse, ihre Erfolgsposition im Markt zu verbessern. »Business Reengineering«, »Lean Management« und »Kaizen« heißen die
wichtigsten Change-Konzepte. Die Erfolgsbilanz der Veränderungsprojekte ist jedoch ernüchternd: Vier von zehn Unternehmen erreichen die
in den Change-Projekten angestrebten Ziele – effizientere Geschäftsab-
läufe, Kostensenkung und Ertragsverbesserung, Qualitätsverbesserung
oder größere Kundennähe – nicht oder nur unzureichend. Knapp ein
Drittel der Unternehmen mußte die Ergebnisse der bereits durchgeführ-

ten Projekte nachbessern; jedes vierte Projekt wird vorzeitig abgebrochen oder versandet in der Umsetzungsphase[1]. Selbst Michael Hammer, der »Erfinder« und führende Protagonist des Business Reengineering muß zugeben: Mehr als 70 Prozent der Reengineering-Projekte scheitern in der Praxis.

Empirische Untersuchungen haben ergeben, daß vor allem mangelnde Akzeptanz aufgrund fehlender oder verspäteter Einbeziehung der vom Change-Prozeß »Betroffenen« und Fehler bei der Implementierung die häufigsten und wichtigsten Ursachen für das Scheitern der »grundsätzlich richtigen Ziele und Konzepte« darstellen. Akzeptanz und Implementierung sind also offensichtlich entscheidende Erfolgsfaktoren für ein erfolgreiches Business Reenginieering.

Bei der bislang erfolgreichen Umsetzung der strategischen Neuausrichtung und der grundlegenden Neuorganisation der Landesentwicklungsgesellschaft standen diese beiden Faktoren im Mittelpunkt der Strategie.

## 1. Die LEG – ein führendes Immobilienunternehmen in Nordrhein-Westfalen

Die Landesentwicklungsgesellschaft ist mit rund 100.000 Wohnungen in der Unternehmensgruppe, 27 direkten und indirekten Tochter-, Beteiligungs- und Projektgesellschaften, einer Bilanzsumme von rund 3,7 Mrd. DM und Umsatzerlösen in Höhe von rund 600 Millionen DM sowie insgesamt rund 1.200 Mitarbeiterinnen und Mitarbeitern einer der größten Immobilienkonzerne in Deutschland (siehe Abbildung 1). Die Unternehmensgruppe wird strategisch geführt von der LEG Landesentwicklungsgesellschaft Nordrhein-Westfalen GmbH. Die »Konzernmutter« ist inzwischen als Spartenunternehmen organisiert mit den Einzelsparten:

1 Die Zahlen stammen aus der empirischen Untersuchung des Internationalen Instituts für Lernende Organisation und Innovation (ILOI), München, in Zusammenarbeit mit der Hochschule St. Gallen. Befragt wurden 111 Unternehmen in Deutschland, Österreich und der Schweiz. Die Mehrzahl der Unternehmen hat mehr als 500 Mitarbeiter. Als »erfolgreich« wurde ein Change-Projekt eingestuft, wenn über 80 Prozent der angestrebten Ziele des Change-Projekts nach Selbsteinschätzung des Unternehmens erreicht worden sind.

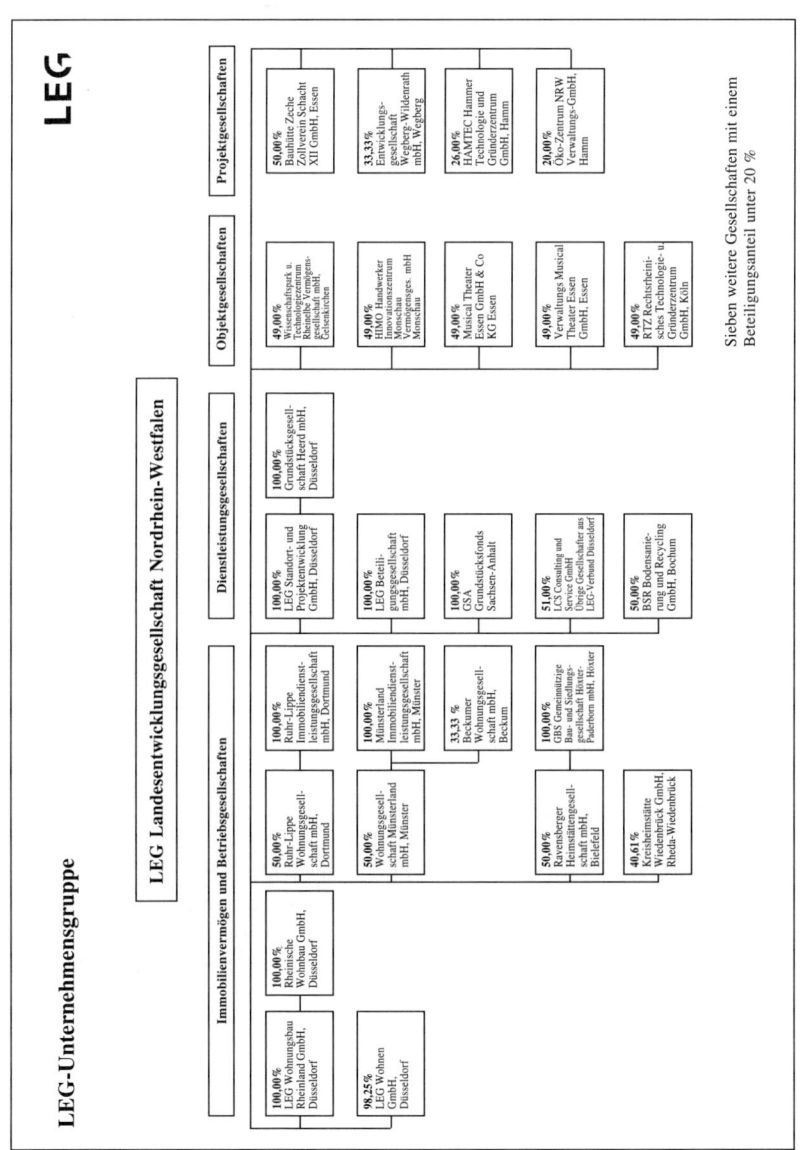

*Abbildung 1: LEG-Unternehmensgruppe*

- Immobiliendienstleistungen,
- Immobilienwirtschaft und
- zentrale Stabs- und Geschäftsbereiche (inkl. Konzernsteuerung) (siehe Abbildung 2).

In der Sparte Immobiliendienstleistungen werden Dienstleistungen »rund um die Immobilie« in folgenden Geschäftsfeldern am Markt angeboten:

- Stadtentwicklung,
- Standort- und Flächenentwicklung,
- Immobilienmanagement,
- Hochbau,
- Bauträgergeschäft,
- Modernisierung, Um- und Ausbau Facility-Management,
- Bewirtschaftung der Grundstücksfonds.

In der Sparte Immobilienwirtschaft werden rund 65.000 überwiegend öffentlich-geförderte Wohnungen bewirtschaftet, darüber hinaus auch Gewerbeimmobilien.

Mehrheitsgesellschafter der Landesentwicklungsgesellschaft ist das Land Nordrhein-Westfalen (68,15 Prozent)[2]. Die weiteren Gesellschafteranteile liegen bei Banken und Versicherungen, Wohnungsunternehmen, Verbänden und Kammern, 52 Städten und 19 Landkreisen sowie Industrieunternehmen.

Die LEG ist das zweitgrößte Wohnungsunternehmen in Nordrhein-Westfalen, Marktführerin in der Stadtentwicklung und größte Anbieterin von Industrie- und Gewerbeflächen im größten Bundesland. Jedes Jahr werden zwischen 1.000 und 1.500 Wohnungen und Eigenheime für das eigene Anlagevermögen, Tochter- und Beteiligungsgesellschaften, öffentliche und private Auftraggeber sowie im Rahmen des Bauträgergeschäfts für private Einzelkunden gebaut.

---

2 Im Rahmen von Privatisierungsüberlegungen plant das Land NRW zur Zeit u. a. seine Anteile an der LEG NRW GmbH an eine Beteiligungsgesellschaft zu veräußern, die als reine Finanzholding ohne operatives Geschäft organisiert werden soll.

# Organisationsstruktur und Geschäftsverteilung der LEG Nordrhein-Westfalen GmbH

**LEG**

| Hein Arning | Barbara Clemens Sprecherin | Erich vom Dorp | Klaus Becker |
|---|---|---|---|

## IMMOBILIENDIENSTLEISTUNGEN (ID) — Hein Arning

| **GB AC** GB Aachen | **GB DO** GB Dortmund | **GB D** GB Düsseldorf |
|---|---|---|
| Franz Meiers | Dieter Strauchmann | Dr. Rolf Tiggemann |
| **GB EL/M** GB Emscher-Lippe/ Münsterland | **GB K/BN** GB Köln/Bonn | **GB OWL** GB Ostwestfalen-Lippe |
| Dr. Rolf Heyer | Edgar Mungen | Egon Diekmann |
| **GB HB R** GB Hochbau Rheinland | **GB HB WM** GB Hochbau Westfalen-Mitte | |
| Kurt Friese | Hermann Wintermann | |
| **GB HB OWL** GB Hochbau Oberwestfalen-Lippe | | |
| Egon Diekmann | | |
| **GB GRF** GB Grundstücksfonds | | |
| Rolf Schneider | | |

## ZENTRALE DIENSTLEISTUNGEN (ZD)

| **GB UEK** GB Unternehmensentwicklung und -kommunikation | **GB RKB** GB Rechnungswesen, Konzern, Betriebswirtschaft |
|---|---|
| Jürgen Schnitzmeier | Dieter Thelen |
| **GB PRV** GB Personal, Recht und Verwaltung | **SB UPC** SB Unternehmensplanung, Controlling |
| Volker Eistert | Wolfgang Schramm |
| **SB GFB** SB Geschäftsführungsbüro | **SB FL** SB Finanzen und Liegenschaften |
| Holger Hentschel | Detlef Krüger |
| **SB GA** SB Gremienangelegenheiten | |
| Rainer Milde | |
| **SB KIR** SB Konzerninnenrevision | |
| NN | |
| **SB DS** SB Datenschutz | |
| Helmut Elsner | |

## IMMOBILIENWIRTSCHAFT (IW) — Klaus Becker

| **GB IW-K** GB Immobilienwirtschaft (kaufmännisch) | **GB IW-T** GB Immobilienwirtschaft (technisch) | **WET** Abteilung Betreuung von Wohnungseigentum |
|---|---|---|
| Peter Strate Claus Ebert (Stv.) | Hardo Puls, Dietmar Steinberg (Stv.) | Andrea Boberschmidt Martina Tittel (V.) |
| **MB** Abteilung Miete, Betriebskosten | **NL DO** NL Dortmund | **NL D** NL Düsseldorf |
| Gerhard Gutt | Siegmar Eisenberg | Karl Labonte |
| **NL DU** NL Duisburg | **NL E** NL Essen | **NL HAM** NL Hamm |
| Dietmar Steinberg | Ulrich Henning | Peter Käfer |
| **NL MON** NL Monheim | **NL RS** NL Remscheid | **GS AC** Geschäftsstelle Aachen |
| Fritz Hohmeyer | Oliver Gabrian | Max Herberg |
| **GS BI** Geschäftsstelle Bielefeld | **GS BN** Geschäftsstelle Bonn | **GS DOS** Geschäftsstelle Dortmund-Scharnhorst |
| Wolfgang Rath | Hans Josef Schneider | Günter Finke |
| **GS K** Geschäftsstelle Köln | **GS RAT** Geschäftsstelle Ratingen | **GS SI** Geschäftsstelle Siegen |
| Michael Manthey | Gudrun Jansen | Heinrich Gerhards |

Erläuterung:
GB = Geschäftsbereich
SB = Stabsbereich
NL = Niederlassung
V = Vertretung
Stv. = Stellvertretung

*Abbildung 2: LEG-Organisationsstruktur*

2.  Die Ausgangssituation: vom treuhändischen Behördenapparat zum erfolgreichen Immobilien-Dienstleister und eigenwirtschaftlichen Investor

Die LEG Landesentwicklungsgesellschaft NRW GmbH wurde 1970 durch eine verschmelzende Fusion der gemeinnützigen Siedlungsgesellschaft Rheinisches Heim GmbH Bonn, der Rote Erde GmbH Münster, der Westfälisch-Lippischen Heimstädte GmbH Dortmund und der Rheinischen Heimstätte GmbH Düsseldorf gegründet. Die Aufgaben des Unternehmens lagen zunächst vor allem in der Stadtsanierung und Stadtentwicklung sowie – der Tradition der Vorgesellschaften seit 1918 folgend – im Wohnungsbau und Kleinsiedlungswesen.

Seit 1970 hat das Unternehmen rund 43.000 Wohnungen und Eigenheime in Nordrhein-Westfalen gebaut in denen rund 130.000 Menschen leben. Außerdem hat das Unternehmen seit Mitte der achtziger Jahre einen eigenen Immobilienbestand von inzwischen rund 100.000 Wohnungen in der Unternehmensgruppe aufgebaut. Unter anderem hat die Landesentwicklungsgesellschaft 1987 die ehemalige Neue Heimat NRW GmbH mit rund 40.000 Wohnungen erworben. Seit 1970 wurden außerdem in über 200 Städten in NRW Projekte im Rahmen der Stadterneuerung und Stadtentwicklung durchgeführt.

Bis Mitte der neunziger Jahre waren das Selbstbild und Image des Unternehmen überwiegend geprägt als »verlängerter Arm der Landesregierung«.

Die Sparte Immobiliendienstleistungen war stark hierarchisiert, funktional und regional als Matrixorganisation aufgebaut: Unter der Geschäftsführung bildeten Geschäftsbereiche, Abteilungen, Außenstellen, Außen- und Projektbüros ohne Profit-Center-Funktionen und -Verantwortung die funktionale, fachbezogen ausgerichtete Struktur der Aufbauorganisation. Die Geschäftsbereiche wurden jeweils von einem technischen und einem kaufmännischem Geschäftsbereichsleiter geleitet. Das operative Projektgeschäft wurde jeweils von einem technischen und kaufmännischen Mitarbeiter koordiniert, die ihre Projekte mit ihren Außenstellen-, Abteilungs- und Geschäftsbereichsleitern sowie mit der Geschäftsführung und den jeweiligen Auftraggebern abzustimmen hatten.

Lange Entscheidungswege, Kompetenzvielfalt und ein umfangreiches Abstimmungsprocedere waren die Folge (siehe Abbildung 3). Vor allem aber fehlte in dem Geschäft, bei dem tagtäglich in der Planung

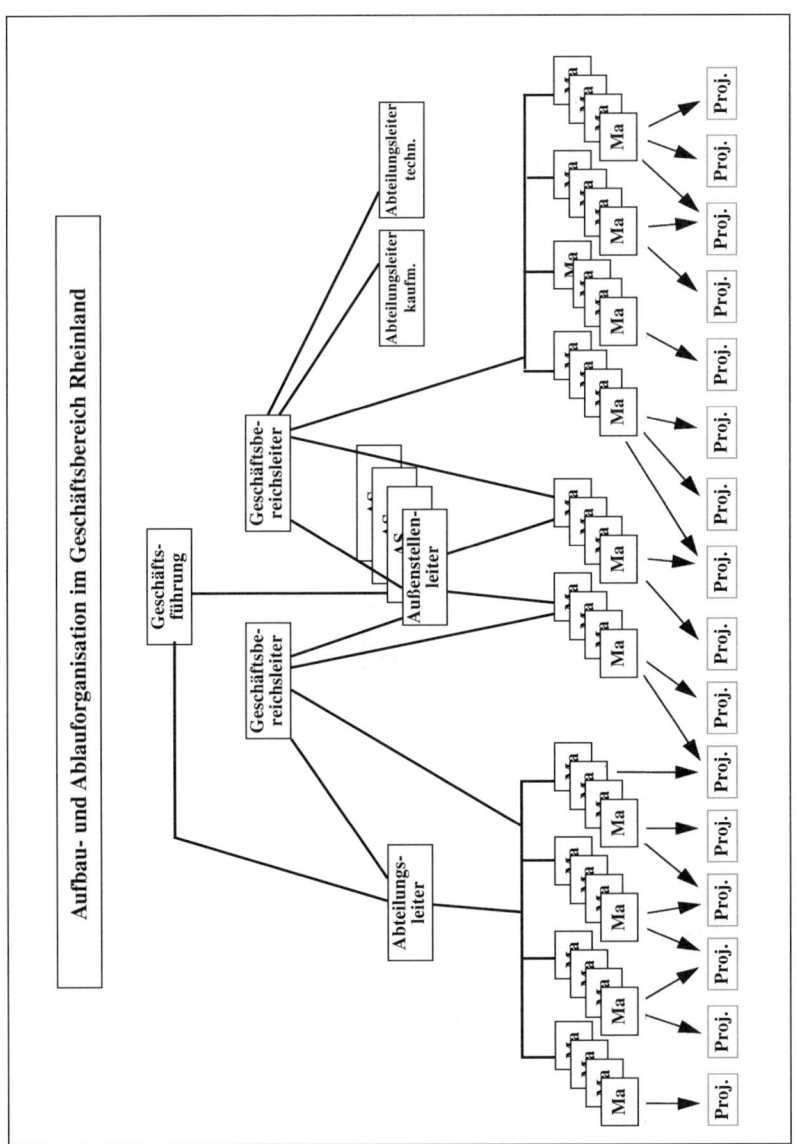

*Abbildung 3: Aufbau- und Ablauforganisation im Geschäftsbereich Rheinland*

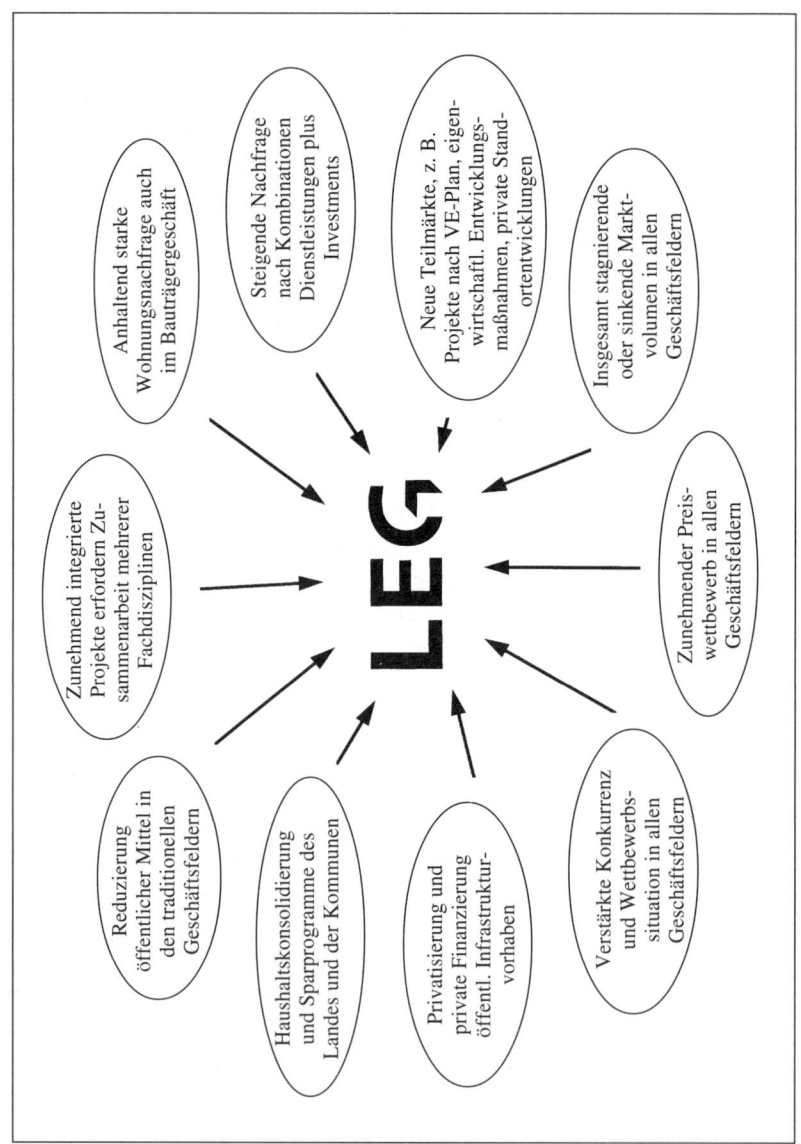

*Abbildung 4: Ausgangslage Umfeld/Marktsituation*

und vor allem auf der Baustelle »vor Ort« schnelle Entscheidungen mit Auswirkungen auf Kosten, Termine und Qualität getroffen werden müssen, eine eindeutige Verantwortung für das Gesamtprojekt in einer Hand.

Mit dem Wegfall der Wohnungsgemeinnützigkeit und dem Rückgang der öffentlichen Fördermittel für Stadtentwicklungsaufgaben mußte sich die LEG grundsätzlich neu ausrichten und auf den Märkten für Immobilien und Immobiliendienstleistungen positionieren. Hinzu kamen neue Aufgaben- und Leistungsbereiche/Produkte und Dienstleistungen, die sich sich auf dem Markt für Immobiliendienstleistungen entwickelten. Im öffentlichen Bereich entstand angesichts leerer Haushaltskassen die Nachfrage nach Kombinationsangeboten von Planungs- und Entwicklungsdienstleistungen mit eigenwirtschaftlichem Investment oder Finanzierungsangeboten von Immobiliendienstleistern (siehe Abbildung 4). Die LEG mußte sich nun am Markt gegen die Konkurrenz behaupten. Unternehmensstundensätze waren immer weniger durchsetzbar.

Es wurde deutlich, daß die hergebrachte Unternehmensorganisation immer weniger geeignet war, die immer komplexer werdenden Kunden- und Projektanforderungen termingerecht, effizient und vor allem wirtschaftlich erfolgreich zu steuern.

## 3. Das Change-Konzept: Ziele und methodischer Ansatz

Vor diesem Hintergrund beschloß die Geschäftsführung in Abstimmung mit dem Aufsichtsrat der LEG eine grundsätzliche Neuausrichtung und Neuorganisation des Unternehmens. Zusammen mit zwei Unternehmensberatern wurde Ende 1994 das interne Projekt »Unternehmensstrategie der LEG NRW GmbH« auf den Weg gebracht. Als Ziel wurde formuliert, die LEG strategisch neu auszurichten und neu zu organisieren sowie unternehmerisches Denken und Handeln dauerhaft zu implementieren. Grundaxiom war von Anfang an: »Die Mitarbeiter stehen im Mittelpunkt der Veränderungsprozesse. Diese werden durch sie und mit ihnen gestaltet« (vgl. Abbildung 5). Ebenso klar wurde formuliert, daß dafür kein Konzept »von der Stange« gewünscht war, sondern die Unternehmens- und Konzernstrategie, die neue Organisation und neue Führungssysteme in einem iterativen Prozeß zwischen den Führungskräften sowie Mitarbeiterinnen und Mitarbeitern im »Bottom-up-« und »Top-down«-Beteiligungs- und Entscheidungsverfahren erarbeitet und dann umgesetzt werden sollten.

Die Zusammenarbeit zwischen den Unternehmensberatern und Führungskräften/Mitarbeitern der LEG wurde arbeitsteilig organisiert.

Die Unternehmensberater sollten Erfahrungen und Benchmarks aus anderen Unternehmen einbringen, Methoden-Know-how vermitteln, die Moderatorenfunktion übernehmen und das Management des Change-Prozesses koordinieren.

Die LEG-Mitarbeiter und Führungskräfte sollten ihre fachlichen und organisatorischen Erfahrungen einbringen, Verbesserungsvorschläge im Hinblick auf ihre Praxistauglichkeit abschätzen, in Team- und Projektstrukturen arbeiten lernen und von direktem internem und externem Know-how-Transfer profitieren.

Auf eine langwierige Analysephase wurde verzichtet. Um rasch erste Erfolge vorweisen zu können und bei den konkreten Problemlagen von

*Abbildung 5: Aufgabenstellung und Zielsetzung*

Mitarbeiterinnen und Mitarbeitern im Kundengeschäft anzusetzen, wurde statt dessen in dezentralen Workshops von Führungskräften und Mitarbeitern Verbesserungsvorschläge zur Ertragssteigerung, für die Organisationsentwicklung und zur Verbesserung und Optimierung des Projektmanagements erarbeitet. Die Vorgehensweise stärkte die Glaubwürdigkeit und das Vertrauen in die besprochene Strategie der Neuorganisation. Nach der Umsetzung der von den Workshops vorgeschlagenen und in internen Projekten weiterverfolgten Maßnahmen wurden dann ebenfalls im Top-down- und Bottom-up-Verfahren die strategische Neuausrichtung des Unternehmens und die jeweiligen Marktstrategien erarbeitet (»die richtigen Dinge tun«).

## 4. Das Projektmanagement: wichtigste Methodik im Immobiliendienstleistungsgeschäft

Dies ist darauf zurückzuführen, daß sich Planungs-, Umwelt- und Qualitätsstandards fortlaufend verändern, Genehmigungsverfahren gebündelt werden müssen und zunehmend schwieriger werden und die Projekte unter hohem Kosten- und Zeitdruck durchgeführt werden müssen. Immer mehr Fachspezialisten müssen zudem in die Projekte eingebunden werden (siehe Abbildung 6).

Bei der Analyse der Prozesse im Immobiliendienstleistungsbereich wurde sehr früh deutlich, daß ein systematisch aufgebautes, EDV-gestütztes Projektmanagement die wichtigste Methode für den Erfolg des Projektes und des Unternehmens insgesamt ist. Deshalb wurde der Einführung von Projektmanagement mit allen Folgeprozessen die höchste Priorität im gesamten Change-Prozeß zugeteilt.

In einem ersten Schritt wurden alle Leistungen und Aufträge in der Sparte Immobiliendienstleistungen als Projekte definiert. Ein Projekt wird wie folgt definiert:

»Ein Projekt ist eine Maßnahme mit definierbarem Anfangszeitpunkt, Aufgabenstellung und Zielsetzung. Mit der Zielerreichung ist das Projekt beendet. Meist sind die Ressourcen eines Projekts begrenzt.«[3]

3 Definition aus dem PM-Handbuch der LEG in Anlehnung an die Definition des deutschen Verbandes der Projektsteuerer e.V.

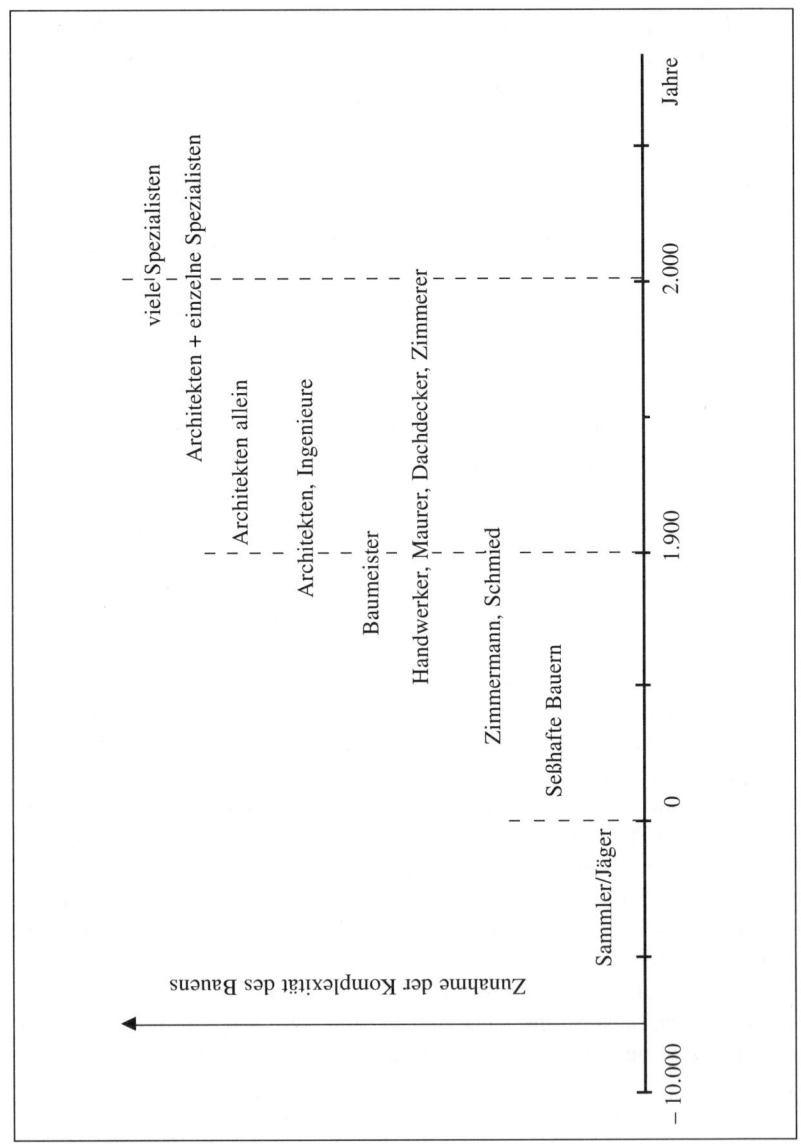

*Abbildung 6: Zunahme der Baukomplexität*

Projekte sind prozeßorientiert. Die wesentlichen, den Prozeß bestimmenden Projektabläufe sind bei der LEG in den Projekt-Pflichtenheften und im PM-Handbuch beschrieben. Damit wird auch der Unterschied zum allgemeinen Management deutlich, das weder Anfang noch Ende kennt und als ein Kontinuum des Unternehmens betrachtet werden muß.

Projektmanagement ist eine Führungs-, Planungs- und Koordinationsmethodik und umfaßt die Vorgabe von Soll-Daten (planen, ermitteln, festlegen, vorgeben), die Kontrolle (Überprüfen und Soll-/Ist-Vergleich) und die Steuerung (Abweichungsanalysen, Entscheidungen herbeiführen, anpassen, aktualisieren) eines Projekts (vgl. Abbildung 8, S. 228).

Orientiert an diesem umfassenden Anspruch wird deutlich, daß die durchgängige Einführung von Projektmanagement organisatorische Verantwortung und Stützung durch Systeme erfordert.

## 5. Die Implementierungsarchitektur: ein klares Konzept

Das Projektmanagement wurde methodisch mit Hilfe des von der Unternehmensberatung Kurt Salmon Assosiates (KSA) eingebrachten Management of Change-Konzeptes (MOC) verbunden mit einem PM-Schulungskonzept eingeführt.

MOC hat zum Ziel, Veränderungen – in diesem Fall die Einführung von PM – zielorientiert, koordiniert, reibungsarm und schnell einzuführen.

Die MOC-Implementierungsarchitektur gliederte den PM-Einführungsprozeß in sieben idealtypische Phasen:

1. Klärung (Projekt Umfang, Parameterdefinition),
2. Ankündigung (Plan, Zeitpunkt, Verfahren),
3. Diagnose (Analyse Stör-/Risikofaktoren, Chancen),
4. Maßnahmenplan (Aufgabendefinition),
5. Ausführung (Umsetzung des Maßnahmenplans),
6. Controlling (Vergleich Plan/Ergebnis),
7. Abschlußbericht (gegenüber Sponsoren).

## 6.  Die Implementierung: die wichtigste Phase

Mit der Einführung von PM wurde bei elf strategisch wichtigen Pilot-
projekten begonnen. Die Leiter dieser Projekte wurden dabei vorab ge-
schult und verfeinerten im Rahmen der Schulung gleichzeitig das PM-
Instrumentarium und das PM-Handbuch der LEG. Außerdem wurden
die organisatorischen Defizite für eine Projektorganisation deutlich.

Parallel dazu wurde die Organisationsstruktur in den operativen Ge-
schäftsbereichen der Sparte Immobiliendienstleistungen umgebaut.
Den neuen strategischen Geschäftsfeldern entsprechend wurden die regionalen und zentralen Geschäftsbereiche als Profit-Center definiert.
Die Geschäftsbereiche erhielten eine neue Projektstruktur gemäß dem
Ziel:»Das Projekt steht im Mittelpunkt der Organisation« (siehe Abbildung 7). Es wurde die neue Funktion des Projektleiters in Abgrenzung
zum Geschäftsbereichsleiter definiert, abgestimmt und eingeführt.
Überflüssige Hierarchiestufen (Abteilungsleiter, Außenstellenleiter
etc.) wurden abgeschafft.

Gemäß der MOC-Implementierungsarchitektur wurde die Implementierung von Projektmanagement selbst im Kern mit dem Instrumentarium von Projektmanagement umgesetzt; das heißt die Einführung von PM wurde als internes Projekt definiert. Die »Rollen« wurden
wie folgt verteilt: Geschäftsführung – Sponsor; Geschäftsbereichs-/
Profit-Center-Leiter – Change-Agents; Fachpromotor – der zentrale
Qualitätsmanager, was eine neue Funktion bedeutete.

Die vorab geschulten Projektleiter der Pilotprojekte konnten dann im
Rahmen der Verbreiterung des PM-Instrumentariums als In-house-Pro-
motoren und Multiplikatoren eingesetzt werden.

Die Geschäftsbereichsleiter erhielten von der Geschäftsführung den
Auftrag, im Laufe eines halben Jahres PM in ihrem jeweiligen Profit-
Center umzusetzen. Auf der Basis eines von ihnen erarbeiteten Einfüh-
rungsplans nach der MOC-Methode mußten sie für alle Projekte Projektleiter und Projektteammitglieder benennen, monatliche Projektlei-
tersitzungen durchführen und zur Zieldefinition und als Grundlage für
das Projekt-Controlling projektbezogene Vereinbarungen für zunächst
alle wichtigen Projekte mit Ihnen Projektleitern abschließen.

Die Führungskräfte fungierten im gesamten Prozeß als Change-
Agents, die den Veränderungsprozeß kompetent selbst steuerten und
organisierten. Sie wurden dazu legitimiert und mit den notwendigen

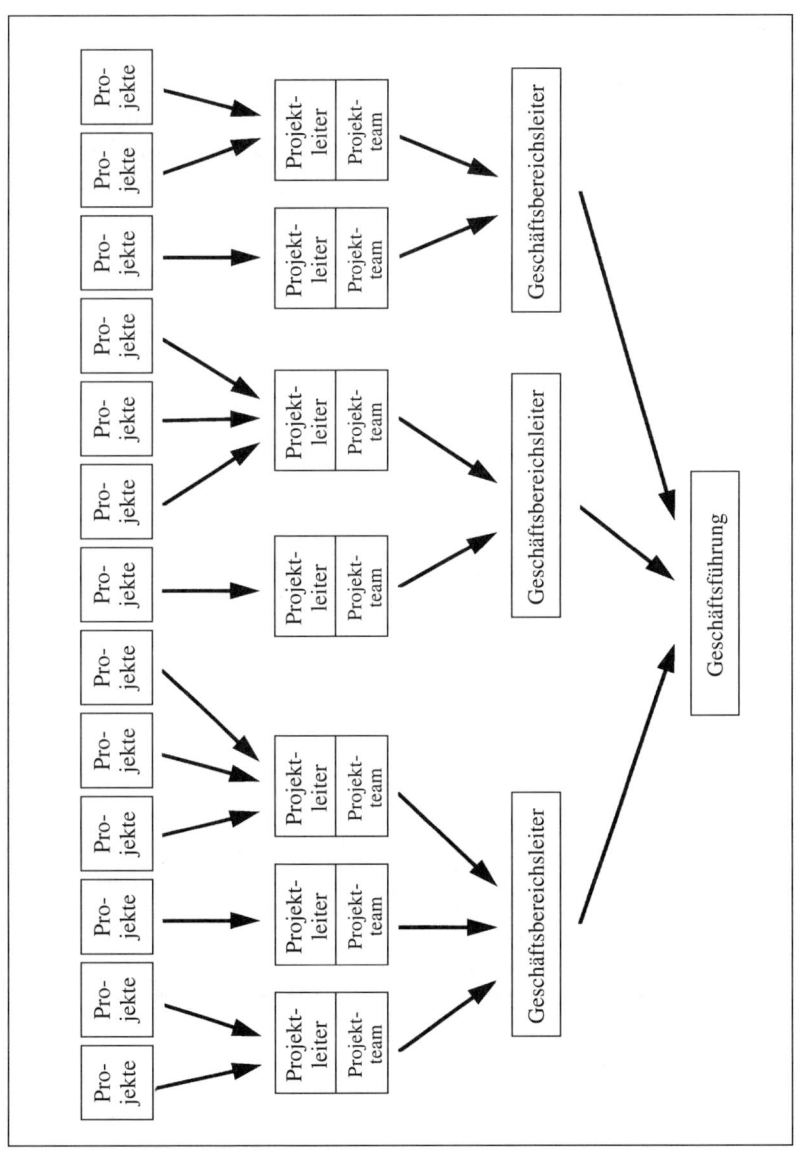

*Abbildung 7: Neue Organisationsstruktur der Sparte Immobiliendienstleistungen*

Budgets und Ressourcen von der Geschäftsführung als Sponsoren unterstützt. Fachliche Unterstützung gab es darüber hinaus durch einen zentralen Fachpromotor, der als Qualitätsmanager im neu eingerichteten Geschäftsbereich Unternehmenentwicklung und -kommunikation die PM-Einführung unterstützte. Dar Fachpromotor koordinierte auch das den Change-Prozeß begleitende Schulungsprogramm für die neu definierten und eingerichteten Funktionen der Projektleiter, die seitdem in ihrem Projekt für

–  die Kosten und den Ertrag,
–  die Termineinhaltung und
–  die Qualität

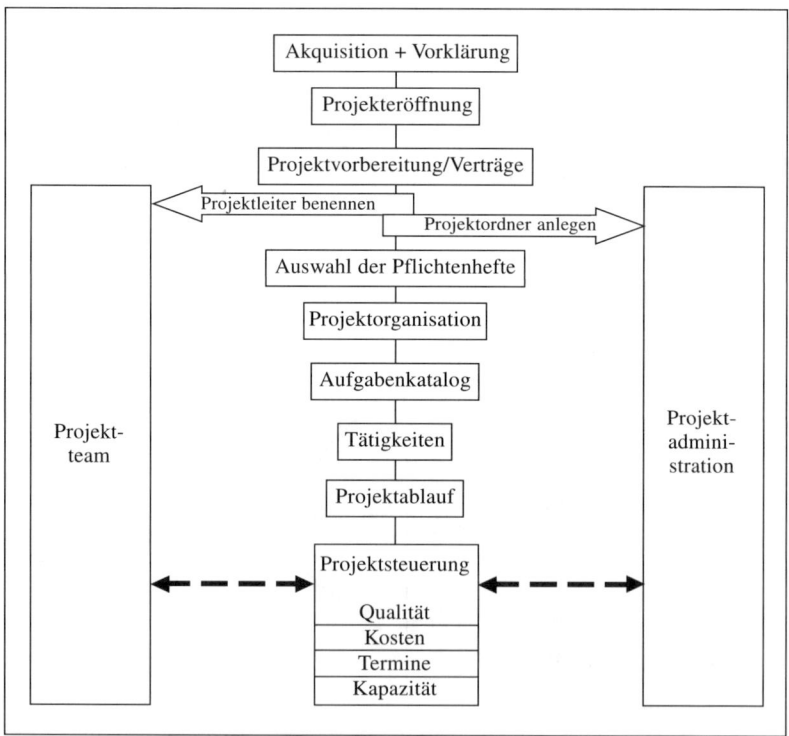

*Abbildung 8: Übersicht Projektaufbau*

verantwortlich sind. Der Gesamteinführungsprozeß wurde anhand der definierten Ziele und den PM-Einführungsplänen controllingfähig. Am 30. Juni 1997 war Projektmanagement in der LEG eingeführt.

Für jedes Projekt wird ein Projekthandbuch angelegt. Es ist Leitfaden und Datensammlung für Aufbau, Ablauf, Steuerung und Dokumentation des Projekts (siehe Abbildung 8).

Außerdem werden dem Projektleiter zahlreiche (EDV-gestützte) Hilfsmittel zur Verfügung gestellt, wie z. B. Kosten-, Termin- und Ressourcenpläne, Wirtschaftlichkeitsberechnungen, Honorarbudgets, Baubeschreibungen, Planungsprogramme und Projektformblätter. Der Projektleiter wird bei der Projektsteuerung unterstützt durch dezentrale Bereichscontroller, die ihm monatliche Abweichungsanalysen liefern.

## 7. Gelungenes Projektmanagement: Entwicklung eines neuen Stadtteils in Essen

Am Rande der ehemaligen Krupp-Stadt, nur wenige hundert Meter von der heutigen Essener Innenstadt wurde Ende der achtziger Jahre das rund elf Hektar große – ehemals von der Firma AEG-Kanis genutzte – Kruppgelände für neue Nutzungen frei. Die LEG NRW GmbH hat die Fläche erworben, inzwischen saniert und errichtet dort die neue WestStadt: eine »Erlebnisstadt« mit dem neuen Colosseum Musical-Theater (»JOSEPH«), einem CINEMAXX-Großkino, einem Hotel, Büros, Geschäfte, Freizeiteinrichtungen und City-Wohnungen.

Es entsteht ein Zentrum im Zentrum, das neben dem vielfältigen Freizeit-, Kultur- und Gastronomieangebot vor allem die primären Funktionen Wohnen, Arbeiten und Einkaufen attraktiv integriert. Das Gesamtinvestitionsvolumen beträgt rund 500 Millionen DM.

Die Herausforderungen an das Projektmanagement sind hoch: Der Umbau der alten Krupp-Industriehalle zusammen mit der Stella Unternehmensgruppe innerhalb von anderthalb Jahren zu einem der modernsten Musical-Theater Deutschlands und die eigenwirtschaftliche Entwicklung und Errichtung der neuen WestStadt in Zusammenarbeit mit der Essener Wirtschaftsförderungsgesellschaft mbH (EWG), der Stadt Essen und den Investoren für die einzelnen Hochbauvorhaben verbunden mit hohen städtebaulichen und architektonischen Qualitätsansprüchen bei »tickender Zinsuhr«. Die Komplexität der Entwicklung und

Errichtung der neuen WestStadt als Public-Private-Partnership veranschaulicht Abbildung 9.

Colosseum und WestStadt sind zwei Erfolgsprojekte einer neuen
Projektgeneration der LEG. Seit dem 13. Dezember 1996 begeistert das
neuste Andrew Lloyd-Webber-Musical » JOSEPH « täglich tausende Be-
sucher. Die Entwicklung der WestStadt und die Realisierung der ersten
Hochbauprojekte in der neuen Essener Erlebnisstadt ist erfolgreich an-
gelaufen. Projektmanagement ist hier deutlich der Schlüssel zum
Projekterfolg.

## 8.  Die strategische Neuorganisation: Profit-Center und neue Führungssysteme zur dauerhaften Institutionalisierung der Change-Ziele

Parallel zur Einführung von PM und der Ausrichtung der operativen
Geschäftsbereiche als Projektorganisation wurden die Organisationseinheiten zu Profit-Center mit den entsprechenden dezentralen Verantwortlichkeiten für Umsatz und Deckungsbeitrag weiterentwickelt. Aufgrund der Projektausrichtung als organisationsstrukturierende Determi-
nante entstanden flache Hierarchien: Geschäftsbereichsleiter, Projektleiter, Projektbearbeiter und Fachgebietsleiter ohne Führungsfunktion
(vgl. Abbildung 7, S. 227).

Auf die Profit-Center- und Projektstruktur der Organisation aufset-
zend wurde außerdem ein Projektcontrolling aufgebaut, das die Steuerung von Kosten und Erträgen im Projekt unterstützt und in seiner
Summe zum zentralen Steuerungsinstrument für das Gesamtunternehn-
men (Managementinformationssystem) weiterentwickelt wird. Personell wurde diese Entwicklung durch den Ausbau des Konzerncontrol-
lings und die Einstellung neuer, dezentraler Bereichscontroller unterstützt.

Zur strategischen Unternehmensplanung und jährlichen Strategie-
erarbeitung wurde der Geschäftsbereich Unternehmensentwicklung
und -kommunikation eingerichtet, der zudem für die Organisationsentwicklung sowie für Marketing und PR verantwortlich ist. Und schließlich wurde ein auf das Projektmanagement aufbauendes Personalent-
wicklungssystem eingeführt mit jährlichen Mitarbeitergesprächen und
Zielvereinbarungen auf allen Ebenen. Im nächsten Schritt soll wieder-

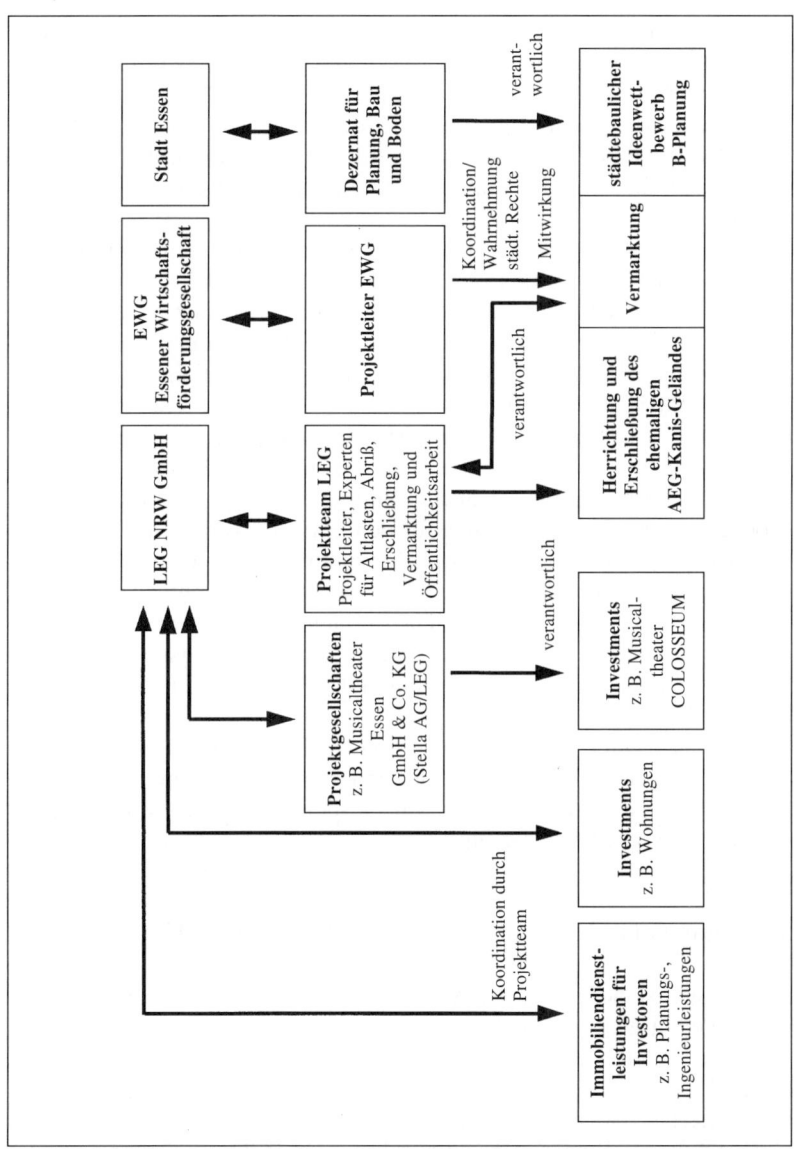

*Abbildung 9: Projektorganisation WestStadt*

um darauf aufbauend das Vergütungssystem und das bestehende Tantie-
mensystem leistungsorientiert ausgerichtet werden sowie die Abläufe
in der Sparte und übergreifend optimiert werden.

Neben diesen organisatorischen Maßnahmen waren u. a. folgende
Faktoren für den Erfolg bei der Einführung von Projektmanagement
wichtig, die sowohl die Implementierung als auch die Akzeptanz si-
cherten.

Veränderungen bedeuten mehr Arbeit, mehr Engagement. Objektive
ökonomische Notwendigkeiten überzeugen alle Mitarbeiterinnen und
Mitarbeiter am schnellsten, diesen persönlichen Einsatz zu leisten. Der
persönliche Einsatz muß immer wieder von der Geschäftsführung ein-
gefordert werden. Daß die Geschäftsführung einheitliche und klar formulierte Positionen vertritt, ist eine Selbstverständlichkeit. Für alle
Führungskräfte waren Ziele und Maßnahmenpläne mit Zeitvorgaben
verbindlich. Der breit angelegte Erneuerungsprozeß in der LEG, der
sowohl Führungskräfte als auch Mitarbeiter einbezog, bewirkte, daß
Modernisierer auf allen Ebenen für den notwendigen Schub sorgten.

Der klare MOC-Plan mit dem daran anknüpfenden Controlling sorg-
te dafür, daß die Umsetzung gut gesteuert werden konnte.

Das wichtigste war jedoch: nicht zu lange zu diskutieren, zu planen,
sondern anzufangen und in zeitnahen Rückkopplungsgesprächen zu
klären, ob gegebenenfalls Änderungen des Maßnahmenplans erforderlich würden.

Nur das »Tun« bringt Veränderung, sichert Glaubwürdigkeit, daß
Veränderung tatsächlich gewollt ist und motiviert diejenigen unter den
Führungskräften, die Modernisierung wollen. Auf diese muß das Unter-
nehmen in erster Linie setzen.


## 9.  Change als »Normalität« – Das selbstlernende Unternehmen

Nichts ist beständiger als der Wandel. Die Märkte sind ständig in Bewegung; die Umwelt- und Rahmenbedingungen verändern sich. »Change«
wird zur Normalität – Change-Management wird zur »Normalität»; in
der LEG mittlerweile überwiegend ohne externe Unternehmensberater,
denn externer Sachverstand ist in einem Unternehmen mit einer offenen
Unternehmenskultur, mit modernen Führungssystemen, einer verände-
rungsoffenen, auf Selbstlerneffekte ausgerichteten Organisation und ei-

genverantwortlich denkenden und handelnden Mitarbeitern nur noch als Ausnahme notwendig.

Ein dauerhaft erfolgreiches Unternehmen braucht vor allem eine Change-(Unternehmens)-Kultur. Eine solche Kultur zeichnet sich durch vier Charakteristika aus:

1. proaktive Veränderungsbereitschaft von Mitarbeitern und Führungskräften,
2. konstruktive Konfliktkultur (aus Konflikten lassen sich bessere Lösungen generieren),
3. hohe Eigenverantwortung der Mitarbeiterinnen und Mitarbeiter kombiniert mit Controlling-Instrumenten zur Selbststeuerung statt Kontrolle und
4. Vertrauen, das heißt Offenheit, Ehrlichkeit und Aufrichtigkeit untereinander und im Umgang mit den Kunden und Zulieferern.

An der Entwicklung und Institutionalisierung einer solchen Change-Kultur arbeiten wir zur Zeit.

# Das Controlling der Veränderung: Change-Controlling – Ein Instrument für mehr Serviceorientierung im Handel

## Das Beispiel Marks & Spencer, Köln

*Marc Bauwens*

*Inhalt*

## 1. Handel ohne Service – geht das?

Was macht den »Handel« aus? Was ist eigentlich »Der Handel«? Ganz ohne Zweifel geht es um die Erfüllung von Bedürfnissen des Kunden. Ebenfalls zweifelsfrei sollte der Umgang mit den Kunden einen freundlichen, fairen und professionellen Eindruck bei den Kunden hinterlassen. Doch was genau will dieses unbekannte Wesen namens »Kunde«? Eine aktuelle Untersuchung gibt Aufschluß über verbreitete Erwartungen und Ärgernisse (Tominaga, 1997). Von Handwerksunternehmen wird beispielsweise weit vor fachlicher Kompetenz (13 Prozent) und einem guten Preis-Leistungsverhältnis (14 Prozent), vor allem eine schnelle Verfügbarkeit sowie eine schnelle und pünktliche Auftragsabwicklung erwartet (34 Prozent). Handelsunternehmen verärgern ihre Kunden vor allem durch folgende (Fehl-)Leistungen: unfreundliches Personal (72 Prozent), überzogene Preise (70 Prozent), mangelnde Hilfsbereitschaft (61 Prozent), schlampige Auftragsausführung (57

Prozent), undurchsichtige Rechnungen (56 Prozent) und lange Wartezeiten (56 Prozent).

Nun werden Handelsunternehmungen im allgemeinen unter die
Gruppe der Dienstleistungsunternehmungen subsumiert. Die Leistungen dieser Unternehmen sind erbrachte Dienste. Diese Dienste sind nur
dann erfolgreich – für Händler als auch für Kunden – zu erbringen,
wenn sie zielorientiert erstellt werden. Die Ziele von Kunden sind nicht
nur durch eine einfache Produkt-Preis-Relation abbildbar. Wie die obigen Zahlen zeigen, ist darüber hinaus als integraler Bestandteil der handelsbetrieblichen Leistung der »Service« zu berücksichtigen.

Die Frage nach den Bestandteilen des Services sowie ihren Ausprä-
gungen wird von jedem Unternehmen anders beantwortet. Zudem trägt
auch hier der sprichwörtliche »Wandel im Handel« dazu bei, daß diese
Frage permanent durchdacht und – häufig neu – beantwortet werden
muß. Unbestritten ist die Tatsache, daß sich die Veränderungsgeschwindigkeit im deutschen Handel in den vergangenen Jahren massiv erhöht
hat. Wesentliche Ursache für diese Entwicklung ist die zunehmende Internationalisierung. Man denke nur an die Vielzahl ausländischer Filia-
listen, die in den vergangenen Jahren die deutsche Textillandschaft erweitert haben: Next, InWear, Mango, Gap, Wallis, Eddie Bauer, Marks
& Spencer, Oasis, Springfield, You Who, The Sting oder auch We Inter-
national mit Hij und Zij. Diese Entwicklung ist noch nicht beendet; in
den Startlöchern stehen weitere innovative, schlagkräftige und finanz-
starke Wettbewerber wie z. B. Zara und Talbots.

Bei aller Komplexität des handelsbetrieblichen Tagesgeschäftes darf
aber nicht vergessen werden, daß es sich nicht um eine wissenschaftli-
che Sonderleistung im Sinne beispielsweise der Mondlandungen handelt. Die Nasa muß anders als ein Handelsbetrieb arbeiten. Trotzdem
wird auch der Handel seit einigen Jahren mit einer Flut von komplizierten Konzepten und Instrumenten konfrontiert, die alle den erhofften
Erfolg bringen sollen. Häufig jedoch tragen diese eher zur Vernebelung
des klaren Sichtfeldes auf den Kunden bei. »Back to the Basics« oder
»Zurück zu den Grundlagen« bedeutet für den Handel die Orientierung
am Kunden. Dabei ist der Service als die wesentliche Möglichkeit zur
Profilierung gegenüber den Wettbewerbern anzusehen.

## 2. Serviceerhöhung und Selbststeuerung durch Controlling

Kundenservice ist nicht ausschließlich eine Frage der Quantität des Personals. Vielfach vernachlässigt wird die Frage nach der Qualität des Personals. Beispielsweise kann es durchaus sein, daß auch ein Kunde, der als Zwölfter in der Kassenschlange steht, trotzdem als zufriedener Kunde das Geschäft verlassen kann, solange er freundlich und verständnisvoll vom Kassen- und Verkaufspersonal behandelt wird. Oft sind nur eine nette Begrüßung, ein kleines Lächeln, ein kurzer Augenkontakt oder eine kurze Entschuldigung für die lange Wartezeit notwendig, um den Kunden den Unterschied zu den Wettbewerbern positiv deutlich zu machen.

### 2.1 »Controllen« läßt sich alles

»Regeln – beherrschen – steuern«, diese Sichtweise des Controlling zeigt deutlich, daß es sich weder um reine Revision noch um reine Kontrolle handelt (Schröder, 1996, S. 21). Somit wäre Controlling ein geeignetes Instrument zur Anpassung von Serviceleistungen. Jedoch berücksichtigt der klassische Handwerkskasten des Controllers eher die quantifizierbaren Leistungen. Ungenügend berücksichtigt werden die eher qualitativ zu nennenden Faktoren, wie z. B. Zufriedenheiten. Das muß nicht sein. Auch Serviceleistungen sind meßbar. Dazu werden zuallererst weiterentwickelte und angepaßte Controlling-Instrumente benötigt. Dann muß der »Service« festgelegt und permanent überprüft werden. Wenn Veränderungen anstehen, müssen diese umgesetzt und auf ihre Auswirkungen beim Kunden überprüft werden. Durch den Einsatz von Controlling-Instrumenten müssen zudem die Mitarbeiter in die Lage versetzt werden, diese im Sinne der Selbststeuerung nutzten zu können und zu wollen.

### 2.2 Festlegung des Ziels: Service-Niveau

Wenn sich Handelsunternehmen wirklich an den Bedürfnissen der Kunden orientieren, dann wird auch der Ertrag quasi zwangsläufig folgen. Die alte Redensart »Was man nicht messen kann, kann man auch nicht managen« ist jedoch unverändert gültig. Was nützen die farbenprächtigsten Visionen über Service und kauffreudige Kunden, wenn das angestrebte Serviceniveau – oder der Abstand dorthin – nicht meßbar ist? Wie soll das Management wissen, wie es handeln soll, wenn es nicht weiß, in welche Richtung es sich bewegen soll?

Quantitative Größen wie Umsatz, Gewinn, Cash-flow sowie Flächen- und Personalleistung sind leicht meßbar und anerkannt. Diese eher intern orientierten Leistungskennziffern betreffen jedoch ausschließlich die betriebliche und finanzielle Effizienz und Effektivität (Wüst, 1993, S. 55 ff.). Qualitative Größen wie beispielsweise die Kundenzufriedenheit erfassen jedoch das, was Kunden fühlen, denken und als Basis ihrer Kaufentscheidung nutzen. Wie also können welche Qualitäten gemessen werden und welche Qualitätskennziffern bieten sich als Controlling-Kennzahlen an?

Das betriebliche Serviceniveau umfaßt alle internen und externen (das heißt auf den Kunden gerichteten) Servicepunkte. Dabei sind nicht nur die Ergebnisse des am Servicepunkt durchgeführten Service, sondern ebenfalls die Prozesse, welche zur Erstellung des Service nötig sind, sowie die Potentiale, auf denen der Service aufbaut, von Interesse und müssen untersucht werden (siehe auch: Eversheim, 1997, S. 22).

| Ergebnisse | Prozesse | Potentiale |
|---|---|---|
| – Kundenzufriedenheit<br>– Mitarbeiter-<br>  zufriedenheit<br>– Geschäftsergebnisse | – Serviceentwicklung<br>– Beschaffung<br>– Serviceerbringung<br>– Servicedarstellung | – Qualitätspolitik<br>– Organisation des<br>  Qualitätsmanagements<br>– Führung<br>– Mitarbeiter<br>– Ressourcen |

*Servicepunkte:* Ansatzpunkte, an denen Serviceleistungen erbracht werden. Alle Serviceleistungen zusammen bilden das Serviceniveau. Dabei muß der Service des Handelsunternehmens ein in sich konsistentes Bild abgeben, das heißt alle Serviceleistungen befinden sich auf demselben Niveau. Folgende Beispiele aus dem Hause Marks & Spencer seien exemplarisch aufgeführt:

| Servicepunkt | Servicemaßnahme |
|---|---|
| **Eingang** | – Begrüßung mit einem Lächeln<br>– Informationsangebot |
| **Kasse** | – Augenkontakt während des Scannens und Kassierens<br>– Einpackservice<br>– Verabschiedung mit einem Lächeln |
| **Umtausch** | – Geld-zurück-Garantie (gegen Vorlage des Kassenbons) und eine Umtauschpolitik, die unter dem Motto »Im Zweifel für den Kunden« steht. Die Geld-zurück-Garantie unterliegt keinen zeitlichen Beschränkungen und gilt auch für reduzierte Ware. |
| **Special Services** | – Lay-Away-Service (Angebot an der Kasse, bezahlte Ware bis zum Abholen zu verwahren, z. B. voluminöse Steppbetten)<br>– Collect-by-Car Abholservice (Kunden können mit dem PKW am Hintereingang vorfahren und ein M&S Mitarbeiter deponiert ihre gesammelten Einkäufe im Wagen; Lebensmittel können während der Aufbewahrungszeit gekühlt werden)<br>– Lieferservice (Ware wird zum Kunden nach Hause gebracht) |

Diese Servicemaßnahmen werden im allgemeinen von den Mitarbeitern erbracht. Damit die Mitarbeiter diesen Service erbringen können, müssen sie nicht nur die nötige Befähigung und Motivation aufweisen, sie müssen darüber hinaus auch Zeit haben. Eine wesentliche Voraussetzung für Service ist eine interne Organisation, die es vermeidet, daß Mitarbeiter in der regulären Arbeitszeit – wenn Kunden im Haus sind – ihre Aufmerksamkeit dem Umräumen von Waren oder ähnlichen Beschäftigungen widmen müssen. Marks & Spencer stellte im Rahmen eines internen Organisationprojektes fest, daß von den Mitarbeitern innerhalb ihrer Arbeitszeit zu viel erwartet wurde. Das Verkaufspersonal verbrachte beispielsweise mit Ein- und Umräumarbeiten sowie Warenumzeichnung derartig viel Zeit, daß sie ihrer eigentlichen Aufgabe – nämlich Kundenwünsche zu erfüllen – nur unzureichend nachkommen konnten. Daraufhin wurde die Warenmanipulation auf Zeiten verlegt, zu denen Kunden nicht mehr gestört wurden und die Mitarbeiter sich somit voll auf ihre Serviceaufgaben konzentrieren konnten.

2.3 Datenerhebung und Aufbereitung

Die benötigten Informationen werden durch Self-Assessments sowie durch Beobachtung und Befragung erhoben. Im Idealfall können die Mitarbeiter die Datenerhebung selbst durchführen. Empfehlenswert ist eine jährliche oder halbjährliche Durchführung. Die Ergebnisse sollten im Hinblick auf zwei besonders wichtige Servicebereiche verdichtet werden: den Customer-Service-Audit und den Internen-Service-Audit.

*Ein Customer-Service-Audit* kann beispielsweise im Hinblick auf folgende Serviceleistungen erstellt werden: (1) Warenverfügbarkeit bei unterschiedlichen Sortimentsteilen, (2) Wartezeiten vor Kassen und Umkleideräumen, (3) Empfang der Kunden an den Kassen, im Umkleideraum oder an den Serviceschaltern, (4) Beantwortungszeit für Kundenbriefe, (5) Schnelligkeit des Abhebens bei Telefonanrufen, (6) Know-how der Mitarbeiter. Service ist jedoch nicht nur extern zu interpretieren.

Der Interne-Service-Audit sollte mindestens folgende Bereiche umfassen: (1) Qualität der Bedienung in der Mitarbeiterkantine, (2) der Personalabteilung und (3) der Verwaltung.

Customer-Service-Audits werden beispielsweise auch bei Marks & Spencer erstellt. Halbjährlich wird von den Filialmitarbeitern selbst innerhalb einer Woche das Audit durchgeführt. Folgende Ergebnisse sollen exemplarisch den Umfang der Audits verdeutlichen: die Warenverfügbarkeit lag bei 94 Prozent (das heißt während der untersuchten Woche waren 94 Prozent des Sortiments für die Kunden jederzeit verfügbar). Die Wartezeit im Checkout-Bereich lag für 74 Prozent der Kunden unter zweieinhalb Minuten und für 26 Prozent zwischen zwei und fünf Minuten. Die Beantwortung von Kundenbriefen erfolgte durchschnittlich innerhalb von drei Tagen. Die Telefonzentrale war in der Lage, 44 Prozent aller Anrufe innerhalb von drei Klingelzeichen anzunehmen. An der Kasse wurden 87 Prozent der dort zahlenden Kunden positiv begrüßt (Blickkontakt, Lächeln, Ansprache).

2.4 Interpretation und Veränderung durch Selbststeuerung

Die obigen Ergebnisse sind kein Selbstzweck, sondern stellen den Ausgangspunkt eines permanenter Verbesserungsprozesses dar (man denke an die östliche Weisheit des Laotse: »Nicht das Ziel ist das Ziel, der

Weg ist das Ziel«). Von entscheidender Bedeutung ist dabei die Akzeptanz der Ergebnisse durch die Mitarbeiter. Nur wenn die Mitarbeiter hinter den Ergebnissen stehen und diese mittragen, werden sie aktiv versuchen den Service zu verbessern. Alle Mitarbeiter sollten diese qualitativen Messungen und Ergebnisse als Möglichkeit sehen, ihr eigenes Verhalten zu überprüfen und gegebenenfalls zu korrigieren. Je mehr Personen an diesem kontinuierlichen Verbesserungsprozeß teilhaben, desto näher kommt das Handelsunternehmen dem Servicebedarf seiner Kunden. Deshalb werden bei Marks & Spender die Audits von den Mitarbeitern selbst aufgenommen. Im Gegensatz zur Selbstaufnahme steht das Konzept des »Mystery Shopper«, das heißt des beauftragten Käufers, der die Leistung der Mitarbeiter prüfen soll. Wahrscheinlich sind die Ergebnisse des beauftragten Käufers ehrlicher und korrekter. Allerdings entspringt dieses Konzept einer Mentalität der Kontrolle und der Bestrafung. Die Selbstaufnahme jedoch ist ein Instrument der Selbststeuerung und der Motivation. Wesentlich bei dieser Vorgehensweise ist nicht die Kontrolle, sondern der Anreiz, selber darüber nachzudenken, was im Umgang mit den Kunden wichtig ist und wo man sein eigenes Verhalten verändern sollte.

Darüber hinaus müssen die Ergebnisse in Zahlen umgesetzt und kommuniziert werden. Das Abschneiden der Filialen muß in allen Filialen veröffentlicht werden. Es muß verglichen werden, wo Unterschiedlichkeiten bestehen und welche Gründe dafür vorliegen. Die Messungen müssen zum Ausgangspunkt für konkrete Maßnahmen werden und als Anreiz zur Verbesserung dienen, nicht aber als Sanktion. Deshalb müssen konkrete Maßnahmenpläne erarbeitet und umgesetzt werden. Letztendlich muß die Prüfung der Wirksamkeit der Maßnahmen, z. B. durch das nächste, folgende Audit durchgeführt werden.

Eine nachhaltige Qualitätsverbesserung des Services bedarf der Einbindung von Mitarbeitern und Management, damit jeder spürt, daß der Service nicht nur richtig ist, sondern auch ein gutes Gefühl vermittelt. Und es muß auch darauf geachtet werden, daß die Mitarbeiter Anerkennung bekommen und belohnt werden, wenn sie erfolgreich den Service angehoben haben.

## 3. »Change« – ohne Mitarbeiter, ohne Kunden, ohne Lieferanten?

Zur Veränderung werden nicht nur Manager, sondern alle Mitarbeiter benötigt. Dieses ist als eine anerkannte Grundlage von Veränderungsprozessen anzusehen. Warum aber wird regelmäßig diejenige Personengruppe außer acht gelassen, die für einen Handelsbetrieb den wichtigsten Orientierungsrahmen stellen sollte, nämlich die Kunden? Kunden, Mitarbeiter und das Management, alle sind Teil des Handelsbetriebes. Veränderungen, die »verordnet« werden, und Ziele von Veränderungen, die noch nicht einmal mit den Zielen und Wünschen der Kunden übereinstimmen, tragen nicht zu einer stärkeren Serviceorientierung bei. Und warum werden die Lieferanten der Unternehmung nur sporadisch einbezogen? Beispielsweise werden bei Marks & Spencer die Lieferanten im Sinne einer Partnerschaft regelmäßig auf der Verkaufsfläche mit den Kunden konfrontiert. Kundenorientiertes Denken beginnt bereits auf der Stufe der Herstellung und nicht erst im Handelsbetrieb.

Ein Handelsunternehmen, welches serviceorientierter handeln will und welches bereit ist, sich zu verändern, sollte ebenfalls den Führungsstil anpassen. Die 3-K-Theorie (Kommandieren, Kontrollieren und Korrigieren) ist definitiv nicht der adäquate Führungsstil (Taminoga, 1996). »Leading by Example« (Management durch Vorbild) ist eher der Ansatz mit Schlüsselfunktion für »Change« im Handel. Dabei geht die Unternehmensspitze als gutes Beispiel für das gehobene und mittlere Management voran, dieses wiederum hat eine Vorbildfunktion für die restlichen Mitarbeiter. Das mittlere Management hat dabei die Schlüsselrolle bei der Umsetzung von Veränderungen.

Aber auch das Top-Management darf den Kontakt zu den »Grass Roots« nicht verlieren. Eine Möglichkeit, die Marks & Spencer probiert hat, ist die des Store Sponsoring durch die obersten Führungsebenen. Die Vorstandsmitglieder nehmen dabei einzelne Filialen zeitweise unter ihre »Fittiche«. Das heißt nicht, daß diese Vorstandsmitglieder der Filiale ab und zu einmal einen Besuch abstatten und diese dann »inspizieren und kontrollieren«. Es geht vielmehr darum, einen engen Kontakt zu Mitarbeitern und Kunden aufzubauen, auch einmal etwas zu sagen, was nicht offiziell ist, mehr von dem mit eigenen Augen zusehen, was zur täglichen Realität gehört, sich der Probleme »anzunehmen« und an der Filialleitung teilzuhaben. Dazu gehört auch, der Filiale dabei zu helfen, das eine oder das andere einmal auszuprobieren, Mitarbeiter kleinere Serviceprojekte selbstverantwortlich durchführen zu lassen, und – sehr wichtig – es auch zuzulassen, daß einmal etwas fehlschlägt.

Menschen lieben den Status quo. Veränderungen, das heißt Change-Prozesse jeder Art, sei es im Privatleben oder im Beruf, verursachen zuerst Unwohlsein und Unsicherheit, auch wenn diese Veränderung nötig und richtig ist. Die Akzeptanz von Veränderungen und die Lust daran teilzuhaben, läßt sich nur schaffen, wenn Mitarbeiter einbezogen werden. Diese Alternative ist aufwendig. Sie bedeutet, daß auf allen Hierarchieebenen Informationen geteilt und kommuniziert werden. Das Change-Controlling benötigt Mitarbeiter, die an der Informationserhebung und Analyse beteiligt sind und dieses auch verstehen. Somit ist Training als ein unverzichtbarer Bestandteil anzusehen (Marks & Spencer beispielsweise investiert pro Woche mindestens 30 Minuten pro Mitarbeiter in die Weiterbildung). Nur dadurch ist eine Veränderungsbereitschaft zu schaffen, eine permanente Ausrichtung an den sich permanent wandelnden Kundenbedürfnissen zu gewährleisten, und zudem allen Beteiligten die nötige Motivation zu vermitteln, diesen »Change« auch noch lustvoll und mit Freude durchzuführen.

## 4. Change-Controlling als Mittel zur Rückbesinnung auf das Wesentliche im Handel: Kundenservice

Warum das alles? Erstens kostet es ein Unternehmen etwa siebenmal soviel, einen neuen Kunden zu gewinnen als einen Stammkunden zu behalten. Zweitens geben unzufriedene Kunden ihr Frusterlebnis an 9 bis 15 Personen weiter. Drittens trägt nur einer von 26 Kunden, die eine Beschwerde haben, diese auch vor (Tominaga, 1997). 96 Prozent der unzufriedenen Kunden wechseln wortlos zu Konkurrenz (womit übrigens belegt ist, daß Händler um so froher sein sollten, je mehr Beschwerden sie erhalten, das heißt, Beschwerden sollten nicht als Probleme, sondern als Chancen zur Verbesserung gesehen werden).

Der Handel sollte sich auf seine Grundlagen und damit auf seine Stärken besinnen. Handeln ist keine »Raumfahrtwissenschaft«, die ein jahrelanges Studium erfordert. Die grundlegenden Tätigkeiten sind relativ leicht zu definieren. Steuerung und Umsetzung derselben leider nicht. Change-Controlling kann dieses Problem lösen. Controlling-Instrumente, die im Sinne des Total Quality Managements weiterentwikkelt wurden (z. B. Horváth, 1997 und Eversheim, 1997), Managementof-Change-Gedankengut und Instrumente (KSA, 1996) und die Orientierung am Servicegedanken, erlauben dem Handelsbetrieb eine Dimension der Profilierung zu erschließen, die nachgewiesener Maßen bei den internationalen Topunternehmen des Handels Erfolge zeigt. Change-Controlling paßt in die Unternehmenskultur von serviceorientierten und erfolgreichen Unternehmen wie beispielsweise Marks & Spencer, deren Grundwerte nicht zufällig lauten: »Qualität – Service – Preis-Leistung«.

*Literatur*

Eversheim, Walter (Hrsg.): Qualitätsmanagement für Dienstleister – Grundlagen, Selbstanalyse, Umsetzungshilfen, Springer, Berlin-Heidelberg, 1997.

Horváth & Partner (Hrsg.): Qualitätscontrolling – ein Leitfaden zur betrieblichen Navigation auf dem weg zum Total Quality Management, Stuttgart, Schäffer-Poeschel, 1997.

Kurt Salmon Associates: Management-of-Change im Handel, Düsseldorf, 1996.

Schröder, Ernst F.: Modernes Unternehmens-Controlling – Handbuch für die Unternehmenspraxis, 6. Auflage, Ludwigshafen (Rhein), Kiehl, 1996.

Tominaga, Minoru: Die kundenfeindliche Gesellschaft – Erfolgsstrategien für Dienstleister, Econ, Düsseldorf, 1996.

Tominaga, Minoru: Know why statt Know-how, in: Textilwirtschaft, 5. Juni 1997, S. 60.

Wüst, Peter: Externe Datenbanken im Consulting der Kreditinstitute – Zielgruppe Klein- und Mittelunternehmungen, Genios, Frankfurt-Düsseldorf, 1993.

# Die Akzeptanzsicherung – Eine Kernaufgabe des Change-Managements

Das Beispiel AVE – Außenhandelsvereinigung des Deutschen Einzelhandels

*Konrad Neundörfer*

Als ich gebeten wurde, einen Artikel zum Thema ›Change-Management‹ zu schreiben und mir zur Vorbereitung einige Hinweise zu diesem Thema geliefert wurden, war meine erste Reaktion eher skeptisch. Ich hatte zunächst den Eindruck, daß es sich um eine strikt unternehmensbezogene Fragestellung handele, die nicht ohne weiteres auf Verbände, wie etwa die AVE, angewendet werden könne. Dies jedenfalls dann, wenn nicht das interne Management innerhalb der Geschäftsstelle eines Verbandes gemeint ist, sondern der Verband als Organismus, und dies war eindeutig der Fall.

In der Tat gibt es erhebliche Unterschiede zwischen der Funktionsweise und vor allem den Zielsetzungen eines Unternehmens und einer Verbandsorganisation. Hauptziel eines Unternehmens ist es, sich in einem meist schwierigen Markt zu behaupten und einen möglichst hohen Gewinn zu erzielen. Bei Verbänden geht es nicht um Gewinnerzielung – sie dürfen ja gar keine Gewinne machen –, sondern um die Vertretung der gemeinsamen Interessen ihrer Mitglieder und um Hilfestellung bei der Lösung betriebsindividueller Probleme. Anders als die einzelnen Bereiche eines Unternehmens stehen die Mitglieder eines Verbandes untereinander in einem gerade im Einzelhandel besonders heftigen Wettbewerb. Darüber hinaus ähnelt die Beziehung zwischen einem Unternehmen und einem Verband sehr stark der Kunden-/Lieferanten-Beziehung. Heute mehr denn je gilt zwischen den beiden Partnern Verband und Mitgliedsunternehmen das Preis-Leistungsverhältnis, das heißt, ein Unternehmen wird einem Verband auf Dauer nur angehören, wenn es davon überzeugt ist, für seinen Mitgliedsbeitrag eine adäquate Gegenleistung zu erhalten.

Trotz all dieser Besonderheiten ist jedoch der Begriff des Change-Managements durchaus auch auf die Verbandspolitik übertragbar. Dabei verstehe ich unter Verbandspolitik die Zielsetzung und die Methoden der Interessenvertretung nach außen, das heißt in erster Linie gegenüber der Gesetzgebung und der Verwaltung; darüber hinaus aber auch die strategische Ausrichtung der Mitgliedsunternehmen, im Falle der AVE also vor allem die internationale Warenbeschaffung. Im letzteren Falle liegt die Notwendigkeit der Akzeptanz auf seiten der Mitgliedsunternehmen auf der Hand. Aber auch Interessenvertretung nach außen kann nicht im luftleeren Raum betrieben werden. Die Zielrichtung der Interessenvertretung muß sich aus dem wohlverstandenen Gemeinschaftsinteresse der Gesamtheit der Mitglieder ergeben, das nicht unbedingt und in allen Details der konkreten Interessenlage jedes einzelnen Mitglieds entspricht. Die Bündelung, Formulierung und Umsetzung des ›Gemeinschaftsinteresses‹ ist die schwierigste, aber auch interessanteste Aufgabe eines Verbandsmanagements. Hierzu bedarf es ständiger Überzeugungsarbeit, um eine möglichst umfassende Akzeptanz zu erreichen, was nicht immer möglich ist. Je größer, das heißt mitgliedsstärker, ein Verband ist, je breiter sein Aufgabenspektrum und je heterogener seine Mitgliederstruktur, um so schwieriger ist es, einen breiten Konsens herzustellen. Gelingt dies aber in wichtigen Fällen nicht, so kann dies für den Verband tödlich sein.

Was die Methoden der Interessenvertretung, das heißt der Lobbytätigkeit einschließlich Öffentlichkeitsarbeit, angeht, so ist deren Auswahl zwar in erster Linie Sache des Verbandsmanagements, aber auch hier ist ein gewisser Grundkonsens der Mitglieder auf Dauer unerläßlich, insbesondere insoweit als die Einbindung und die Beteiligung der Mitglieder an der Lobbyarbeit notwendig ist. Wir werden hierauf bei den einzelnen Fallbeispielen zurückkommen.

Im Unterschied zu der Situation in den einzelnen Unternehmen sind allerdings die Veränderungsprozesse, die auf der Ebene der Verbandspolitik ein Change-Management fordern, in der Regel längerfristige Entwicklungen, die mehr Zeit für Überzeugungsarbeit und Anpassung geben, dafür aber auch häufig tiefgreifender sind als Veränderungen in der Marktsituation, mit denen die einzelnen Unternehmen konfrontiert werden. Aktuelle KSA-Untersuchungen zur Einführung von Efficient-Consumer-Response und Category-Management zeigen ein erhebliches Risikopotential nicht nur in der Konsumgüterindustrie, sondern auch im Einzelhandel, dem auch und gerade die Verbandspolitik Rechnung tragen muß.

Bei der Willensbildung, dem Entscheidungsprozeß und der Imple-

mentierung von Change-Management gibt es naturgemäß im Verbands-
bereich aufgrund der dortigen Strukturen Besonderheiten. Die Impulse
zur Willensbildung müssen vom Verbandsmanagement ausgehen, wobei ich hier unter Verbandsmanagement sowohl die ehrenamtlichen
Verbandsgremien (Präsidium, Arbeitskreise etc.) als auch die hauptamt-
liche Verbandsgeschäftsführung verstehe. Letzterer kommt häufig die
Initialfunktion zu, zumal die Ehrenamtsträger verständlicherweise dazu
neigen, die neuen Probleme in erster Linie aus der individuellen Sicht
ihres jeweiligen Unternehmens zu sehen.

Die Entscheidung über eine Anpassung an Veränderungsprozesse erfolgt natürlich formal in dem oder den zuständigen Verbandsgremien.
Ein Verband ist jedoch gut beraten, in diese Entscheidung möglichst
viele Unternehmen und Einzelpersonen einzubinden.

Die Implementierung des verbandlichen Change-Managements geschieht im Bereich der Interessenvertretung durch die Repräsentanten
der Branche, insbesondere den Präsidenten und die Geschäftsführung.
Bei der strategischen Branchenausrichtung liegt sie natürlich auf der
Ebene des einzelnen Unternehmens, und dem Verbandsmanagement
kommt in erster Linie eine Beratungsfunktion zu.

In bezug auf Change-Management innerhalb von Unternehmen
spricht man davon, daß die Implementierung neuer Prozesse ›top down‹
legitimiert werden müsse, also die Unterstützung von oben außerordentlich wichtig sei. Im übertragenen Sinn gilt dies auch für den Verband. Insbesondere das Präsidium, in dem ja nicht selten die großen und
die besonders erfolgreichen Mitgliedsunternehmen repräsentiert sind,
hat durchaus eine Autorität gegenüber dem einzelnen Unternehmen,
und zwar auf allen Unternehmensebenen. In gewissem Umfang gilt dies
auch für den Verbandsgeschäftsführer, sofern er nämlich als ausgewie-
sener Fachmann geschätzt wird.

Eine wichtige Frage ist, wie im Laufe der Implementierungsarbeiten
von Change-Management kommuniziert wird. Auch hier gibt es im Ver-
bandsbereich Besonderheiten. Bei Änderungen der strategischen Ausrichtung einer Branche kommt es auf einen intensiven Informations-
und Erfahrungsaustausch an, der vom Verband organisiert werden muß.
Beim Change-Management in der Lobbyarbeit geht es in erster Linie
um die Weitergabe von Informationen, Kenntnissen und Erfahrungen
des Verbandes an seine Mitglieder; nur so kann ein einmal erreichter
Konsens auf Dauer sichergestellt werden.

Mit Recht wird darauf hingewiesen, daß das Management von offenen und verdeckten Widerständen bei positiven oder negativen Erfahrungen mit den neuen Prozessen einen wichtigen Kern der Implementierung von Change-Management darstellt. Hat man es wie ein Verband nicht mit einem einzelnen Unternehmen zu tun, dessen Angehörigen immerhin von der gleichen Unternehmenskultur und einem weitgehend identischen Erfahrungsschatz geprägt sind, sondern mit einer Vielzahl von Unternehmen, Unternehmenskulturen und konkreten Erfahrungen, so ist das Widerstandspotential entsprechend größer. Besondere Aufmerksamkeit muß hierbei dem nicht ganz seltenen Typ des individualistischen Querdenkers gewidmet werden, der in manchen – wenn auch nicht in allen Unternehmen – durchaus respektiert wird und in der Branche häufig eine, wenn auch skeptische Anerkennung findet, ja, sich sogar, wenn er mit Eloquenz begabt ist, zu einer Art von Wortführer aufschwingen kann. Es gehört zur hohen Kunst des Verbandsmanagements, solche Querdenkertypen einzubinden, was manchmal eine gewisse Selbstverleugnung erfordert.

Es versteht sich von selbst, daß Change-Management ein großes Maß an Flexibilität, geistiger und räumlicher Mobilität, Dynamik und Beharrlichkeit voraussetzt. Daneben ist natürlich ein einschlägiger Erfahrungsschatz außerordentlich nützlich. Dies möchte ich am Beispiel meiner eigenen Person exemplifizieren. Als langjähriger Verbandsmanager in der Textilindustrie, die wie kaum eine andere Branche seit vielen Jahren einen tiefgreifenden Strukturwandel durchläuft, hatte ich Change-Management sozusagen als eine Daueraufgabe zu bewältigen. Da die Tätigkeit beim Spitzenverband (Gesamttextil) ausgeübt wurde, waren die Akzeptanzpartner, also diejenigen, die überzeugt werden mußten, in erster Linie haupt- und ehrenamtliche Verbandsfunktionäre aus dem Bereich der Mitgliedsverbände. Im Unterschied dazu ist die Tätigkeit bei der AVE in erster Linie firmenbezogen und vollzieht sich im direkten Dauerkontakt mit den Unternehmen, was in macher Hinsicht leichter und weniger frustrierend ist.

Im zweiten Teil dieses Beitrags soll Change-Management nun anhand einzelner Arbeitsfelder der AVE aufgezeigt werden.

Beginnen wir mit dem Thema Globalisierung, das entsprechend der bereits angeführten Begriffsdefinition zur Firmen- bzw. Branchenausrichtung gehört.

Der Begriff der Globalisierung, der heute bis zum Übermaß strapaziert wird, ist für die Unternehmen des importierenden deutschen Einzelhandels alles andere als neu. Man könnte sie geradezu als Vorreiter der Globalisierung bezeichnen.

Bereits vor vielen Jahren wurde damit begonnen, die Beschaffung von Textilien und anderen Konsumgütern weltweit zu organisieren, um damit unter Inanspruchnahme des Kostenvorteils insbesondere in den Entwicklungsländern ein preiswertes Warenangebot gegenüber dem Konsumenten zu ermöglichen. Diese Einkaufspolitik hat zweifellos einen wesentlichen Beitrag zur Inflationsbekämpfung geleistet und tut dies auch heute noch.

Es wäre sicherlich übertrieben zu behaupten, daß die Initiative der weltweiten vor allem aber auf Asien ausgerichteten Einkaufspolitik in erster Linie vom Verband ausgegangen sei. Dieses Verdienst können vielmehr die Großfirmen des deutschen Einzelhandels für sich in Anspruch nehmen. Die AVE hat jedoch diesen Prozeß von Anfang an gefördert, propagiert, durch entsprechende handelspolitische Bemühungen flankiert und der Öffentlichkeit erklärt. Zugleich war die AVE eine wichtige Plattform für einen intensiven Informations- und Erfahrungsaustausch. Außerdem wurden mit der Zeit auch die zunächst zögernden Mitgliedsunternehmen, vor allem diejenigen eines mehr mittelständischen Zuschnitts, davon überzeugt, daß es unerläßlich sei, den gleichen Weg zu gehen.

Hierin lag eine typische Aufgabe des Change-Managements, die erfolgreich bewältigt wurde.

Welche Herausforderungen gibt es hier heute noch für die AVE? Ich sehe sie in der Frage der regionalen Ausrichtung der Einkaufspolitik. Zwischen 80 und 90 Prozent der Drittlandsimporte von Konsumgütern kommen aus Asien. Neue Möglichkeiten entstehen in Osteuropa, im südlichen Mittelmeerraum, vielleicht in Südamerika und zu einem späteren Zeitpunkt auch in Afrika. Wegen der eingefahrenen Wege, Methoden und Gewohnheiten bleiben Chancen ungenutzt. Die AVE muß hier der vielleicht unbequeme Mahner und Hinweisgeber sein, um neue profitable Einkaufsressourcen aufzuzeigen.

Die zweite Thematik, die ich als Beispielsfall behandeln möchte, ist die zunehmende Verlagerung der Lobbyarbeit nach Brüssel. Als die AVE in den fünfziger Jahren gegründet wurde, war die Bundesrepublik in den Fragen der Handelspolitik und damit auch der Importpolitik noch völlig autonom. Die Lobbyarbeit hatte sich ganz auf Bonn zu konzentrieren und dort insbesondere auf das federführende Bundeswirtschaftsministerium. Ich selbst war in den sechziger und siebziger Jahren im BMWi tätig und damit einer der vielen Ansprechpartner, um die sich die AVE bemühte.

Die Gründung der Europäischen Wirtschaftsgemeinschaft hatte jedoch zur Folge, daß die bisherigen handelspolitischen Kompetenzen der Mitgliedstaaten zunehmend auf die Organe der Gemeinschaft, Kommission und Rat, denen sich später noch das Europäische Parlament zugesellte, übertragen wurden. In den siebziger Jahren war dieser Prozeß weitgehend abgeschlossen. Die Grundlinien der Handelspolitik werden seitdem vom Ministerrat festgelegt, die Kommission hat das alleinige Vorschlagsrecht und ist für die Umsetzung der Beschlüsse des Rats zuständig, das Parlament konnte vor allem in jüngerer Zeit seine Mitwirkungsrechte erheblich ausbauen.

Die Verbandsorganisation des importierenden Einzelhandels trug dieser Tatsache durch die Gründung eines europäischen Verbandes, der FTA, die ihren Sitz in Brüssel hat und in etwa die gleiche Mitgliederstruktur aufweist wie die AVE, Rechnung. Die FTA umfaßt inzwischen fast alle maßgeblichen Gruppen des importierenden europäischen Handels. Die Aufgaben der FTA werden in Personalunion vom Hauptgeschäftsführer der AVE und seinen Mitarbeitern wahrgenommen. Daneben gibt es einen kleinen Stab von ausschließlichen FTA-Mitarbeitern im Brüsseler Büro.

Auf den ersten Blick wird man sich fragen, was diese Entwicklung mit Akzeptanzsicherung von Change-Management zu tun hat. Die Antwort wird deutlich, wenn man bedenkt, daß bisher national geprägte Branchen- und Verbandskulturen mit unterschiedlichen Mentalitäten, Traditionen, ökonomischen Grundvorstellungen und Lobby-Methoden nunmehr unter einem europäischen Dach zusammengefaßt wurden. Die AVE-Mitglieder, die bisher daran gewöhnt waren, daß für sie Politik und Lobbyarbeit in Bonn gemacht wurde, und zwar ausschließlich nur in ihrer eigenen Sprache, und die sich an diesen Aktivitäten auch selbst beteiligten, sahen sich nun mehr oder weniger undurchschaubaren Entscheidungsstrukturen gegenüber, deren Ergebnisse weniger liberal, weniger ›importfreundlich‹ waren, als man dies von der Politik der Bundesregierung gewöhnt war. Verbandssitzungen in Brüssel fanden und finden teilweise in Englisch statt, im Rahmen von Hearings bei der EU-

Kommission, zu denen Verbandsmitglieder gebeten werden, kann die eigene Sprache nicht verwendet werden.

Es bestand die reelle Gefahr, daß hieraus eine Erhaltung der Ablehnung und Verweigerung entstand, die sich außerordentlich negativ auf die Verbandstätigkeit ausgewirkt hätte. Dies zu verhindern, war Gegenstand und Ziel des verbandlichen Change-Managements. Außerordentlich hilfreich dabei war natürlich – was die deutschen FTA-Mitglieder angeht – die oben erwähnte Personalunion in der Geschäftsführung. Abweichend von den Usancen mancher anderer Brüsseler Verbände erhalten die deutschen FTA-Mitglieder, die mit den AVE-Mitgliedern identisch sind, den Informationsservice, das heißt den Rundschreibendienst auf Deutsch und können natürlich mit ihrem Verband in ihrer eigenen Sprache kommunizieren, was z. B. bei den italienischen oder schwedischen FTA-Mitgliedern nicht der Fall ist. Die Schaffung und Erhaltung einer einheitlichen ›europäischen‹ Verbandskultur ist jedoch eine durchaus heikle und delikate Daueraufgabe mit vielerlei Facetten, zu denen auch die Akzeptanz ausländischer Verbandsmitarbeiter gehört. Von der Bewältigung dieser Aufgabe liegt der Erfolg der Verbandsarbeit weitgehend ab.

Um Akzeptanzsicherung durch Change-Management geht es auch bei neuen Zielsetzungen und Methoden der Lobbyarbeit, die über die unmittelbaren geschäftlichen Interessen der Mitglieder hinausreichen. So muß sich ein Verband, der in der Importpolitik etwas bewegen will, auch um die Grundsatzfragen der internationalen Handelsordnung, die in der WTO, der Nachfolgeorganisation des GATT, behandelt werden, kümmern und sich an der diesbezüglichen Diskussion beteiligen. Beispiele sind die Liberalisierung des Dienstleistungssektors, Fragen der internationalen Wettbewerbsregeln oder das Spannungsverhältnis zwischen Multilateralismus und Regionalismus. Die Mitglieder müssen davon überzeugt werden, daß es notwendig ist, sich mit diesen Themen zu befassen und nicht nur mit aktuellen Quoten- und Zollproblemen.

Das gleiche gilt für bestimmte Formen und Methoden der Lobbyarbeit, die ein Verband braucht, um sein ›Standing‹ zu verbessern und sein Profil zu schärfen. Ich denke hierbei insbesondere an internationale Kongresse und Konferenzen, wie sie die FTA zu den verschiedendsten Themen des internationalen Handels in regelmäßigen Abständen veranstaltet. Zielgruppen dieser Veranstaltungen sind zwar auch die Mitgliedsunternehmen, in erster Linie, aber die europäische und internationale Öffentlichkeit im weitesten Sinne.

Zu den neueren Themen der Verbandsarbeit von AVE und FTA, deren Akzeptanz durch Change-Managements zu erreichen nicht ganz einfach ist, gehören die sogenannten Sozial- und Umweltstandards im internationalen Handel und die Frage von entsprechenden Selbstverpflichtungen durch die importierende Wirtschaft. Bei aller Anerkennung der ›moralischen‹ Komponente solcher Fragestellungen darf jedoch nicht übersehen werden, daß entsprechende Schritte zur Einhaltung solcher Standards, sei es aufgrund staatlicher bzw. zwischenstaatlicher Regelungen oder durch Selbstbindung der Unternehmen in Form von Firmen- bzw. -verbandskodizes, die Abwicklung des internationalen Geschäfts ungemein erschweren oder gar teilweise unmöglich machen können, wobei noch bezweifelt werden muß, ob die damit verfolgten Zielsetzungen so überhaupt erreicht werden können. Hinzu kommt, daß die Auffassungen über die anzuwendenden Methoden aufgrund unterschiedlicher Firmenkulturen, aber auch geschäftlicher Gegebenheiten stark differieren. Auf der anderen Seite wächst der Druck auf die Firmen aus dem politischen Raum sowie von seiten der Gewerkschaften und anderen Nicht-Regierungsorganisationen und gewisser Medien im Sinne von ›Political Correctness‹, Initiativen vorweisen zu können.

Bei dieser Gemengelage ist es nicht ganz einfach, eine einheitliche Verbandsposition und sei es auch nur im Sinne eines Minimalkonsenses zu erreichen. In der AVE ist dies nach langjährigen und zum Teil schwierigen Diskussionen insbesondere hinsichtlich der Kinder- und Zwangsarbeit gelungen. Es wurde eine Verbandsempfehlung für die diesbezügliche Gestaltung der Einkaufsbedingungen erarbeitet, außerdem ein Positionspapier, das im Bedarfsfall in der Öffentlichkeit verwendet werden kann.

Ein letzter Aspekt des auf Akzeptanzsicherung gerichteten Change-Managements ist schließlich noch anzusprechen, und zwar die Einbindung und aktive Beteiligung der Mitglieder bei der Abwehr neuer Gefahren für die Freiheit der internationalen Importtätigkeit. Ein aktuelles Beispiel sind die Antidumpingverfahren. Solche hat es immer gegeben, aber erst in jüngerer Zeit werden sie im Konsumgüterbereich immer stärker von der klageführenden Industrie, der EU-Kommission und einer antiliberalen Mehrheit im Ministerrat bewußt als protektionistisches Instrument einer reinen Importabwehr eingesetzt. Der Importhandel wird zwar im Rahmen dieser Verfahren auch gehört, ohne Präsentation einer Fülle von harten Fakten aus der geschäftlichen Praxis kann jedoch nur wenig erreicht werden. Hier sind die Verbandsgeschäftsführer auf die aktive Beteiligung der Mitgliedersunternehmen, insbesondere durch Ausfüllung der Fragebögen, Erarbeitung von Stellungnahmen und Teilnahme an der von der Kommission veranstalteten Hearings angewiesen.

Dies erfordert einen erheblichen zeitlichen und finanziellen Aufwand einzelner im Interesse der Gesamtheit oder zumindest auch anderer Verbandsmitglieder, ohne daß ein Erfolg garantiert werden kann. Wichtig für die Akzeptanz dieser Mitwirkung ist, daß sich die Mitglieder in ihrer eigenen Sprache schriftlich und mündlich äußern können und vor allem, daß der Verband auf Erfolgsbeispiele verweisen kann, was bei der AVE/FTA in jüngerer Zeit Gott sei Dank der Fall ist.

Alle aufgeführten Beispiele machen deutlich, daß auch im Rahmen der besonderen Gegebenheiten der Verbandsarbeit, die sich in mancherlei Punkten von der gewinnbezogenen Tätigkeit einzelner Unternehmen unterscheidet, Change-Management als Voraussetzung für die Akzeptanz des Verbands bei seinen Mitgliedern eine nicht zu unterschätzende Rolle spielt.

# Die Autorinnen und Autoren

*Laurence F. Akiyoshi* ist Unternehmensberater mit über 20 Jahren Erfahrung. In seiner beratenden Tätigkeit hat sich Laurence Akiyoshi auf die Arbeit in Großprojekten spezialisiert, deren herausragendes Kennzeichen die hochgradige Zusammenarbeit aller Beteiligten ist. Durch diese Vorgehensweise werden innerhalb der Organisationen Lernprozesse gefördert, die Führungskräfteentwicklung beschleunigt und das Leistungsniveau der Organisation erheblich erhöht. Laurence Akiyoshi hat Kunden in Nord- und Südamerika, Europa und Asien beraten. Er lebte und studierte viele Jahre in Japan, Hongkong und Mexiko.

*Thomas Baumann,* Diplom-Kaufmann, ist Mitglied der Geschäftsführung der Schroedel Verlag GmbH in Hannover. Er studierte nach einer Banklehre und dem Wehrdienst von 1979–1984 an der Universität in Hamburg. Danach war er in der Unternehmens- und Beteiligungsberatung der Nord/LB tätig. Seit 1989 ist er im Schroedel Verlag. Nach der Leitung Controlling wurde er 1993 in seine jetzige Position berufen.

*Marc Bauwens* ist Geschäftsführer der Marks & Spencer Deutschland GmbH in Köln. Er kann auf fast 30 Jahre Erfahrung in verschiedenen Einzelhandelsunternehmen zurückblicken. Davon verbrachte er über zwei Jahrzehnte bei Marks & Spencer und begleitete in dieser Zeit schwerpunktmäßig die europäische Expansion. Nachdem er einige Jahre als Store Operations Manager für Kontinentaleuropa zuständig war, wurde er General Manager für das Benelux Geschäft von M & S. Zusätzlich folgte das Projektmanagement für den Markteintritt in Deutschland. Derzeit ist Marc Bauwens als General Manager für Holland und Deutschland zuständig.

*Dr. Bernhard Cevey* studierte Psychologie (Diplompsychologe), Soziologie und Politikwissenschaft. Zum Dr. rer. soc. promovierte er mit einer experimentellen Arbeit über den Zusammenhang gehirnphysiologischer Prozesse und emotionaler Erlebnisse. Seit 1981 ist er als freier Trainer tätig, ab 1984 Mitinhaber der Holz und Cevey Unternehmensberatung, Personalentwicklung. Die Schwerpunkte der Tätigkeit bestehen in der Identifizierung und Förderung der Human Ressources in Organisationen. Neben der Durchsetzung von Visionen und Innovationen im Unternehmen liegt eine wesentliche Schwerpunktsetzung des Trainings in den Bereichen Kommunikation, Selbstmanagement und innere Motivation, Teamentwicklung sowie Implementierung von Systemen in Organisationen. Zu den Beratungs- und Trainingskunden zählen renommierte Industrie- und Dienstleistungsunternehmen.

*Barbara Clemens* ist Sprecherin der Geschäftsführung der LEG Landesentwicklungsgesellschaft Nordrhein Westfalen GmbH. Das Studium der Raumplanung an der Universität Dortmund schloß sie als Diplom-Ingenieurin ab. Nach dem Studium war sie in verschiedenen Stationen der Landesregierung in Fach- als auch in Personalverantwortung, zuletzt als Leiterin der Wohnungsbauabteilung, tätig. Dabei übernahm sie auch den Aufsichtsratsvorsitz der LEG Wohnen GmbH. Seit 1994 ist sie Geschäftsführerin der Landesentwicklungsgesellschaft, in der sie einen umfassenden Change- und Neuorganisationsprozeß einleitete und umsetzte.

*Dr. Ernest Clements* ist seit zwölf Jahren Partner von ODR Inc., einer auf Change-Management spezialisierten Unternehmensberatung aus den USA. Er hat gemeinsam mit Daryl. R. Conner, dem Gründer von ODR Inc., maßgeblich an der Entwicklung der Methode und den dazugehörigen Werkzeugen »MOC – Managing Organizational Change« mitgewirkt. Ernest Clements hat sich überwiegend auf Aufgaben im Bereich Effizienzverbesserung konzentriert – sowohl in Unternehmen als auch im öffentlichen Sektor.

*Daryl R. Conner* ist der Gründer und CEO (Chief Executive Officer) von ODR Inc. In Atlanta – einer Unternehmensberatung, die sich seit mehr als 23 Jahren auf das Management größerer organisatorischer Veränderungen spezialisiert hat. Seine Erfahrungen und sein Master's Degree in Psychologie bilden die Basis für sein Konzept des Change-Management in den Bereichen Reengeneering, Mergers and Acquisitions und IT Implementierungen. ODR hat verschiedene Büros in den USA und ist inzwischen mit einer ersten Niederlassung in London auch in Europa vertreten.

*Mary V. Gelinas* ist Mitbegründerin und Geschäftsführerin von Gelinas

James, Inc. Sie kann auf 20 Jahre Erfahrung in Führungspositionen und in der Beratung von Organisationen unterschiedlicher Branchen zurückblicken: Automobilindustrie, Versorgungsbetriebe, Gesundheitswesen sowie Pharma- und Petrochemie. Mary Gelinas hat sich auf die Umsetzung umfassender und komplexer Veränderungen in Organisationen spezialisiert. Sie hat zusammen mit Roger James die Methode »COD Collaborative Organizational Design« entwickelt.

*Thomas Grote* ist seit 1997 Country Manger Germany, Wholesale, der ESPRIT de Corp. GmbH in Düsseldorf. Er ist Fachkaufmann für Marketing. Von 1985–1989 war er Verkaufsleiter bei der Textildruckerei Arnold Walterscheid in Steinfurt und wechselte dann als Verkaufsleiter zu ESPRIT de Corp. GmbH nach Düsseldorf. Von 1993 bis 1996 war er Geschäftsführer Deutschland der In Wear GmbH in Neuss. 1996 wechselte er erneut zu ESPRIT de Corp. GmbH und übernahm die Aufgaben des Division Manager Woman bis er Anfang 1997 seine jetzigen Aufgaben übernahm.

*Roger G. James* ist Mitbegründer und Geschäftsführer von Gelinas James, Inc. Roger James weist 20 Jahre Erfahrungen als Unternehmensberater auf. Er hat sich vor allem mit Fragen der Organisationsentwicklung beschäftigt, wobei er sich auf die Probleme des Aufbaus von Hochleistungsorganisationen konzentriert hat. Zu den beratenen Organisationen zählen eine Vielzahl von Betrieben aus Industrie, Konsumgüterhandel- und -produktion, Firmen aus dem Gesundheitswesen, Versorgungswirtschaft, Dienstleistungsorganisationen und Petrochemie. Roger James hat an einer Vielzahl von Büchern, Artikeln und sonstigen Veröffentlichungen aus den Bereichen Organisationsentwicklung, Unternehmensberatung und Change-Management mitgewirkt.

*Dr. jur. Konrad Neundörfer* ist als Hauptgeschäftsführer der Außenhandelsvereinigung des Deutschen Einzelhandels e.V. (AVE) in Köln sowie als Generaldelegierter ihres europäischen Verbandes, der ›Foreign Trade Association‹ (FTA), Köln/Brüssel, tätig. Außerdem hat er seit Oktober 1994 die Funktion des Generalsekretärs beim Verband der Europäischen Sportartikel-Industrie (FESI) übernommen. Er hat in Innsbruck, München und Frankfurt Jura studiert und promovierte über ein Thema der europäischen Integration. Nach kurzer Tätigkeit in einem

Anwaltsbüro wechselte er ins Bundesministerium für Wirtschaft. Hier war er in verschiedenen Aufgabenbereichen tätig, wie im Osthandelsreferat und in der Ständigen Deutschen Vertretung bei den Europäischen Gemeinschaften in Brüssel. Von 1974 bis 1978 leitete er das Textilreferat, seit 1975 als Ministerialrat. Nach einer kurzen Beratungstätigkeit für die EG-Kommission ist er aus dem öffentlichen Dienst ausgeschieden, um beim Spitzenverband Gesamttextil, Frankfurt/Eschborn, Verantwortung zu übernehmen. Dr. Neundörfer hat dort 1979 das Amt des Hauptgeschäftsführers Wirtschaftspolitik übernommen. Seit 1994 ist er in seiner heutigen Position tätig.

*Dr. Peter Prange* studierte Romanistik, Germanistik und Philosophie in Göttingen, Perugia, Paris und Tübingen. Zum Dr. phil. promovierte er mit einer Arbeit zur Philosophie und Sittengeschichte der Aufklärung. Peter Prange arbeitet gleichzeitig in den Bereichen Wirtschaft und Wissenschaft, Literatur und Spielfilm. Lebenskonzepte ermitteln und weiterentwickeln – das ist der gemeinsame Nenner seiner verschiedenen Tätigkeiten: als Verfasser von Romanen und Sachbüchern ebenso wie als Drehbuchautor, Unternehmensberater und Dozent einer internationalen Business School. Wichtigste Veröffentlichungen: »Fremde Heimat« (Roman 1981, zusammen mit Peter Yeldham), »Das Paradies im Boudoir« (Sachbuch, 1990), »Die Strauß Dynastie« (Roman, 1991, bislang in sieben Sprachen und neun Ländern erschienen), Zukunft im Kopf. Wege zum visionären Unternehmen« (Sachbuch, 1993, zusammen mit Kasimir M. Magyar). Mitarbeit an zahlreichen Sammelpublikationen, u. a. als Hauptautor der warenkundlichen Reihe »Deutsche Standards« (1988 f.) sowie des Top-ten-Kompendiums »AVIS' Best of Germany« (1991f.). Gemeinsam mit seinem Freund und Partner Prof. Dr. Dr. Kasimir M. Magyar entwickelte Peter Prange die vom Genossenschaftsverlag herausgegebene Schriftenreihe »Mein unverwechselbares Unternehmen. Deutschlands erste Unternehmensschule für den Mittelstand« (Manual 1–5: DG-Verlag 1995; Manual 6–10 erschienen ab Herbst 1996).

*Christoph Rohe,* Diplom Wirtschaftsingenieur, ist Geschäftsführer der Unternehmnesberatung Kurt Salmon Associates, Düsseldorf. Er studierte Wirtschaftsingenieurwesen an der TH Darmstadt mit den Schwerpunkten Maschinenbau und Betriebswirtschaftslehre. Nach seinem Studium war er als Projekt- und Vertriebsingenieur in einem Maschinenbauunternehmen tätig. Anschließend führte er in einer internationalen Unternehmensberatung Projekte in den Bereichen Strategie, Effizienzsteigerung, Reorganisation, Kostensenkung und Merger & Acquisition für Unternehmen der Investitions- und Konsumgüterindustrie durch. Seit 1987 ist er für Kurt Salmon Associates, Düsseldorf, internationale Managementberatung mit Schwerpunkt Konsumgüterindustrie und – Handel tätig, seit 1996 als Geschäftsführer.

*Heiner Spalink,* Diplom-Volkswirt, ist Partner und Mitglied der Geschäftsleitung der internationalen Unternehmensberatung Kurt Salmon Associates. Er studierte nach einer Lehre zum Industriekaufmann von 1973–1979 Wirtschaftswissenschaften an der Johannes Gutenberg Universität in Mainz mit den Schwerpunkten Marketing und Kostenrechnung. 1979–1982 war er Wissenschaftlicher Assistent und anschließend bis 1991 in verschiedenen Führungsaufgaben in der Konzernleitung eines Einzelhandelsunternehmens tätig. Anschließend wechselte er in die Beratung und leitete bis 1995 in einer großen deutschen Unternehmensberatung ein Geschäftsgebiet im Bereich »Kosumgüterindustrie/Handel«. Hier führte er Projekte der Strategieentwicklung, des Reengineering, der Kostensenkung, des Activity Based Costing und der Entwicklung von Controlling-Systemen durch. Seit 1995 ist er bei KSA. Sein Aufgabenfeld erstreckt sich hier vor allem auf Projekte im Bereich »Efficient Consumer Response«, der Prozeßoptimierung und dem Category-Management im Handel und in der Industrie. Darüber hinaus entwickelt er Konzepte und Methoden zum Change-Management. Im Mittelpunkt seiner Arbeiten steht, Konzeptentwicklung und Realisierung mehr und mehr zu integrieren – mit dem Ziel der schnellen und effizienten Implementierung optimierter Prozesse, Strukturen und Systeme.

*Markus Stamm,* lic.oec., studierte Betriebswirtschaft und Soziologie in Paris und schloß sein Studium an der Hochschule für Wirtschafts- und Sozialwissenschaften St. Gallen als lic.oec. HSG ab. Zunächst stieg er 1980 in die Controller-Praxis bei der Siemens AG in München ein und entschloß sich 1982, als Trainer und Berater bei der Controller-Akademie in Gauting bei München tätig zu werden. Hier wurde er später auch Partner. Seit 1984 ist er Fakultätsmitglied beim Hemstein Management

Institut in Wien und seit 1992 zusätzlich bei der Linzer Internationalen Management Akademie. Markus Stamm arbeitet seit 1993 selbstständig im Rahmen der CSI – Controlling Service Int. in Feldafing. Seine Arbeitsschwerpunkte umfassen verhaltensorientierte Trainings für Controller, die Planung und Durchführung von Problemlösungsworkshops, Projektbegleitung bei umfangreichen Veränderungsvorhaben und Vortragstätigkeit. Zu seinen Kunden gehören kleine Firmen und große – wie MIGROS, Bayerische Vereinsbank AG, Daimler-Benz AG, Hoechst Marion Roussel.

*Jürgen C. Stein* ist Geschäftsführender Gesellschafter und Managing Director der Jacobi Allied Domecq Spirits & Wine GmbH & Co. KG in Weinstadt. Nach einer kaufmännischen Ausbildung bei Reidemeister und Ulrichs – Weinimport in Bremen ergänzte er sie am Institut für Gärungsgewerbe, Berlin und schloß dort als Grad. Destillateur ab. Nach einer zusätzlichen Ausbildung im Bankwesen bei der Baden Württembergischen Bank in Stuttgart trat er aufgrund des frühen Todes des Vaters Ende 1960 in die Firma Jacobi KG ein. Sein Schwerpunkt lag zunächst im Marketing und Vertrieb, bis ihm 1964 die Gesamtverantwortung für das Unternehmen als Geschäftsführender Gesellschafter übertragen wurde. Ihm gelang es, die Umsätze von 25 Millionen DM in 1964 auf 300 Millionen DM in 1994 auszuweiten und Jacobi zu einem der bedeutendsten Spirituosenanbieter in Deutschland zu entwickeln. 1994 wurde die Privat Weinbrennerei JACoBI von Allied Domecq Spirits & Wine Limited, Bristol/UK übernommen – wobei Jürgen Stein weiterhin Geschäftsführender Gesellschafter blieb und ihm die Aufgaben des Managing Director und CEO übertragen wurden.

*Dr. Peter Wüst,* Diplom Kaufmann, ist Unternehmensberater im Düsseldorfer Büro der Kurt Salmon Associates. Sein Arbeitsfeld erstreckt sich von Strategieprojekten bis zu operativen Fragestellungen. Begleitende Schwerpunkte aller seiner Projekte sind die Implemetierungsorientierung (das heißt Anwendung von Change-Management Methoden und COD Collaborative–Organizational–Design) sowie die Kundenfokussierung aller Maßnahmen. Peter Wüst war vor seiner Tätigkeit als Berater in verschiedenen Führungspositionen im Einzelhandel tätig.